I0064525

Herausgegeben von Dr. Klaus Becker-Berke

REXX
in der Praxis

von
Peter Kees

R. Oldenbourg Verlag München Wien 1993

Peter Kees sammelte nach dem Studium mehrjährige Erfahrung in der Anwendungsentwicklung innerhalb der IBM-Welt, vor allem in den Umgebungen VM/CMS und MVS/TSO mit den Datenbanken SQL/DS und DB2. Er entwickelte umfangreiche Anwendungen mit den Prozedurensprachen EXEC2, CLIST und REXX sowohl im systemnahen Bereich als auch im Bereich der Endbenutzeranwendungen. Seit mehreren Jahren ist er vorwiegend im Schulungsbereich tätig und leitet Seminare im gesamten Bundesgebiet vor allem zu Themen aus dem Großrechnerbereich.

Die Deutsche Bibliothek – CIP-Einheitsaufnahe

Kees, Peter:
REXX in der Praxis / von Peter Kees. – München ; Wien :
Oldenbourg, 1993
    ISBN 3-486-22666-5

© 1993 R. Oldenbourg Verlag GmbH, München

Das Werk einschließlich aller Abbildungen ist urheberrechtlich geschützt. Jede Verwertung außerhalb der Grenzen des Urheberrechtsgesetzes ist ohne Zustimmung des Verlages unzulässig und strafbar. Das gilt insbesondere für Vervielfältigungen, Übersetzungen, Mikroverfilmungen und die Einspeicherung und Bearbeitung in elektronischen Systemen.

Gesamtherstellung: R. Oldenbourg Graphische Betriebe GmbH, München

ISBN 3-486-22666-5

Inhaltsverzeichnis

Vorwort des Autors

"Was? Du schreibst ein Buch zum Thema REXX? Jetzt, nachdem REXX schon ein Jahrzehnt auf dem Buckel hat! Wer liest denn das noch?"

Dies war die erste Reaktion eines Kollegen, als ich ihm von diesem Buchprojekt erzählte. Nicht gerade die richtige Motivation, um so ein Buch anzugehen. Trotz dieser Aussage habe ich mir meine Euphorie bei der Realisierung dieser Aufgabe nicht nehmen lassen. Schließlich konnte ich sehr gut anhand des ungebrochenen Zustroms an Teilnehmern in REXX-Seminaren die Aktualität dieses Themas ablesen. Außerdem hat REXX mir in den fast zehn Jahren seit meinem ersten Kontakt so viel Spaß gemacht, wie keine andere Sprache. Und ich hoffe, es wird Ihnen beim Arbeiten mit diesem Buch und der Sprache REXX ebenso ergehen.

Ein Buch also zum Thema REXX! Welchen Aufbau, Inhalt und Umfang sollte man für so ein Buch wählen? Aufgrund der umfangreichen Erfahrung aus vielen Seminaren habe ich mich dafür entschieden, die Sprache REXX zunächst unabhängig von der Implementierung darzustellen und auf die einzelnen Sprachelemente umfassend vor allem in Form von Beispielen einzugehen. Der Inhalt dieses Buches sollte jedoch über die bloße Darstellung der REXX-Syntax hinausgehen und praktische Einsatzmöglichkeiten in verschiedenen Umgebungen zeigen.

In den letzten Kapiteln finden Sie deshalb REXX speziell in den Umgebungen VM/CMS, MVS/TSO und OS/2 beschrieben. In der Umgebung VM/CMS ist REXX ja ursprünglich entstanden; das Verständnis der Zusammenhänge bzw. der Zusammenarbeit zwischen REXX und der Umgebung VM/CMS trägt sicherlich zu einem besseren Verständnis anderer Implementierungen bei. Die REXX-Implementierung unter MVS/TSO ist die derzeit im Großrechnerbereich aktuellste und wichtigste, da mit der Einführung des SAA-Konzeptes nun auch dort REXX einsetzbar ist. Die Darstellung von REXX unter OS/2 soll Ihnen schließlich zeigen, daß REXX auch in der PC-Welt Einzug gehalten hat und ein recht nützliches Werkzeug ist, um Abläufe zu vereinfachen und zu automatisieren.

Sollten Sie REXX in einer Umgebung einsetzen, die hier nicht speziell beschrieben ist, so werden Sie dennoch auch in Ihrer Praxis mit Hilfe dieses Buches zurechtkommen. Die Sprache REXX ist ja standardisiert, so daß geringe Kenntnisse Ihrer Betriebssystemumgebung genügen, um auch dort mit REXX zu arbeiten.

Ich wünsche Ihnen jedenfalls viel Spaß beim Arbeiten mit diesem Buch ("Lesen" alleine genügt bei einer Sprache wie REXX natürlich nicht) und viel Phantasie zur Realisierung Ihrer eigenen Anwendungen.

Peter Kees

1 Einführung

Die Programmiersprache REXX wird aufgrund ihrer Eigenschaften sowohl von erfahrenen Programmierern als auch von Programmieranfängern zur Definition von Prozeduren und Funktionen geschätzt. Ursprünglich wurde REXX in den Jahren von 1979 bis 1982 IBM-intern für das Betriebssystem VM/CMS entwickelt und seit 1983 auch ausgeliefert. Seither erfreut sich REXX einer immer größer werdenden Anwenderschar, vor allem seit IBM die Sprache REXX zur Prozedurensprache innerhalb des SAA-Konzeptes erkoren hat und REXX damit praktisch IBM-weit verfügbar ist.

Auch andere Hersteller haben an REXX Gefallen gefunden, so daß vor allem Anfang der 90er Jahre einige Implementierungen auf nicht IBM-Betriebssystemen erfolgt sind. Durch Implementierungen auf UNIX-Systemen, VAX-Maschinen oder auch AMIGA-Rechnern hat sich die Zahl der Anwender und die Palette der Anwendungen um ein Vielfaches erweitert und das Thema REXX wieder neue Aktualität erlangt.

1.1 Sprachkonzept

REXX wurde von Mike F. Cowlishaw als Prozedurensprache innerhalb des IBM-Betriebssystems VM/CMS entwickelt. Unter diesem Betriebssystem standen bereits die zwei Prozedurensprachen EXEC (EXECuter language) und EXEC2 zur Verfügung, mit deren Hilfe Abläufe in der jeweiligen Umgebung automatisiert werden konnten. Die syntaktischen Möglichkeiten dieser Sprachen waren jedoch sehr begrenzt; es gab z.B. keine Schleifen, keinerlei Unterprogrammtechniken und kaum vorgefertigte Funktionen (BUILT-IN-Functions). Mit der Sprache REXX (Restructured EXtended eXecuter) gelang Cowlishaw die Entwicklung einer Sprache, die diese modernen Sprachmittel besitzt.

Eigenschaften
REXX zeichnet sich vor allem durch folgende Funktionen und Eigenschaften aus:

• Einfache Handhabung in der Entwicklungsphase
Die Verarbeitung und Ausführung eines REXX-Programms erfolgt durch einen REXX-Interpreter, so daß eine REXX-Prozedur einfach gestartet werden kann,

ohne daß dazu ein Übersetzen (Compilieren) und Binden des Programms erforderlich ist; meist können Sie Ihre Prozedur sogar aus Ihrer jeweiligen Editorumgebung heraus aufrufen, nachdem Sie gespeichert haben.

• Umfangreiche Testhilfen
Mit Hilfe einer umfangreichen Testeinrichtung können Sie den Ablauf einer REXX-Prozedur verfolgen und sich die Ergebnisse Ihrer Operationen anzeigen lassen, um damit schnell vorhandene syntaktische oder logische Fehler Ihrer Programme zu beheben. Im sog. "interaktiven" Testmodus können Sie Befehl für Befehl ablaufen lassen und sogar während des Ablaufs in die Prozedur eingreifen. Vorteilhaft ist dabei besonders, daß keine speziellen Befehle einer Testumgebung, sondern die normalen REXX-Befehle verwendet werden können.

• Einfache Syntax mit modernen Sprachelementen
Der Befehlsumfang der Sprache REXX ist mit ca. 25 Befehlen überschaubar und sehr leicht erlernbar. REXX unterstützt mit seinen Sprachelementen wie Schleifen und Unterprogrammtechniken strukturiertes Programmieren und erleichtert die Codierung des Programms, da kaum formale Regeln zu beachten sind. Durch die Verwendung von sprechenden Variablennamen und Groß-/Kleinschreibung können Sie die Lesbarkeit Ihrer Prozeduren entscheidend verbesssern, was Ihnen oder Ihren Kollegen vor allem bei Programmänderungen zugute kommt.

• Große Anzahl von vorgefertigten Funktionen
Zum Sprachumfang von REXX zählen neben den Befehlen ca. 80 BUILT-IN-Funktionen z.B. zur Verarbeitung von Zeichenketten und Zahlen oder zu deren Formatierung. In verschiedenen Implementierungen (z.B. MVS/TSO) können zusätzlich Funktionen der Umgebung eingesetzt werden, die den REXX-Sprachumfang sinnvoll ergänzen. Falls Sie eine Funktion benötigen, die nicht zum REXX-Sprachumfang gehört, so können Sie eine eigene REXX-Prozedur erstellen und diese wie eine Funktion aufrufen.

• Mächtige Techniken zur Zeichenkettenverarbeitung
Die Verarbeitung von Zeichenketten kann in REXX mit Hilfe einer Vielzahl von eingebauten Funktionen erfolgen (wie in anderen Sprachen auch). REXX bietet jedoch mit dem Befehl PARSE eine spezielle Technik (das "Parsing") an, mit deren Hilfe Sie elegant und schnell Zeichenketten zerlegen und verarbeiten können. Aufgrund dieser Eigenschaft eignet sich REXX z.B. auch als Programmgenerator (Erstellung einer SQL-Abfrage an DB2 aus Benutzereingaben) oder zur Erzeugung von Konvertierungsprogrammen (z.B. Umwandlung von CLIST-Programmen in REXX-Programme).

• Leichte Einbindung von Befehlen der jeweiligen Umgebung

Für den größten Teil der Anwendungen ist es von entscheidender Bedeutung, daß sich innerhalb der REXX-Prozeduren sehr leicht Befehle der jeweiligen Umgebung (z.B. des Betriebssystems VM/CMS) einbinden lassen. In den meisten REXX-Anwendungen geht es nämlich nicht darum, "mal mit REXX-Befehlen zwei Zahlen zu addieren", sondern es sollen Aktionen im Betriebssystem durch Betriebssystembefehle aufgerufen und gesteuert werden. Im Betriebssystem selbst gibt es jedoch keinerlei Befehle, um eine Bedingung oder eine Schleife zu erstellen; diese Steuerungsinstruktionen werden von REXX zur Verfügung gestellt. Sie haben also die Möglichkeit, Abläufe in Ihrer Betriebssystemumgebung (z.B. das Senden einer Datei an einen anderen Benutzer oder Rechner) zu vereinfachen, indem Sie eine vorgefertigte REXX-Prozedur benutzen, in der die benötigten Betriebssystembefehle von Befehlen der Sprache REXX gesteuert werden. Außerdem können Sie mit Hilfe von REXX überprüfen, ob der jeweilige Vorgang erfolgreich abgeschlossen wurde oder ob ein Fehler bei der Verarbeitung aufgetreten ist; für diesen Fall können Sie z.B. entsprechende Fehlerroutinen erstellen.

• REXX-Prozeduren sind auf andere Plattformen übertragbar

Mit der zunehmenden Verbreitung der Sprache REXX wird es immer bedeutender, daß REXX-Prozeduren auf allen IBM-Betriebssystemen des SAA-Konzeptes eingesetzt werden können. Sie können also eine einheitliche Prozedurensprache verwenden. Darüberhinaus existieren auch außerhalb der IBM einige REXX-Implementierungen (siehe Kapitel 1.2), so daß Sie auch dort REXX-Prozeduren erstellen bzw. wiederverwenden können. In diesem Buch finden Sie REXX vor allem in den Implementierungen unter VM/CMS, MVS/TSO und OS/2 beschrieben; falls Sie REXX in anderen Systemen verwenden, so wird es Ihnen keinerlei Schwierigkeiten bereiten, die hier erworbenen Kenntnisse umzusetzen. Es gilt nämlich: Die Sprache REXX besitzt in allen Implementierungen dieselbe Syntax; der einzige Unterschied zwischen REXX-Anwendungen auf verschiedenen Systemen liegt in den Befehlen der jeweiligen Umgebung (der Befehl zum Kopieren einer Datei lautet im VM/CMS anders als unter OS/2).

Aufgrund seiner positiven Eigenschaften hat sich REXX in den derzeit zur Verfügung stehenden Implementierungen jeweils sehr schnell etabliert und gegen andere Sprachen (wie CLIST unter MVS/TSO) durchgesetzt. Vielleicht könnte man es überspitzt so formulieren:

"Sie können fast jedes Problem mit fast jeder Sprache lösen - mit Hilfe von REXX geht´s jedoch einfacher und schneller!"

Mit "schneller" ist in dieser Behauptung natürlich die benötigte Zeit für Entwicklung und Wartung gemeint. Es soll an dieser Stelle nicht verschwiegen werden, daß das Laufzeitverhalten einer Interpretersprache wie REXX langsamer ist als bei Sprachen, aus deren Programmen lauffähige Module erzeugt werden können (z.B. ASSEMBLER). Es gibt jedoch auch für REXX bereits einen Compiler (unter CMS), außerdem können Sie zur Verbesserung der Laufzeit an den kritischen Stellen auch Programmteile aus anderen Sprachen einbinden und so eine optimale Kombination aus guter Laufzeit und möglichst geringem Entwicklungsaufwand erreichen.

Einsatzmöglichkeiten

Unabhängig von den jeweiligen Betriebssystemen, auf denen Sie REXX einsetzen können, lassen sich folgende Anwendungsformen unterscheiden:

• REXX als Prozedurensprache

In diesen Anwendungen setzen Sie REXX vor allem zur Steuerung und Automation von Betriebssystembefehlen ein. Dies ist die für REXX ursprünglich vorgesehene Anwendungsform, die auch heute noch von Bedeutung ist. Im Laufe der Zeit haben sich jedoch noch weitere Anwendungsgebiete für REXX ergeben, die an Bedeutung gewonnen haben.

• REXX als Makrosprache

Hier wird REXX vor allem zur Definition von Editormakros benutzt. In der einfachsten Form fassen Sie zu diesem Zweck einfach eine Folge von Befehlen Ihres jeweiligen Editors zusammen, die sie häufiger in dieser Reihenfolge benötigen, und machen diese Befehlsfolge durch Einfügen einer REXX-Kommentarzeile zu einer REXX-Prozedur. Es kann also durchaus der Fall auftreten, daß außer dem REXX-Kommentar kein einziger REXX-Befehl in diesem Makro vorkommt. Diese REXX-Prozedur können Sie dann wie einen "normalen" Editor-Befehl aufrufen und somit die Leistungsfähigkeit des Editors verbessern. Mir sind sogar Anwendungen bekannt, in denen mit REXX eigene Editoren definiert wurden. In einigen Implementierungen können Sie mit diesen Makros sogar eigene Zeilenbefehle erstellen (z.B. unter CMS).

• REXX als Sprache zur Anwendungsentwicklung

REXX wird aufgrund seiner hohen Produktivität in der Entwicklungsphase auch zur Erstellung von Dialoganwendungen eingesetzt. Dabei bilden die REXX-Befehle den Rahmen für Befehle eines entsprechenden Dialogsystems z.B. Dialog Manager System (DMS) unter MVS/TSO. Bei diesen Dialoganwendungen sollten wegen des Laufzeitverhaltens natürlich keine Verarbeitung von Massendaten mit REXX realisiert werden; Sie werden jedoch in Ihrer Umgebung oder in Ihrem Unternehmen eine ganze Reihe von "kleineren" Anwendungen finden, bei denen es vor allem auf die schnelle Realisierung und weniger auf die Laufzeit ankommt. Als Beispiel sei hier eine unternehmensweit eingesetzte Anwendung genannt, in der sämtliche Störungen an der Hardware (Bildschirme, Drucker) direkt vor Ort online gemeldet werden.

• REXX als Prototypingsprache

REXX eignet sich besonders zum Prototyping. Sie können damit sehr schnell z.b. Benutzerdialoge oder Menüsteuerungen erstellen und diese mit Ihren Anwendern besprechen, ja vielleicht direkt am Schirm zusammen entwickeln. Dies wird sicherlich dazu führen, daß die von Ihnen erstellte Anwendung auch entsprechende Akzeptanz erfährt. Nachdem Sie die wichtigsten Abläufe und Masken gemeinsam verabschiedet haben, können Sie die Anwendung komplett realisieren - vielleicht in einer anderen Sprache als REXX oder aber mit REXX als Anwendungssprache.

1.2 Entwicklungsgeschichte und Verfügbarkeit

REXX unter VM/CMS

Wie bereits erwähnt, wurde REXX in den Jahren 1979 bis 1982 im Wesentlichen alleine von Mike F. Colishaw als Prozedurensprache für das IBM-Betriebssystem VM/CMS entwickelt. Nachdem REXX zunächst nur IBM-intern getestet und eingesetzt wurde, erfolgte mit der Auslieferung von VM Release 3 (ab 1983) die Verbreitung von REXX auch außerhalb der IBM.

Wegen seiner Eigenschaften wurde REXX sehr schnell von den Anwendern akzeptiert und die Erfahrung zeigte, daß neue Prozeduren unter VM/CMS kaum mehr in den dort auch noch verfügbaren Sprachen EXEC oder EXEC2, sondern in REXX erstellt wurden. Teilweise wurden sogar vollständige Programmsysteme in REXX umgeschrieben, vor allem in den Fällen, wo sowieso Änderungen oder Ergänzungen notwendig waren.

Personal REXX unter MS-DOS

Im Jahre 1985 wurde von der Mansfield Software Group das Produkt *Personal REXX* vorgestellt. *Personal REXX* ist eine vollständige Implementierung der Sprache REXX auf dem Betriebssystem MS-DOS, wobei auch Befehle aus der ursprünglichen CMS-Umgebung (wie EXECIO oder GLOBALV) mit in den Sprachumfang übernommen wurden.

Wozu sollte nun Personal REXX auf dem PC dienen? Nun, zunächst ganz allgemein zum selben Zweck wie auf dem Großrechner: zur Automatisierung von Abläufen in der jeweiligen Betriebssystemumgebung mittels vorgefertigter Befehlsfolgen.

Diese vorgefertigten Befehlsfolgen konnten unter MS-DOS zunächst nur in Form der Batchfiles erstellt werden. Diese Batchfiles sind jedoch nichts anderes als eine Aneinanderreihung von MS-DOS-Befehlen. Es gibt dort keine Möglichkeit, Programmzweige und Schleifen zu programmieren, auf auftretende Fehler zu reagieren oder mit Hilfe von einfachen Abfragen vom Benutzer

Parameter abzufragen. Alle diese Möglichkeiten und noch mehr stehen mit Personal REXX zur Verfügung.

Ich selbst habe z.B. eine PC-REXX-Prozedur erstellt, die den Filetransfer zwischen PC und Host komfortabler gestaltet, indem die Dateinamen und die Parameter der Übertragung (z.B. Anhängen oder nicht?) über einen kleinen Dialog eingegeben werden können. Als Ergebnis dieser REXX-Prozedur wird der Befehl SEND oder RECEIVE (je nach Übertragungsrichtung) mit all seinen Parametern zusammengesetzt und ausgeführt; damit entfallen solch lästige Fehlerquellen wie ein Vertauschen der Dateinamen oder das Vergessen von Parametern (wenn Sie nämlich "Anhängen" wollten, den Parameter "APP" jedoch vergessen hatten, so wurde eine bisher bestehende Datei einfach überschrieben - Pech gehabt). Leider hat REXX nicht die Hürde geschafft, direkt mit MS-DOS ausgeliefert zu werden, so daß die Verbreitung von REXX auf der MS-DOS-Welt relativ gering ist.

REXX als Prozedurensprache im SAA-Konzept der IBM
Mit der Einführung des SAA-Konzeptes der IBM wurde REXX 1987 zur Prozedurensprache für alle von SAA unterstützten IBM-Betriebssysteme ausgewählt. Seither wurde REXX sukzessive auf allen SAA-Betriebssystemen implementiert, so daß sie REXX derzeit auf folgenden Betriebssystemen nutzen können:

Betriebssystem	ab Version - Release - Zeitpunkt
VM/CMS und alle seine Subsysteme (z.B. GCS)	VM/SP Release 3 (ab 1983)
MVS/TSO	TSO/E Version 2 Release 1 (ab 1988)
OS/2	OS/2 Release 1.2 (ab 1990)
OS/400 auf AS/400	OS/400 Release 3 (ab 1990)

REXX auch außerhalb der IBM
Neben dem Personal REXX für MS-DOS wurden noch einige Implementierungen auf anderen Rechnern und Betriebssystemen realisiert. Die folgende Aufstellung soll Ihnen einen kurzen Überblick über die Verbreitung von REXX außerhalb der IBM geben. Dabei muß betont werden, daß diese Aufzählung meinen persönlichen Kenntnisstand darstellt und keinen Anspruch auf Vollständigkeit erhebt. Falls Sie REXX auch auf anderen Plattformen vorfinden, so sind wir für Ergänzungen sehr dankbar.

Rechner - Betriebssystem	ab Version - Release -Zeitpunkt
PC - MS-DOS	Personal REXX (eigenes Produkt) (ab 1985)
Amiga - AmigaDOS	AmigaDOS Version 2.0 (REXX integriert, als *AREXX* bezeichnet)
Tandem - GUARDIAN	REXX als *TREXX* integriert
VAX - VMS	REXX als *VMS-REXX* inte-griert
UNIX Systeme	REXX als *uni-REXX* in ca. 30 Hardware-/Software-Kombinationen integriert

REXX in der Zukunft

Mit der Bereitstellung eines REXX-Compilers unter VM/CMS im Jahr 1989 hat die Zukunft von REXX bereits begonnen. Damit kann bei entsprechender Konstellation das Laufzeitverhalten Ihrer Programme um ein Vielfaches verbessert werden, so daß REXX-Prozeduren in Zukunft nicht nur schnell in der Entwicklung, sondern auch in ihrer Nutzung sind.

Der Sprachumfang und die Syntax von REXX selbst sind in den letzten zehn Jahren praktisch unverändert geblieben. Daran haben auch die Implementierungen auf anderen Systemen nichts geändert. Dennoch wird derzeit über einige sinnvolle Ergänzungen nachgedacht, z.B. die Möglichkeit, in Compound-Variablen auch Ausdrücke zuzulassen und ähnliches.

1.3 Erstellung und Aufruf von REXX-Prozeduren

Zur Erstellung von REXX-Prozeduren verwenden Sie einen auf Ihrem System zur Verfügung stehenden Editor, mit dessen Hilfe Sie die Prozedur aufbauen und pflegen können. Dazu sollten Sie sich zunächst mit der Arbeitsweise des Editors und den Regeln zur Vergabe von Dateinamen (auch unternehmensinternen Konventionen) vertraut machen. Nachdem Sie Ihre REXX-Prozedur abgespeichert haben, können Sie diese aktivieren und testen, ohne daß dazu eine Umwandlung erforderlich wäre.

Für den Aufruf von REXX-Prozeduren stehen Ihnen grundsätzlich folgende zwei Möglichkeiten zur Verfügung:

- expliziter Aufruf,
- impliziter Aufruf.

Beim expliziten Aufruf müssen Sie den in Ihrem Betriebssystem vorgesehenen Befehl zum Aufruf von Prozeduren verwenden und den Dateinamen der

REXX-Prozedur vollständig angeben. In den Betriebssystemen VM/CMS und MVS/TSO dient dazu jeweils der Befehl EXEC mit unterschiedlicher Syntax und Parametern.

Beispiele:

MVS/TSO: `EXEC '#00PK.REXX.BIBL(PROG1)' EXEC`
VM/CMS: `EXEC PROG1 EXEC A`

Beim impliziten Aufruf können Sie die REXX-Prozedur vereinfacht bzw. verkürzt aufrufen, indem Sie einen bestimmten Teil des Dateinamens als Befehl eingeben. Die beiden o.g. Beispiele können in beiden Betriebssystemen mit dem Befehl

`PROZ1`

aufgerufen werden; damit der implizite Aufruf jedoch funktioniert, müssen in den einzelnen Betriebssystemen bestimmte Regeln und Konventionen für Dateinamen eingehalten werden.

Welche Vorteile bzw. Nachteile besitzen nun die beiden Aufrufformen? Die implizite Form hat zunächst den Vorteil, daß Sie in verschiedenen Systemen denselben Aufruf benutzen können und Sie sich somit nicht verschiedene Aufrufbefehle aneignen müssen; dies ist auch dann wichtig, wenn Sie eine REXX-Prozedur aus einer anderen aufrufen möchten und diese Prozedur auf verschiedenen Plattformen lauffähig sein soll.

Ein weiterer Vorteil des impliziten Aufrufs besteht darin, daß meist durch die Zuordnung oder Abkopplung einer Platte (unter VM/CMS) oder einer Bibliothek (unter MVS/TSO) gesteuert werden kann, welche Version Ihrer Prozedur (z.B. Test oder Produktion) zum Einsatz kommen soll. Hätten Sie den expliziten Aufruf verwendet, so müßten Sie Ihre Aufrufbefehle den jeweiligen Dateinamen wieder anpassen, was vor allem bei den Aufrufen aus einer anderen Prozedur relativ viel Änderungsaufwand bedeutet.

Die Vorteile des expliziten Aufrufs liegen in der klaren und eindeutigen Angabe des Dateinamens; Sie müssen nicht erst die Aufruf- und Such-mechanismen des impliziten Aufrufs auf Ihrem System verstehen. Außerdem sind explizite Prozeduraufrufe nicht anfällig für Änderungen in der System-umgebung. Falls Sie nämlich eine zusätzliche Platte oder Bibliothek in die Suchreihenfolge des impliziten Aufrufs aufnehmen, läuft unter Umständen eine ganz andere Prozedur gleichen Namens ab.

REXX-Prozeduren unter VM/CMS
Im Betriebssystem VM/CMS werden REXX-Prozeduren als CMS-Dateien auf einer Platte (Minidisk) angelegt, für die Sie Schreibzugriff haben; üblicher-

weise wird dies die sog. "A-Platte" sein. Im neuen VM Release 6 können Sie auch REXX-Prozeduren in den Shared File Pool ablegen. Der vollständige Name einer CMS-Datei besteht dabei aus drei Teilen, die durch Leerzeichen voneinander getrennt werden:

```
filename filetyp filemode
```

Im *filename* können Sie einen frei zu wählenden Namen für Ihre Prozedur verwenden, der bis zu acht Zeichen lang sein darf. Als *filetyp* sollten Sie "EXEC" verwenden, da bei impliziten Aufrufen im CMS nach Prozeduren vom Typ EXEC gesucht wird. Der *filemode* gibt an, auf welcher Ihrer zugeordneten Platten Sie die Prozedur abspeichern wollen.

Der Editoraufruf für die REXX-Prozedur AUSGABE auf der A-Platte lautet also:

```
Xedit AUSGABE EXEC A
```

Anschließend erscheint die Umgebung des Editors XEDIT, wo Sie Zeile für Zeile Ihre REXX-Befehle eintragen können. Mit dem Editor-Befehl FILE, den Sie sich auf eine Funktionstaste legen sollten, können Sie den Editor verlassen und die Prozedur speichern.

Als erste Übung soll zunächst eine einfache Bildschirmausgabe mit der Prozedur AUSGABE erzeugt werden. Zu diesem Zweck tragen Sie als erste Zeile eine REXX-Kommentarzeile (beginnt mit "/*" und endet mit "*/") und als zweite Zeile den REXX-Befehl SAY und einen beliebigen Text ein. Unser Miniprogramm sieht also folgendermaßen aus:

```
/* REXX-Prozedur AUSGABE EXEC */
SAY 'Hier meldet sich Ihr erstes REXX-Programm'
```

Wie können Sie nun dieses Programm starten?
Üblicherweise verlassen Sie dazu die Editorumgebung mit dem Befehl FILE und kehren zur CMS-Umgebung zurück. Hier können Sie dann die REXX-Prozedur entweder explizit oder implizit aufrufen.

Expliziter Aufruf
Der vollständige explizite Aufruf in der Umgebung CMS lautet:

```
EXEC AUSGABE EXEC A
```

Die Prozedur Ausgabe wird gestartet und auf Ihrem Bildschirm wird die entsprechende Meldung erscheinen. Falls Sie einen falschen Prozedurnamen eingegeben haben, so erhalten Sie die Fehlermeldung: "File not found".

Die Angabe des vollständigen Dateinamens in der CMS-Umgebung ist auf Dauer ziemlich mühsam (außerdem müssen die vollständigen Dateinamen auch jeweils bekannt sein). Es ist deshalb meist günstiger, die Prozedur aus einer anderen Umgebung aufzurufen. Zu diesem Zweck rufen Sie die FILELIST-Umgebung (Inhaltsverzeichnis Ihrer Dateien) auf. Der Befehl dazu lautet:

	`FILELIST`	(für alle Dateien Ihrer A-Platte)
bzw.	`FILELIST * EXEC`	(für alle Prozeduren Ihrer A-Platte)
bzw.	`FILELIST * EXEC *`	(für alle Prozeduren aller Platten)

In der FILELIST-Umgebung können Sie vor der jeweiligen Prozedur den Befehl EXEC direkt eingeben. Nach der Ausführung der Prozedur kehren Sie automatisch wieder in die FILELIST-Umgebung zurück.

Impliziter Aufruf
Der implizite Aufruf einer REXX-Prozedur unter CMS erfolgt einfach durch die Angabe des entsprechenden *filename*, in unserem Fall also durch den Aufruf:

`AUSGABE`

Falls Sie diesen "Befehl" eingeben, sucht das CMS zunächst im virtuellen Speicher nach einer Prozedur dieses Namens; falls dort keine gefunden wird, so werden alle Platten entsprechend ihrer alphabethischen Reihenfolge nach einer Prozedur mit dem filename *AUSGABE* und dem filetype *EXEC* durchsucht. Da Ihre Prozedur derzeit auf der A-Platte steht, wird diese aufgerufen, unabhängig davon, ob auf anderen Platten gleichnamige Prozeduren stehen. Sie müssen also unbedingt beachten, daß Sie für CMS-Prozeduren den filetype EXEC verwenden und daß bei gleichnamigen Prozedurnamen die Reihenfolge der Plattenzuordnungen entscheidend ist. Falls Sie einen Dateinamen aufgerufen haben, der nicht als Prozedurname verfügbar ist, so sucht das CMS nach entsprechenden CMS-Befehlen, CMS-Modulen oder CP-Befehlen; sollten alle diese Suchfolgen fehlschlagen, dann erhalten Sie die Fehlermeldung: "Unknown CP/CMS command".

REXX-Prozeduren unter MVS/TSO
Im Betriebssystem MVS/TSO werden REXX-Prozeduren als TSO-Dateien abgelegt. Dazu werden üblicherweise Bibliotheken (PO-Dateien) angelegt (über ISPF-Menü 3.2) und die Prozeduren als Member dieser Bibliotheken gespeichert. Häufig werden die Bibliotheken mit dem Dateiparameter FB80 angelegt, was jedoch nicht unbedingt notwendig ist, es funktioniert z.B. auch mit VB80 oder VB121 (FB80 ist wohl eher Gewohnheitssache bei Sprachen, die umgewandelt werden müssen!). Bei längeren Prozeduren können Sie also Platz sparen.

Für unsere Zwecke wollen wir davon ausgehen, daß wir die Prozeduren in einer Bibliothek des Users #00PK mit dem Namen #00PK.REXX.EXEC ablegen. Der erste Qualifier muß in den meisten Unternehmen Ihrer Benutzernummer entsprechen, der zweite Qualifier kann völlig frei ("sprechend") gewählt werden; der dritte Qualifier sollte bei Bibliotheken mit REXX-Prozeduren "EXEC" lauten, da Sie nur dann alle in diesem Abschnitt besprochenen Aufrufmöglichkeiten zur Verfügung haben.

Über das ISPF-Menü 2 können Sie neue oder bestehende Member in den Editor rufen, wobei der Membername dem eigentlichen Prozedurnamen entspricht. Um eine Prozedur *AUSGABE* anzulegen, geben Sie also den entsprechenden Bibliotheks- und Membernamen ein. Es erscheint dann die Umgebung des ISPF-Editors, wo Sie Zeile für Zeile Ihre REXX-Befehle eintragen können. Mit der F3-Taste (Befehl END) können Sie den Editor verlassen und die Prozedur speichern.

Als Übung soll zunächst wie im Abschnitt vorher von der Prozedur AUSGABE eine Bildschirmausgabe erzeugt werden. Zu diesem Zweck tragen Sie als erste Zeile eine REXX-Kommentarzeile (beginnt mit "/*" und endet mit "*/") und als zweite Zeile den REXX-Befehl SAY und einen beliebigen Text ein. Unser Miniprogramm sieht also folgendermaßen aus:

```
/* REXX-Prozedur AUSGABE EXEC */
SAY 'Hier meldet sich Ihr erstes REXX-Programm'
```

Wie können Sie nun dieses Programm unter TSO starten?
Üblicherweise verlassen Sie dazu den Editor mit der F3-Taste und rufen den ISPF-Menüpunkt 6 auf, wo Sie TSO-Befehle eingeben können. Hier können Sie die Prozedur entweder explizit oder implizit aufrufen. Falls Sie im Umgang mit der Umgebung ISPF etwas geübter sind, so können Sie die REXX-Prozeduren auch in folgenden Umgebungen starten:

Sie können die Prozedur direkt aus der ISPF-Befehlszeile starten, falls Sie das Präfix TSO vor den jeweiligen Aufrufbefehl setzen. Häufig wird die Editorumgebung überhaupt nicht verlassen, die Prozedur wird nur abgespeichert (SAVE) und direkt aus der Editorbefehlszeile aufgerufen. Dabei müssen Sie jedoch beachten, daß dies nur dann richtig funktioniert, wenn Sie beim Aufruf der Prozedur keine Parameter übergeben müssen oder Sie wieder mit dem Präfix TSO arbeiten.

Eine andere, relativ komfortable Aufrufmethode besteht darin, die Prozedur abzuspeichern (SAVE), mit der F2-Taste (SPLIT) einen zweiten logischen Schirm zu erzeugen und dort das ISPF-Menü 6 anzuwählen. Hier können Sie dann die Prozedur aufrufen und mit der F9-Taste (SWAP) zwischen dem Editor und der Aufrufumgebung hin- und herschalten.

Expliziter Aufruf

Der vollständige explizite Aufruf unserer Beispielprozedur unter TSO lautet:

```
EXec '#00PK.REXX.EXEC(AUSGABE) EXec'
```

Wie Sie sehen, ist der explizite Aufruf in dieser Form relativ umständlich; bevor wir auf komfortablere Aufrufvarianten eingehen, sollten Sie zunächst die einzelnen Teile dieser Grundform verstanden haben.

Der TSO-Befehl EXEC dient dem Aufruf von Prozeduren unter TSO, unabhängig von der jeweiligen Prozedurensprache (auch CLIST-Prozeduren können so aufgerufen werden); im EXEC-Befehl müssen Sie Bibliotheks- und Membernamen angeben. Der Parameter "EXec" bewirkt, daß sofort der REXX-Interpreter aufgerufen wird ("unbedingter REXX-Aufruf"). Falls Sie diesen vergessen, wird zunächst der CLIST-Interpreter gestartet, der nur dann wiederum den REXX-Interpreter aufruft, falls in der ersten Zeile der Prozedur ein REXX-Kommentar mit dem Wort "REXX" vorkommt ("bedingter REXX-Aufruf"). Falls dies nicht der Fall ist, so weiß der CLIST-Interpreter mit Ihren REXX-Befehlen wenig anzufangen und produziert nur Fehlermeldungen.

Um den expliziten Aufruf der REXX-Prozedur etwas einfacher zu gestalten, können Sie bei der Angabe des Dateinamens das Komfortformat verwenden, falls Sie die oben empfohlenen Konventionen für Dateinamen eingehalten haben. Der verkürzte explizite Aufruf lautet dann:

```
EXec REXX(AUSGABE) EXec
```

Für das Komfortformat des Dateinamens müssen Sie zunächst die umschließenden Hochkommata entfernen. Dann wird vom ISPF automatisch als erster Qualifier das ISPF-Präfix (üblicherweise Ihre Benutzernummer) dem Dateinamen ergänzt. Falls Sie das Präfix selbst einstellen wollen, erreichen Sie dies mit dem Befehl:

```
PROFILE PREFIX(prefixname)
```

Neben dem ersten Qualifier wird auch der dritte Qualifier ergänzt. Falls Sie am Befehlsende den Parameter "EXec" angegeben haben, wird als dritter Qualifier "EXEC" ergänzt, so wie es bei REXX-Prozeduren sinnvoll ist. Falls der Parameter fehlt, wird als dritter Qualifier "CLIST" ergänzt, was wohl dazu führen wird, daß Ihre Prozedur in dieser Bibliothek nicht vorgefunden wird. Nur in Ausnahmefällen werden REXX-Prozeduren in die CLIST-Bibliothek gestellt. Dies kann dann sinnvoll sein, wenn Sie alte CLIST-Prozeduren in REXX umschreiben und die bisherigen expliziten Aufrufe in anderen Prozeduren unverändert bestehen bleiben sollen. Ansonsten müßten Sie alle Ihre Prozeduren nach expliziten Aufrufen "durchforsten".

Impliziter Aufruf

Der implizite Aufruf der Prozedur AUSGABE unter TSO lautet:

```
AUSGABE oder %AUSGABE
```

Beim Aufruf einer REXX-Prozedur mit dem Zeichen "%" werden Verwechslungen mit gleichnamigen TSO-Befehlen ausgeschlossen, außerdem wird dieser Aufruf etwas schneller sein, da bestimmte Systembibliotheken (z.B. die sog. "Kommandotabellen"), in denen TSO-Befehle stehen, eben nicht durchsucht werden.

Der implizite Aufruf unter TSO funktioniert jedoch nicht, ohne daß Sie (oder auch ein Systemprogrammierer) die Bibliothek Ihrer REXX-Prozeduren unter einem festgelegten logischen Namen (DD-Name) bekannt gemacht haben. Grundsätzlich haben Sie für die Zuordnung (Allocierung) von Prozeduren zwei unterschiedliche Namen zur Verfügung. Der logische Name *SYSPROC* ist dabei der historisch ältere und wird üblicherweise als Synonym für die Bibliothek(en) der CLIST-Prozeduren verwendet. Für die Zuordnung der REXX-Prozeduren ist der seit der Einführung von REXX neue DD-Name *SYSEXEC* vorgesehen.

Wie können Sie nun diese Zuordnung zwischen Ihrer REXX-Bibliothek und dem logischen Namen *SYSEXEC* herstellen?
Eine Möglichkeit besteht darin, Ihre LOGON-Prozedur so einzurichten, daß die Zuordnung automatisch mit Ihrem Einstieg erfolgt. Meist dürfen Sie jedoch diese LOGON-Prozedur nicht selbst verändern, sondern benötigen die Berechtigungen und Unterstützung eines Systemprogrammierers. Sie können jedoch auch mit eigenen Mitteln die benötigte Zuordnung herstellen. Zu diesem Zweck müssen Sie den TSO-Befehl *ALLOCATE* verwenden und dabei den bzw. die Namen Ihrer REXX-Bibliotheken angeben. Der ALLOCATE-Befehl für unsere Biblothek lautet:

```
ALLOC DD(SYSEXEC) DS(REXX.EXEC) SHR REUSE
```

Falls Sie mehrere Bibliotheken zuordnen wollen, so müssen Sie deren Namen im DS-Parameter der gewünschten Reihenfolge nach durch Leerzeichen getrennt aufzählen. Dies ist besonders dann wichtig, wenn vorher schon eine Zuordnung unter SYSEXEC bestanden hat (mit LISTALC STatus bekommen Sie alle Allocierungen angezeigt) und Sie Ihre Bibliothek zusätzlich zuordnen möchten. Der Befehl könnte in diesem Falle z.B. so aussehen:

```
ALLOC DD(SYSEXEC) DS(REXX.EXEC 'SYS.REXX.EXEC') SHR REUSE
```

Neben der Zuordnung Ihrer REXX-Bibliothek müssen Sie zusätzlich dafür sorgen, daß beim impliziten Aufruf auch in der SYSEXEC-Bibliothek nach

Prozeduren gesucht wird. Falls Sie dies nicht tun, wird trotz Ihrer Zuordnung nur in der SYSPROC-Bibliothek gesucht. Mit dem TSO/E-Befehl *EXECUTIL SEARCHDD* können Sie diese Suchfolge einschalten bzw. auch wieder ausschalten. Die Syntax lautet:

```
EXECUTIL SEARCHDD(YES) bzw. EXECUTIL SEARCHDD(NO)
```

Sie sollten dabei beachten, daß zunächst immer in der SYSPROC-Bibliothek nach entsprechenden Prozeduren (egal ob CLIST oder REXX) gesucht wird und erst dann in der Bibliothek SYSEXEC, falls diese überhaupt in die Suchfolge eingebunden ist! Bei gleichnamigen Membernamen kann es also zum Aufruf einer falschen Prozedur kommen.

Zum Abschluß dieses Abschnitts noch einige Tips, wie Sie bei dieser anscheinend relativ komplexen Zuordnungsproblematik am besten vorgehen: Versuchen Sie zunächst, die benötigten Zuordnungen über die LOGON-Prozedur dauerhaft installieren zu lassen, so daß Sie sofort nach Einstieg in Ihre Benutzernummer den impliziten Aufruf zur Verfügung haben. Ist dies nicht oder nicht schnell genug möglich, so schreiben Sie einfach eine kleine REXX-Prozedur, in der die Allocierung erfolgt. Diese REXX-Prozedur rufen Sie nach dem Einstieg explizit auf (der implizite funktioniert ja noch nicht). Eine einfache Version dieser Prozedur könnte etwa so aussehen:

```
/*   REXX-Prozedur ZUORDNE */
"ALLOC DD(SYSEXEC) DS(REXX.EXEC 'SYS.REXX.EXEC') SHR"
"EXECUTIL SEARCHDD(YES)"
```

Nach Ausführung dieser Prozedur können Sie die weiteren REXX-Prozeduren dann implizit aufrufen.

1.4 Übungen

Übung 1.01
In der ersten Übung sollen Sie sich zunächst mit Ihrer eigenen REXX-Umgebung etwas vertraut machen. Zu diesem Zweck erstellen Sie eine kleine REXX-Prozedur, die als Ergebnis Datum und Uhrzeit des erfolgten Aufrufs anzeigt. Diese REXX-Prozedur soll folgende Instruktionen umfassen:

```
/* REXX-Prozedur Übung 1.01                          */
SAY 'Hallo, ich bin Ihr erstes REXX-Programm'
SAY 'Sie haben mich am' DATE() 'aufgerufen'
SAY 'Es ist jetzt' TIME()
```

Informieren Sie sich darüber, welche Regeln auf Ihrer Implementierung für das Anlegen und dauerhafte Speichern von REXX-Prozeduren gelten. Die beiden wichtigen Implementierungen unter VM/CMS und MVS/TSO finden Sie ja in diesem Abschnitt dargestellt. Falls Sie REXX unter anderen Implementierungen einsetzen, so müssen Sie diese Punkte in der jeweiligen Systemliteratur nachlesen.

Wenn Sie diese Prozedur angelegt haben, so rufen Sie diese in unterschiedlicher Weise auf. Versuchen Sie z.B. den expliziten und impliziten Aufruf oder rufen Sie die Prozedur direkt aus der Editorumgebung auf, falls dies möglich ist.

2 REXX-Grundlagen

2.1 Formale Regeln

Die Befehle einer REXX-Prozedur können in freiem Instruktionsformat erstellt werden, d.h. Sie sind nicht wie in anderen (meist älteren) Sprachen an bestimmte Spaltenpositionen oder Tabulatoren gebunden. Die Programmzeilen können auch länger als 80 Stellen sein und Sie können mit variablem Satzformat arbeiten, um Speicherplatz zu sparen. Diese Freiheit in der Codierung birgt natürlich auch die Gefahr in sich, daß die Prozeduren unübersichtlich und unleserlich erstellt werden. Um dies zu vermeiden, sollten Sie sich an bestimmte Regeln und Konventionen (auch an unternehmensinterne) halten. Im folgenden Abschnitt finden Sie einige Hinweise dazu:

Eine REXX-Instruktion kann in einer beliebigen Spalte einer Zeile begonnen werden; damit haben Sie die Möglichkeit, Ihre REXX-Prozedur durch Einrücken bei Bedingungen oder Schleifen optisch zu strukturieren und deren Übersichtlichkeit und Lesbarkeit zu verbessern. Zu einer weiteren Verbesserung der Lesbarkeit kann die Verwendung von Groß-/Kleinschreibung dienen. Häufig werden die Befehle und feststehenden Teile einer Prozedur in Großbuchstaben und die verwendeten Variablennamen in Kleinbuchstaben codiert. Bei den Variablennamen sollten Sie "sprechende" Namen benutzen. Außerdem können innerhalb einer REXX-Instruktion auch mehrfache Leerstellen zwischen den Schlüsselwörtern und den Operanden verwendet werden.

Als kleines Beispiel soll der folgende Ausschnitt einer REXX-Prozedur dienen, die über eine Schleife eine Eingabe verlangt, und zwar solange, bis etwas eingegeben wird. Die Befehle innerhalb der Schleife sind eingerückt, wobei Befehle in Großbuchstaben und die Variablen in Kleinbuchstaben geschrieben sind.

```
/* REXX-Prozedur mit Abfragetechnik über Schleife */
DO UNTIL eingabe <> ' '
     SAY 'Geben Sie einen Wert ein'
     PULL eingabe
END
```

Üblicherweise wird in einer Zeile nur eine REXX-Instruktion codiert, die nicht durch ein Sonderzeichen abgeschlossen werden muß; falls Sie mehrere

Instruktionen in eine Zeile setzen wollen, so müssen Sie zur Trennung den Semicolon (;) benutzen; dies gilt nur dann nicht, wenn es sich bei der nachfolgenden Instruktion um einen REXX-Kommentar handelt.

Beispiel: Erzeugen von Bildschirmmeldungen mit SAY-Befehl

```
/*    REXX-Prozedur MELDUNGEN      */
SAY 'Dies ist die 1. Meldung'
SAY 'Dies ist die 2. Meldung'
SAY 'Dies ist die 3. Meldung'      /* Kommentar */
```

Sollte Ihr REXX-Befehl länger als eine Dateizeile werden (häufig tritt dies bei komplexen Bedingungen auf), so können Sie als Fortsetzungszeichen das Komma (,) am Ende der Zeile verwenden und in der nächsten Zeile an beliebiger Spalte wieder fortsetzen. Sie sollten jedoch darauf achten, daß Sie den Befehl an einer sinnvollen Stelle (z.b. zwischen zwei Operanden) trennen und nicht mitten im Parameter oder Variablennamen. Falls Sie Literale trennen, so wird die erste Zeile mit einem Hochkomma abgeschlossen und in der nächsten Zeile mit einem Hochkomma wieder begonnen. Der Zeilenumbruch wirkt dann wie ein Leerzeichen im Literal.

Beispiel: Bedingung und Literal über jeweils zwei Dateizeilen

```
/*    REXX-Prozedur mit Fortsetzungszeichen /*
IF    dateiparameter =' ' & argumentzeichenfolge = ' ' &,
      eingabe = ' ' THEN
         SAY   'Sie haben beim Aufruf der Prozedur keine',
               'Parameter übergeben'
```

Neben den formalen REXX-Regeln zur Verbindung bzw. Fortsetzung von REXX-Instruktionen gibt es noch zwei Grundregeln, die für die meisten Implementierungen gelten und deren Einhaltung Sie gerade am Anfang Ihrer "REXX-Karriere" vor einigen Fehlern bewahren wird.

"Erste Zeile ein REXX-Kommentar"
Für viele Implementierungen gilt, daß die erste Zeile einer REXX-Prozedur eine Kommentarzeile sein muß. Dies ist vor allem für den impliziten Aufruf einer Prozedur von Bedeutung, da entsprechend der ersten Prozedurzeile der jeweilige Interpreter aufgerufen wird. Falls Sie also z.B. unter CMS eine Prozedur aufrufen, die keine REXX-Kommentarzeile am Anfang besitzt, so wird nicht der REXX-Interpreter sondern der EXEC2-Interpreter aufgerufen, von dem Sie dann natürlich Fehlermeldungen erhalten. Für TSO gilt dies in ähnlicherweise mit dem CLIST-Interpreter bzw. unter OS/2 auch für die Verwechslung mit anderen Batchdateien.

"Alle Nicht-REXX-Befehle in Hochkommata"
Alle Befehle Ihrer Prozeduren, die nicht zum REXX-Sprachumfang sondern
zur jeweiligen Umgebung gehören, sollten Sie in Hochkommata einschließen.
Der REXX-Interpreter gibt diese Befehle dann an die Umgebung weiter, ohne
sie zu interpretieren. Falls Sie dies nicht tun, erkennt der REXX-Interpreter
keinen Umgebungsbefehl sondern eine Aneinanderreihung von Variablen und
ersetzt diese durch deren Inhalt; dies führt üblicherweise zu Syntaxfehlern.

Beispiel: Der Nicht-REXX-Befehl EXECIO dient zum Lesen von Dateizeilen.
Die richtige Schreibweise lautet:

```
"EXECIO * DISKR dateiname" oder 'EXECIO * DISKR dateiname'
```

Grundsätzlich können Sie sowohl die einfachen als auch die doppelten
Hochkommata verwenden (vorne und hinten jedoch das gleiche Zeichen); unter
MVS/TSO wird häufig schon das einfache Hochkomma zur Angabe von
vollqualifizierten Dateinamen benötigt, so daß sich dort das doppelte Hochkomma für die Umgebungsbefehle eingebürgert hat.

Wo liegt nun das Problem, falls Sie den EXECIO-Befehl ohne Hochkommata
schreiben?

Der REXX-Interpreter würde versuchen, die Variable EXECIO mit der
Variable DISKR zu multiplizieren ("*" ist das Zeichen für Multiplikation), was
sicherlich zu einem Fehler und zum Abbruch der Prozedur führen würde.

2.2 Befehlsumfang einer REXX-Prozedur

Grundsätzlich gehören folgende Befehlsgruppen zum Sprachumfang einer
REXX-Prozedur:

- REXX-Instruktionen bzw. REXX-Befehle (ca. 25)
- REXX-Funktionen (ca. 80)
- Befehle und Funktionen der Umgebung

Die Mächtigkeit einer REXX-Prozedur ergibt sich dabei vor allem aus der
Verwendung aller Befehle und Funktionen Ihrer jeweiligen Umgebung, so daß
die Anwendungs- und Einsatzmöglichkeiten praktisch unbegrenzt sind.

REXX-Instruktionen
In der Sprache REXX wird üblicherweise von Instruktionen und nicht von
Befehlen gesprochen, da es Instruktionen gibt, die keinerlei "Befehl" be-
nötigen.

31

• Schlüsselwortinstruktionen

Hier handelt es sich um Instruktionen, die der REXX-Interpreter an Hand eines Schlüsselwortes erkennt; im allgemeinen Sprachgebrauch werden solche Schlüsselwortinstruktionen als "REXX-Befehle" bezeichnet. Diese Befehle dürfen in REXX nicht abgekürzt werden. Beispiele für solche Befehle sind:

```
SAY 'Dies ist eine Meldung'     Ausgabe einer Bildschirmmeldung
DROP variable                   "Löschen" einer Variable
```

• Zuweisungs-Instruktion

Mit Hilfe einer Zuweisung können Sie einer Variablen einen Wert zuweisen. In REXX gibt es dazu keinen speziellen Befehl wie in anderen Sprachen üblich (SET oder LET), sondern die Syntax einer Zuweisung lautet in REXX ganz einfach:

```
variable = wert      Beispiel:   X=1
```

• Marken

Marken dienen zur Definition von Sprungadressen bzw. als Namen von internen Unterprogrammen, zu denen mit den Befehlen SIGNAL bzw. CALL verzweigt werden kann. Sie stellen eine eigene Instruktion dar und werden folgendermaßen codiert:

```
markenname:      oder als Beispiele  ANFANG:    bzw. PRUEFUNG:
```

Der Name einer Marke ist grundsätzlich frei wählbar, er darf jedoch aus maximal 31 Zeichen bestehen und wird mit dem Doppelpunkt abgeschlossen. Wollen Sie eine weitere Instruktion in derselben Dateizeile codieren, so können Sie dies ohne Semicolon als Trennzeichen tun. Üblicherweise werden jedoch Marken als einzige Instruktion einer Dateizeile codiert, um den Überblick Ihrer Prozedur zu verbessern.

• Kommentare

REXX-Kommentare stellen eigene Instruktionen dar. Sie beginnen jeweils mit dem Zeichen "/*" und enden mit "*/" und können sich über beliebig viele Zeilen hinweg erstrecken. Meist wird ein Kommentar jedoch aus Gründen der Übersichtlichkeit in derselben Zeile abgeschlossen. Falls Sie einen Kommentar zusammen mit anderen Instruktionen in eine Zeile stellen möchten, so kann dies ohne Trennung durch Semicolon geschehen.

Beispiel:

```
IF A>0      /* Prüfung, ob Inhalt von A größer Null */
```

• Null-Instruktion

Innerhalb einer REXX-Prozedur können Sie beliebig viele Leerzeilen verwenden, um die Struktur und Übersichtlichkeit der Befehlsfolgen zu verbessern.

REXX-Funktionen

REXX-Funktionen sind häufig benötigte Standardroutinen, die zur Durchführung von verschiedenartigen Zeichenkettenverarbeitungen, Vergleichsoperationen oder zur Prüfung von Werten verwendet werden können. Die Funktionen besitzen dabei fest vorgegebene Funktionsnamen und müssen mit den vorgeschriebenen Parametern (in Klammern, ohne Leerzeichen vor der Klammer) aufgerufen werden. Die Funktionen liefern jeweils einen Funktionswert, der in Ausdrücken, Befehlen oder Zuweisungen verwendet werden kann.

So können Sie z.B. mit der SUBSTR-Funktion bestimmte Zeichen aus einer Zeichenfolge abgreifen, wobei als Parameter die Zeichenfolge, Startposition und Länge übergeben werden.

```
SAY SUBSTR('REXX',3,2)        Ergibt am Bildschirm XX.
```

Hinweis:

Eine Angabe der Funktion alleine (also ohne sonstige REXX-Instruktion) ist ungültig! Sie können also nicht einfach schreiben:

```
SUBSTR('REXX',3,2)
```

Vielmehr muß sich nach der Ersetzung der Funktion durch deren Funktionswert eine vollständige REXX-Instruktion ergeben (XX wäre keine REXX-Instruktion).

Umgebungsbefehle und -funktionen

Üblicherweise werden mit REXX-Prozeduren Abläufe innerhalb Ihrer Betriebssystemumgebung automatisiert. Die REXX-Befehle und Funktionen dienen dabei nur zur Steuerung der Umgebungsbefehle. Das Auslösen einer Aktion in Ihrer Umgebung (z.B. das Senden einer Datei an einen anderen Benutzer) erfolgt weiterhin mit den Befehlen dieser Umgebung. Ohne eine Prozedursprache wie REXX müßten Sie diese Befehle jedoch immer wieder neu eingeben und könnten nicht so einfach auf Verarbeitungsfehler reagieren, wie Sie dies in einer Prozedur tun können.

Grundsätzlich können Sie alle Befehle und Funktionen verwenden, die in bzw. aus Ihrer jeweiligen Umgebung erreichbar sind (denken Sie daran, diese Befehle in Hochkommata einzuschließen).

Dies wollen wir uns am Beispiel einer REXX-Prozedur unter VM/CMS etwas genauer ansehen:

Eine REXX-Prozedur wird dort üblicherweise in der CMS-Umgebung (Ready-modus) aufgerufen. Es stehen Ihnen also zunächst alle CMS-Befehle in dieser REXX-Prozedur zur Verfügung. Da das CMS unter Kontrolle der VM-Komponente CP (Control Program) steht und Anweisungen, die nicht als CMS-Befehle erkannt werden, an CP weitergeleitet werden, können Sie auch noch alle CP-Befehle verwenden. Die folgende REXX-Prozedur verschafft Ihnen einen Zugriff auf Dateien einer anderen Platte (evtl. eines anderen Benutzers) und zeigt deren Inhaltsverzeichnis an.

```
/* REXX-Prozedur mit CP- und CMS-Befehlen           */
"LINK USERA 191 198 RR"         /*CP-Befehl LINK     */
"ACCESS 198 B"                  /*CMS-Befehl ACCESS  */
"FILELIST * * B"                /*Aufruf der Filelist */
```

Die einzigen REXX-Instruktionen in dieser Prozedur sind die Kommentare; alles andere sind Umgebungsbefehle. Falls Sie eine solche REXX-Prozedur aus dem CMS-Editor XEDIT starten, so stehen Ihnen zusätzlich noch alle Editorbefehle zur Verfügung.

Gleiches gilt auch für eine REXX-Prozedur unter MVS/TSO; dort können Sie zunächst alle TSO-Befehle verwenden, die sog. "externen TSO-Befehle" der Umgebung MVS und auch die Befehle oder Einrichtungen (Services des Dialog Managers) von ISPF, falls die Prozedur unter ISPF läuft.

2.3 Literale, Konstanten und Variablen

Zu den grundlegenden Elementen einer REXX-Instruktion gehören Literale, Konstanten und Variablen. Für den erfolgreichen Einsatz Ihrer REXX-Prozeduren ist das Verständnis und die Unterscheidung dieser Elemente von Bedeutung.

Literale

Literale sind feststehende Zeichenketten, die in Hochkommata (einfache oder doppelte) eingeschlossen werden. Innerhalb von Literalen bleiben Groß-/Klein-schreibung oder auch führende oder nachfolgende Leerzeichen erhalten. Literale können zur Ausgabe von Meldungen, zur Prüfung von Funktions-werten oder zur Zuweisung einer Variablen eingesetzt werden, wobei ihre maximale Länge von der Implementierung abhängt (unter VM/CMS z.B. 250 Zeichen, was jedoch kaum von praktischer Bedeutung ist). Beispiele für die Verwendung von Literalen sind:

```
SAY "Geben Sie eine Zahl ein"    /* Meldung erzeugen   */
```

```
IF eingabe = "JA"        /* Vergleich mit Literal   */
kette='abcd'             /* Zuweisung               */
```

Für besondere Zwecke kann ein Literal auch in hexadezimaler Schreibweise angegeben werden; dazu muß unmittelbar nach dem Literal das Zeichen "x" angegeben werden.

Beispiel: SAY "C1C2C3"x   entspricht SAY "ABC"

In der Praxis können Sie dies einsetzen, um besondere Zeichen zu erzeugen (Drucksteuerzeichen), die über Ihre Tastatur nicht eingegeben werden können.

Konstanten
Konstanten sind Zahlen, mit deren Hilfe z.B. gerechnet werden kann. Von REXX werden verschiedene Zahlenformate unterstützt (in CLIST z.b. nur ganze Zahlen). Folgende Formate sind möglich:

Ganzzahl	:	20
Dezimalzahl	:	20.5
Gleitpunktzahl	:	2.5E3 entspricht $2.5*10^3 = 2500$
Zahlen mit Vorzeichen:		-20

Für REXX-Zahlen existiert keine praktische Größenbegrenzung. REXX speichert Zahlen zunächst als Literal und wandelt erst bei Bedarf - wenn Sie damit z.b. rechnen wollen - dieses Literal in eine Zahl um, so daß Sie mit so großen Werten wie *20E99* oder so kleinen wie *20E-99* rechnen können.

Variablen
Eine Variable ist ein symbolischer Name, der innerhalb einer REXX-Prozedur einen veränderbaren Wert repräsentiert. Mit Hilfe von Variablen und deren Inhalten können Sie REXX-Prozeduren flexibel gestalten und jeweils anders ablaufen lassen.

REXX-Variablen können nicht definiert und in ihrem Typ oder Länge festgelegt werden (was in den klassischen Programmiersprachen wie PL1 oder COBOL üblich ist). Variablen entstehen in REXX durch deren Verwendung, wobei Typ und Länge einer Variablen alleine vom aktuellen Inhalt abhängen! Üblicherweise entsteht eine Variable, indem ihr Werte zugewiesen werden; diese Werte können Zahlen und Literale sein oder sich auch aus Funktionen und anderen Ausdrücken ergeben.

Beispiele:
```
zahl1 = 5
dateiname = "TEST DATEN A"
```

35

• Namensregeln

Der Name einer REXX-Variablen kann aus 1 bis 250 Zeichen bestehen. Dabei können Sie als erstes Zeichen alle Buchstaben und bestimmte Sonderzeichen (§,#,$,?,!,_) verwenden, ab dem zweiten Zeichen dürfen Sie zusätzlich noch Ziffern verwenden. Die Angabe von Groß- und Kleinbuchstaben macht bei den Variablennamen keinen Unterschied. In der Praxis sollten Sie versuchen, "sprechende" Variablennamen zu verwenden, d.h. daß der Leser Ihres Programms aufgrund des Variablennamens auf deren Bedeutung und Verwendung schließen kann. Sprechende Variablennamen sind zum Beispiel *eingabe* oder auch *faktor*.

• Reservierte Variablen

Grundsätzlich können Sie die Namen Ihrer Variablen frei wählen. Wie in anderen Sprachen, gibt es auch in REXX Variablennamen, die besondere Bedeutung besitzen und innerhalb von REXX für genau definierte Zwecke reserviert sind. Diese Variablennamen sollten Sie nicht dazu benutzen, um eigene Werte darin abzulegen, da diese Variablen automatisch von REXX bedient werden und ein evtl. vorher von Ihnen abgelegter Wert überschrieben wird.

Glücklicherweise beschränkt sich der Umfang der reservierten Variablen in REXX auf folgende drei Namen:

Variable	Bedeutung bzw. Verwendung
rc	enthält den Returncode jedes "Nicht-REXX-Befehl" und wird von REXX nach jedem dieser Befehle gesetzt; Sie können prüfen, ob der Befehl erfolgreich ausgeführt werden konnte.
result	enthält nach einem Unterprogrammaufruf mit CALL den ans Hauptprogramm zurückgegebenen Wert.
sigl	enthält nach einem Sprung mit SIGNAL oder einem Unterprogrammaufruf mit CALL die Zeilennummer, aus der verzweigt wurde.

Zum Abschluß der Namensregeln noch ein kleiner Tip:

Die Länge der Variablennamen sollte sich ungefähr zwischen 5 und 15 Zeichen bewegen, wobei Sie möglichst wenig Sonderzeichen verwenden sollten!

• Typ und Länge von Variablen

Wie sieht es nun mit Typ und Länge einer Variablen aus? Was bedeutet die Aussage, daß diese nur vom aktuellen Inhalt abhängen?

• Typ und Länge von Variablen

Wie sieht es nun mit Typ und Länge einer Variablen aus? Was bedeutet die Aussage, daß diese nur vom aktuellen Inhalt abhängen?

Wenn wir uns nach der Zuweisung von

```
x=4
```

den Typ und die Länge der Variable x ansehen, so finden wir eine numerische Variable mit der Länge 1 vor (keine Überraschung, oder?). Mit den Funktionen DATATYPE und LENGTH können Sie sich diese Attribute anzeigen lassen.

```
SAY DATATYPE(x)   bzw. SAY LENGTH(x)
```

Was passiert nun, wenn wir dieser Variablen den Wert 1000 zuweisen?
Nun, mit REXX funktioniert dies ohne Probleme, die Variable hat nun eben die Länge 4. Sie können dieser ursprünglich numerischen Variable sogar ein beliebiges Literal beliebiger Länge zuweisen. Nach der Zuweisung von

```
x="TEST DATEN A"
```

ist die Variable x alphanumerisch mit der Länge 12, was wohl für alle Anwender aus den klassischen Programmiersprachen ungewöhnlich ist.

Diese Technik der Variablenverwendung macht die Entwicklung von REXX-Prozeduren zunächst einfach, da Sie sich keine Gedanken über den Typ und die benötigte Länge der Variablen machen und keinerlei Vereinbarungen und Deklarationen treffen müssen. Es soll an dieser Stelle jedoch nicht verschwiegen werden, daß dieser einfache Umgang mit REXX-Variablen auch seine negativen Seiten hat und Fehlerquellen birgt. Falls Sie nämlich die Variable x (z.B. das Ergebnis einer Berechnung) am Bildschirm ausgeben wollen und sich beim Variablennamen verschreiben (Sie schreiben y statt x), gibt REXX einfach den Variableninhalt von y aus, ohne daß diese Variable vorher bekannt sein mußte. Bei Sprachen wie PL1 oder COBOL würden Sie in diesem Falle eine entsprechende Fehlermeldung des Compilers erhalten. Die REXX-Prozedur läuft also ohne Syntaxfehler, das erzeugte Ergebnis ist jedoch falsch.

Hier taucht noch eine weitere interessante Frage bezüglich Variablen und deren Inhalte auf: Was steht eigentlich in einer Variable, für die bisher keine Zuweisung erfolgte und die Sie z.B. am Bildschirm ausgeben? Was steht also in unserer fälschlicherweise ausgegebenen Variable y?

Überraschenderweise wird als Wert für bisher unbekannte REXX-Variablen nicht, wie vielleicht erwartet, "Nichts" oder "0", sondern der Name der

Variablen in Großbuchstaben verwendet, was sicherlich eine REXX-Spezialität ist. Falls Sie also einfach die Variable *y* am Schirm ausgeben, so erhalten Sie ein "Y" als Großbuchstaben angezeigt. Diese Tatsache wollen wir uns noch an einem anderen Beispiel verdeutlichen:

Sie wollen mit Hilfe des REXX-Befehls SAY eine Meldung am Bildschirm ausgeben und vergessen dabei, die Meldung als Literal in Hochkommata einzuschließen; Sie schreiben z.B.:

```
SAY REXX macht Spass statt SAY 'REXX macht Spass'
```

Was passiert in diesem Fall? Nun, strenggenommen geben Sie den Inhalt der drei Variablen *rexx*, *macht* und *Spass* am Bildschirm aus und nicht das Literal, das Sie eigentlich erzeugen wollten. Falls Sie dabei doch am Bildschirm Ihre Meldung (in Großbuchstaben!) sehen, so haben Sie dies nur dem glücklichen Umstand zu verdanken, daß Sie Variablen mit diesem Namen noch nicht verwendet und ihnen noch keinen anderen Inhalt zugewiesen haben. Dieselbe Fehlerquelle würde auch auftreten, falls Sie Nicht-REXX-Befehle ohne Hochkommata codieren.

Löschen von Variablen
Mit der Instruktion DROP können Sie eine oder mehrere Variablen "löschen", d.h. diese Variablen erhalten ihren ursprünglichen, nicht initialisierten Status wieder zurück.

Die Syntax der DROP-Instruktion lautet:

```
DROP variable1 variable2 ........ variable-n
```

Jede der angesprochenen Variablen wird von der Liste der bekannten Variablen gelöscht, wobei auch unbekannte Variablen gelöscht werden können, ohne daß eine Fehlermeldung auftritt.

2.4 Dialog mit dem Benutzer

Mit Hilfe von Dialogen können Sie dem Benutzer am Bildschirm Meldungen anzeigen und ihn z.B. über den Erfolg oder Mißerfolg einer Prozedur informieren. Zum Dialog gehört jedoch auch, daß Sie den Benutzer zur Eingabe von Werten und Parametern (z.B. zu druckenden Dateinamen) auffordern, mit deren Hilfe der Ablauf der REXX-Prozedur von außen gesteuert und beeinflußt werden kann.

Für die Erstellung von Dialogen können verschiedene Techniken eingesetzt werden. Dabei müssen Sie bezüglich REXX unterscheiden zwischen Dialogen, die nur mit Hilfe von REXX-Befehlen erstellt werden, und solchen, in denen innerhalb von REXX-Prozeduren auf ein im jeweiligen Betriebssystem vorhandenes Dialogsystem zurückgegriffen wird. Diese Dialogsysteme ermöglichen die Erstellung von Bildschirmmasken (Panels), "hinter" denen z.b. auch Prüfungen durchgeführt werden können. Welches Dialogsystem Sie auf Ihrer Umgebung verwenden können, finden Sie jeweils in den späteren Kapiteln, in denen verschiedene REXX-Implementierungen dargestellt werden.

An dieser Stelle sollen zunächst die Dialogmöglichkeiten vorgestellt werden, die alleine mit Hilfe von REXX-Befehlen erzeugt werden können. Diese Dialoge sind zwar zunächst nur zeilenorientiert, sie bieten jedoch den Vorteil, daß Sie auf jeder beliebigen REXX-Implementierung lauffähig und vor allem sehr einfach zu realisieren sind.

Meldungen mit SAY erzeugen
Mit Hilfe des Befehls SAY können Sie am Bildschirm eine Ausgabe erzeugen, wobei jeder SAY-Befehl genau eine Zeile erzeugt. Die ausgegebene Meldung kann dabei ein Literal, eine Variable oder ein beliebiger anderer Ausdruck sein. Falls Sie eine Leerzeile ausgeben möchten, so genügt der Befehl SAY ohne Parameter.

Beispiele:

```
SAY 'Datei wurde gedruckt'      /* Literalausgabe     */
SAY dateiname          /* Ausgabe des Variableninhalts */
SAY 'Die Datei' dateiname 'wurde gedruckt'
/* Literal und Variable kombiniert                    */
```

Innerhalb der Instruktion SAY können beliebige Ausdrücke oder Funktionen eingesetzt werden, die auch verschachtelt werden können. Der nächste Befehl erzeugt eine Folge von 50 Sternchen (*), die auf einer gedachten Bildschirmbreite von 80 Zeichen zentriert werden.

```
SAY CENTER(COPIES('*',50),80)
```

Leider können Sie nicht mit Hilfe von REXX-Befehlen "alte" Bildschirmzeilen löschen und Ihre Meldung damit auf eine neue Seite plazieren. In Ihrer jeweiligen REXX-Umgebung stehen jedoch meist Befehle zur Verfügung, mit denen Sie auch den Bildschirm löschen können (z.B. unter VM/CMS mit 'VMFCLEAR').

Falls Sie mit dem SAY-Befehl eine Eingabeaufforderung an den Benutzer ausgeben, so muß der Benutzer in der nächsten Zeile seinen Wert eingeben. Sie können alleine mit REXX-Befehlen nicht verhindern, daß der Cursor in der nächsten Zeile steht (in CLIST ist dies mit WRITENR - "no return" - möglich).

Eingaben mit PULL anfordern

Die Instruktion PULL ist die in REXX am häufigsten verwendete Instruktion, um Benutzereingaben vom Bildschirm abzufragen. Diese Benutzereingaben werden entsprechend der im PULL-Befehl angegebenen Zerlegungsschablone einer oder mehreren Variablen zugewiesen, ohne daß dazu eine explizite Zuweisungsinstruktion erforderlich ist.

Die Syntax lautet: `PULL schablone`

Für die Angabe der Zerlegungsschablone stehen in REXX eine ganze Reihe von besonderen Zerlegungsschablonen zur Verfügung, deren Möglichkeiten Sie genauer im Kapitel 3.1 beschrieben finden. Für die ersten einfachen Dialoge wollen wir annehmen, daß der Benutzer mehrere Eingaben durch Leerzeichen voneinander trennt. Unter dieser Voraussetzung können wir beliebig viele Variablennamen durch Leerzeichen getrennt in der Schablone angeben. Die Benutzereingaben werden dann an den Wortgrenzen getrennt und ihrer Reihenfolge entsprechend den einzelnen Variablen zugewiesen.

Im folgenden Beispiel werden über einen kleinen Dialog ein Dateiname und eine Benutzernummer abgefragt. Mit Hilfe dieser Eingaben kann im weiteren Prozedurablauf diese Datei (z.B. ein Job) an einen anderen Benutzer übertragen werden:

```
/*   REXX-Prozedur mit Benutzerdialog*/
SAY 'Geben Sie Dateiname und Benutzernummer ein'
PULL dateiname benutzer
```

Nach der Eingabe von zwei Werten stehen diese in den Variablen *dateiname* und *benutzer* zur Verfügung, wobei derzeit noch keine Prüfung auf Existenz oder Plausibilität der Eingabe erfolgt. Doch was passiert eigentlich, wenn der Benutzer zu wenig oder zu viele Werte in einer Zeile eingibt? In REXX gilt, daß bei zu wenig Eingaben den entsprechenden Variablen eben "nichts" zugewiesen wird und im Falle von zu vielen Eingaben die letzte Variable die gesamte Restzeichenkette aufnimmt. Folgendes Schaubild zeigt die Zeichenkettenzerlegung für verschiedene Eingaben anhand einer Schablone, die aus zwei Variablen besteht:

```
PULL var1 var2
```

Benutzereingaben	Inhalt von *var1*	Inhalt von *var2*
wert1 wert2	wert1	wert2
wert1	wert1	
wert1 wert2 wert3	wert1	wert2 wert3

Im Falle von fehlerhaften Eingaben werden im weiteren Verlauf unserer Prozedur wahrscheinlich Fehler auftreten; mit einem kleinen Trick können wir unsere PULL-Abfrage schon etwas sicherer gestalten, ohne gleich eine "großartige" Prüfung einzusetzen. Mit Hilfe einer weiteren Variable (z.b. *rest*) in unserer Schablone verhindern wir, daß die Variable *benutzer* überflüssige Zeichenketten aufnehmen muß. Der PULL-Befehl und die Zerlegung der Eingabe lautet dann:

```
PULL dateiname benutzer rest
```

Benutzereingaben	Inhalt von *var1*	Inhalt von *var2*	Inhalt von *rest*
wert1 wert2	wert1	wert2	
wert1	wert1		
wert1 wert2 wert3	wert1	wert2	wert3

Falls Sie die überflüssigen Bildschirmeingaben innerhalb einer Fehlermeldung ausgeben möchten, so können Sie die Variable *rest* im SAY-Befehl verwenden. Wenn Sie diese Eingaben jedoch einfach ignorieren möchten, so können Sie statt der Variablen *rest* einen Punkt (.) schreiben. Der PULL-Befehl lautet dann:

```
PULL dateiname user .
```

Der Punkt könnte in einer Schablone auch an anderer Stelle stehen; für eine Bildschirmeingabe macht dies jedoch wenig Sinn, da Sie dann z.b. immer den ersten eingegebenen Parameter unterdrücken würden.

Bei der Verwendung des PULL-Befehls müssen Sie außerdem darauf achten, daß PULL die Eingaben in Großbuchstaben umsetzt und dann auf die Variablen der Schablone zerlegt. Falls Sie gemischte Zeichenketten erhalten wollen, so müssen Sie den Befehl PARSE PULL verwenden, der ansonsten die gleiche Syntax wie PULL besitzt. Der Befehl lautet dann:

```
PARSE PULL schablone
```

In besonderen Fällen können Sie die Befehle PULL oder PARSE PULL auch ohne jegliche Schablone einsetzen; Ihre REXX-Prozedur wird dann an dieser Stelle anhalten und erst nach Drücken der Datenfreigabetaste (mit oder ohne Eingabe des Benutzers) weiterlaufen. Sie können dies also einsetzen, um eine Pause in Ihrer REXX-Prozedur zu erreichen. Der Befehl lautet dann:

```
PULL        bzw. PARSE PULL
```

2.5 Prozeduraufrufe mit Parameterübergabe

Neben der Abfrage von Werten über einen Dialog mit dem Benutzer können Sie Variable noch mit einer anderen Technik von außen mit Werten füllen. Zu diesem Zweck geben Sie beim Aufruf der Prozedur die gewünschten Parameter an und "fangen" diese in der REXX-Prozedur wieder auf. Der Vorteil dieses Aufrufs liegt darin, daß Sie dann vor allem mit impliziten Aufrufen eine Syntax erhalten, die auch bei Befehlen Ihres Betriebssystems üblich ist. Um z.B. eine Datei mit Hilfe einer Prozedur zu kopieren (mit Prüfungen auf Existenz der Dateien), können Sie folgende befehlsähnliche Syntax verwenden:

```
kopiere datei1 datei2
```

Auf vielen Implementierungen werden solche Prozeduren bereits standard-mäßig angeboten und vom Benutzer wie Betriebssystembefehle eingesetzt; häufig ist dem Benutzer überhaupt nicht mehr bewußt, daß er nicht einen Befehl, sondern eine ganze Prozedur aufruft. Ein Beispiel dafür ist die Prozedur SENDFILE unter VM/CMS, mit deren Hilfe eine Datei an einen anderen Benutzer gesendet werden kann. Der Aufruf dieses "Befehls" (es ist jedoch eigentlich eine REXX-Prozedur) lautet:

```
SENDFILE datei benutzer
```

Solche REXX-Prozeduren mit Parameterübergabe können Sie sich auf einfache Weise selbst erstellen, wenn Sie die in den folgenden Abschnitten be-sprochenen REXX-Befehle und -Techniken einsetzen.

Aufruf einer Prozedur mit Parameterübergabe
Beim Aufruf der Prozedur muß grundsätzlich zwischen dem impliziten und expliziten Aufruf unterschieden werden. Beim impliziten Aufruf können Sie die zu übergebende Parameterkette einfach im Anschluß an den Prozedur-namen anhängen, wobei mehrere Parameter üblicherweise durch Leerzeichen getrennt werden. Die Syntax lautet dann:

```
prozedurname parameter1 parameter2
```

Parameter können auch beim expliziten Aufruf übergeben werden. Da der explizite Aufruf einer REXX-Prozedur mit Hilfe eines Betriebssystembefehls Ihrer Umgebung erfolgt, hängt die genaue Syntax von Ihrer jeweiligen Implementierung ab. Unter MVS/TSO z.B. müssen die Parameter in einfache Hochkommata und noch vor dem EXEC-Parameter angegeben werden. Dort würde ein expliziter Prozeduraufruf mit Parameterübergabe so lauten:

```
EXEC REXX(KOPIERE) 'datei1 datei2' EXEC
```

Wenn Sie den impliziten mit dem expliziten Aufruf vergleichen, so werden Sie feststellen, daß sich beim impliziten Aufruf eine Syntax ergibt, die Befehlen Ihres Betriebssystems ähnlich ist; deshalb werden solche Prozeduren meist implizit aufgerufen.

Bei der Anzahl und Länge der zu übergebenden Parameter müssen Sie sowohl für den impliziten als auch expliziten Aufruf bestimmte Grenzen in Ihrer jeweiligen Umgebung beachten. Unter MVS/TSO darf die Parameterkette maximal 100 Zeichen lang sein, während unter VM/CMS die Grenze bei 130 Zeichen (inclusive des Prozedurnamens) liegt; in der Praxis haben diese Grenzen jedoch kaum Bedeutung, da die Parameterketten meist wesentlich kürzer sind.

Zum Abschluß dieses Abschnitts noch ein Hinweis für alle REXX-Anwender unter MVS/TSO: Falls Sie Ihre REXX-Prozeduren aus der ISPF-Editor-umgebung aufrufen, so müssen Sie bei der Parameterübergabe unbedingt vor den Aufruf den ISPF-Befehl "TSO" setzen, da sonst keine Parameter an die Prozedur übergeben werden. Der Aufruf aus dem Editor lautet dann z.B.:

```
TSO KOPIERE datei1 datei2
```

Zerlegen der übergebenen Parameterkette
Der Zweck eines Prozeduraufrufs mit Parameterübergabe liegt darin, daß auf die übergebenen Parameter in der REXX-Prozedur wieder zugegriffen werden kann und in Abhängigkeit von den Parametern der Prozedurablauf gestaltet werden kann. Um dies zu erreichen, wird die übergebene Parameterkette mit einer Zerlegeschablone auf eine oder mehrere Variablen zerlegt (wie bei Bildschirmeingaben), die dann in den weiteren Befehlen verarbeitet werden.

Die Zerlegung der Parameterkette erfolgt dabei mit der Instruktion ARG, die ansonsten die gleiche Syntax besitzt wie die Instruktion PULL für die Zerlegung von Benutzereingaben. Die Syntax der ARG-Instruktion lautet:

```
ARG schablone
```

Eine sinnvolle Schablone für unsere Prozedur KOPIERE mit der Übergabe zweier Dateinamen könnte also folgendermaßen lauten:

```
ARG dateiname1 dateiname2 .
```

Mit dem Punkt in der Schablone werden überflüssige Parameter ignoriert, weitere Prüfungen auf Existenz oder Plausibilität von Parametern erfolgen zunächst nicht. Für die ARG-Instruktion gilt dabei wie für PULL, daß die Parameterkette in Großbuchstaben umgesetzt wird und erst dann entsprechend der angegebenen Schablone auf die einzelnen Variablen zerlegt wird. Wollen

Sie Kleinbuchstaben erhalten, können Sie die Instruktion PARSE ARG verwenden.

Meist taucht beim Codieren der REXX-Prozedur die Frage auf, wo eigentlich die ARG-Instruktion codiert wird. Grundsätzlich gilt, daß Sie die ARG-Instruktion an jeder beliebigen Stelle Ihrer Prozedur codieren können, natürlich zumindest vor dem ersten Befehl, in dem ein übergebener Parameter in einem Befehl benutzt wird. Es besteht auch die Möglichkeit, mehrmals die ARG-Instruktion in einer Prozedur zu verwenden, wobei jedoch immer dieselbe Zeichenkette zerlegt würde. Die Befehlsfolge, um zwei Dateinamen jeweils einzeln aus der Parameterkette abzugreifen, würde dann so aussehen:

```
/*    REXX-Prozedur mit zwei ARG-Instruktionen   */
ARG dateiname1 .           /* 1. Parameter abgreifen */
SAY 'Erste Datei lautet:' dateiname1
ARG . dateiname2 .         /* 2. Parameter abgreifen */
SAY 'Zweite Datei lautet:' dateiname2
```

In der Praxis hat sich meist eingebürgert, eine einzige ARG-Instruktion an den Prozeduranfang zu stellen und mit Hilfe von Kommentaren entsprechend zu dokumentieren, welche Parameter die Prozedur beim Aufruf erwartet. Mehrere ARG-Instruktionen sind nur sinnvoll, wenn die Zerlegung der Zeichenkette komplexere Schablonen erfordert, so wie Sie es in Kapitel 3.1 (Zerlegeeinrichtungen) finden. Für unser einfaches Beispiel ist wohl folgende ARG-Instruktion am sinnvollsten:

```
ARG dateiname1 dateiname2 .
```

Wenn Sie andere Programmier- und Prozedurensprachen kennen, so sind Sie von diesen Sprachen vielleicht andere Techniken der Parameterübergabe gewöhnt. In der Prozedurensprache CLIST unter MVS/TSO können Sie bei der Übergabe von Parameterketten sog. Positions- und Schlüsselwortparameter angeben. Positionsparameter werden in der Prozedur allein über deren Stellung in der übergebenen Zeichenfolge erkannt, Schlüsselwortparameter dagegen über ein beim Aufruf anzugebendes Schlüsselwort. Diese Schlüsselwortparameter bieten dabei die Möglichkeit, die Reihenfolge der Übergabeparameter frei zu wählen. Mit CLIST könnte ein Aufruf der Prozedur KOPIERE über die beiden Schlüsselworte VON und NACH variabler gestaltet werden. Die Prozedur könnte entweder mit

```
        KOPIERE VON(dateiname1) NACH(dateiname2)
oder    KOPIERE NACH(dateiname2) VON(dateiname2)
```

aufgerufen werden.

Wenn Sie Ihre Möglichkeiten in REXX damit vergleichen, so werden Sie feststellen, daß Sie derzeit eigentlich nur Positionsparameter verwenden können. Mit Hilfe von speziellen Zerlegetechniken (Kapitel 3.1) können wir jedoch auch mit REXX den Aufruf einer Prozedur mit Schlüsselwortparametern simulieren, obwohl es eigentlich in REXX per Definition keine solchen gibt. In der Praxis ist dies von großer Bedeutung, falls Sie z.B. eine bisher bestehende CLIST-Prozedur in REXX umschreiben, die Aufrufmöglichkeiten dieser früheren CLIST aber auch für Ihre neue REXX-Prozedur beibehalten wollen. Ansonsten müßten Sie alle Ihre Prozeduren, die diese CLIST aufgerufen haben, auf einen einheitlichen Aufruf mit Positionsparametern umstellen und evtl. auch allen Ihren Kollegen mitteilen, daß Ihre REXX-Prozedur nur noch mit ganz genau definierter Syntax verwendet werden kann.

2.6 Prozedurabläufe verfolgen

Zu den Stärken von REXX zählt neben der Einfachheit der Sprachelemente und der Handhabung auch die Möglichkeit, den Ablauf einer REXX-Prozedur am Bildschirm verfolgen und im interaktiven Testmodus sogar beeinflussen zu können. Zu diesem Zweck steht Ihnen innerhalb REXX der Befehl TRACE mit seinen vielfältigen Optionen zur Verfügung. Je nach Implementierung können Sie auch von außerhalb Ihrer REXX-Prozedur steuern, ob und welchen Testmodus Sie nutzen wollen. In diesem Abschnitt wollen wir uns zunächst auf den TRACE-Befehl und seine Optionen beschränken.

Der TRACE-Befehl
Die REXX-Instruktion TRACE ermöglicht eine Ablaufverfolgung der in einer REXX-Prozedur enthaltenen und ausgeführten Instruktionen und Befehle. Über verschiedene Optionen (der erste Buchstabe genügt jeweils) können Sie Art und Umfang der angezeigten Bildschirmmeldungen festlegen. Die Syntax der TRACE-Instruktion lautet:

```
TRACE option
```

Bei der Verwendung der TRACE-Instruktion müssen Sie beachten, daß die Ablaufverfolgung ab dem ersten Befehl gilt, der nach TRACE folgt. Sie können also an jeder beliebigen Stelle einen beliebigen Testmodus einschalten und an jeder Stelle wieder ausschalten oder eine andere TRACE-Option bestimmen. Falls Sie aus einer REXX-Prozedur andere Prozeduren aufrufen, so müssen Sie berücksichtigen, daß für diese Prozeduren keine Protokollierung der Befehle erfolgt. Sie müssen also die TRACE-Instruktion u.U. in mehrere Prozeduren einbauen, um einen gesamten Ablauf über mehrere Prozeduren hinweg verfolgen zu können.

TRACE-Optionen
Den Umfang der Bildschirmanzeige können Sie mit folgenden TRACE-Optionen steuern:

TRACE <u>A</u>ll	Mit dieser Option werden alle Instruktionen Ihrer REXX-Prozedur vor deren Ausführung am Bildschirm angezeigt. Sie sehen also die Prozedur am Bildschirm "ablaufen".
TRACE <u>N</u>ormal	Dies ist die *Standardeinstellung*, falls Sie keinen TRACE-Befehl angeben. Jeder fehlgeschlagene Befehl, der einen negativen Returncode liefert, wird am Bildschirm angezeigt. Sie sehen also nur die Befehle, bei deren Ausführung ein Fehler aufgetreten ist.
TRACE <u>R</u>esults	Hier werden alle Instruktionen vor der Ausführung und alle Endergebnisse dieser Instruktionen nach deren Ausführung angezeigt. Dies ist die üblicherweise gewählte Option, falls Sie den Ablauf Ihrer Prozedur sinnvoll verfolgen wollen, da Sie zwar für jeden Befehl zwei Bildschirmmeldungen erhalten (den Befehl selbst und sein Endergebnis), die Anzeige jedoch nicht zu umfangreich ist.
TRACE <u>R</u>esults	Was bedeutet hier eigentlich "Endergebnis"? Nun, von einer Zuweisung

```
x = 5 + 8 + 7
```

erhalten Sie das Endergebnis 20 und von einer komplexen Bedingung wie

```
IF a > b & c > d
```

erhalten Sie deren Operationscode 1 ("gültig") oder 0 ("ungültig") angezeigt. Falls die Bedingung also nicht erfüllt war, so können Sie noch nicht feststellen, an welcher Teilbedingung dies lag.

TRACE <u>I</u>ntermediates	Zusätzlich zu den Bildschirmanzeigen der Option Result, erhalten Sie alle verwendenten Literale, Variablen, Funktionswerte und Zwischenergebnisse angezeigt. Das Bildschirmprotokoll ist also sehr ausführlich (15 Bildschirmzeilen pro Befehlszeile sind keine Seltenheit).

Mit dieser Option können Sie z.B. bei einer komplexeren Bedingung genau die Variableninhalte und die Ergebnisse der einzelnen Teilbedingungen verfolgen und damit vorhandene syntaktische und vor allem logische Fehler beheben. Meist wird diese Option nur für einen kleinen Teil Ihrer Prozedur eingesetzt, da das Bildschirmprotokoll für die gesamte Prozedur wohl zu ausführlich wäre.

TRACE Commands bzw. TRACE Error	Mit diesen Optionen erhalten Sie alle fehlerhaften Kommandos (=Nicht-REXX-Befehle) angezeigt, die einen Returncode ungleich 0 liefern. Der Unterschied der beiden Optionen besteht darin, daß Sie bei TRACE Commands eine etwas ausführlichere Bildschirmanzeige erhalten.
TRACE Failure	Ähnlich wie bei den vorhergehenden Optionen erhalten Sie auch hier fehlerhafte Host-Kommandos angezeigt. Hier werden jedoch nur solche angezeigt, die einen *negativen* Returncode liefern. Dies ist dann von Bedeutung, wenn Sie z.B. mit dem Host-Befehl MAKEBUF einen neuen Puffer erzeugen; dieser Befehl MAKEBUF liefert als Returncode auch im Erfolgsfalle immer einen Wert größer 0 (nämlich die Nummer des erzeugten Puffers), obwohl kein Fehler aufgetreten ist. Im Sinne von TRACE Error würde dies als Fehler angezeigt werden.
TRACE Labels	Hiermit erhalten Sie alle bei der Prozedurausführung erreichten Marken (labels). In der Praxis wird dies kaum verwendet.
TRACE Scan	Mit TRACE Scan unterdrücken Sie die Ausführung der nachfolgenden Instruktionen und Befehle, das Protokoll wird jedoch am Bildschirm weitergeführt. Es wird eine Basissyntaxprüfung durchgeführt, mit deren Hilfe Sie z.B. erkennen können, ob Sie alle Ihre DO-Instruktionen auch mit END abgeschlossen haben.
TRACE Off	Mit TRACE Off legen Sie fest, daß keinerlei Ablaufprotokoll erstellt werden soll, was dann auch für u.U. auftretende Fehler gilt. Deshalb sollten Sie üblicherweise nicht TRACE Off, sondern die Standardeinstellung TRACE Negativ verwenden, um andere TRACE-Optionen wieder auszuschalten.

Format des TRACE-Protokolls
Üblicherweise werden in der Praxis die Befehle TRACE Results und TRACE Intermediates zur Fehlerbeseitigung verwendet, alle anderen Optionen sind

47

eher für Spezialfälle gedacht. Der Umfang der Bildschirmanzeige richtet sich nach der eingestellten TRACE-Option, wobei mindestens die ursprüngliche Befehlszeile der Prozedur mit ihrer Zeilennummer und entsprechende Protokollmeldungen entstehen. Vor jeder Meldung steht zusätzlich ein Präfix, an Hand dessen Sie die Bedeutung der Bildschirmzeile erkennen können. Wir wollen uns das Ablaufprotokoll einer kleinen Prozedur ansehen, an die zwei Zahlen übergeben werden, die kleiner als 10 sein sollen. Befehlsfolge:

```
/*   REXX-Prozedur mit TRACE-Option   */
TRACE R
ARG zahl1 zahl2 .
IF zahl1 < 10 & zahl2 < 10
     THEN SAY 'Die beiden Zahlen sind gültig'
     ELSE SAY 'Die beiden Zahlen sind nicht gültig'
```

Der Ausschnitt des Bildschirmprotokolls bei TRACE Result für die beiden Befehle ARG und IF wird nach Aufruf der Prozedur mit den Werten 5 und 8 folgendermaßen aussehen:

```
2   *-*   ARG zahl1 zahl2 .
    >>>      "5"
    >>>      "8"
    >.>      " "

3   *-*   IF zahl1 < 10 & zahl2 < 10
    >>>      "1"
```

Zunächst sehen Sie, wie die übergebenen Zahlenwerte mit der Instruktion ARG auf die einzelnen Variablen zerlegt werden; da nur genau zwei Parameter übergeben werden, bleibt für den Punkt als Variablenplatzhalter eben "nichts" übrig. Anschließend wird die IF-Bedingung und ihr Endergebnis angezeigt. Das Ergebnis dieser Bedingung ist der Operationscode "1", da beide Zahlen kleiner als 10 waren und die gesamte Bedingung deshalb erfüllt ist.

Die Präfixzeichenketten im Protokoll haben folgende Bedeutung:

-   Dieses Präfix bezeichnet die im Programm vorhandene Originalzeile.

>>>   Kennzeichnet das Ergebnis einer Operation (Zuweisung, Prüfung) oder den Wert, der während einer Zeichenkettenzerlegung ermittelt wurde.

>.>   Identifiziert den Wert, der einem Platzhalter (.) bei einer Zeichenkettenzerlegung zugeordnet wurde.

+++ Hiermit wird eine Nachricht gekennzeichnet. Dies kann ein Return-code ungleich Null eines Kommandos oder eine Dialognachricht sein.

Falls Sie dieselbe Prozedur mit TRACE Intermediates laufen lassen, so erhalten Sie folgendes ausführlichere Protokoll angezeigt:

```
2   *-*   ARG zahl1 zahl2 .
    >>>      "5"
    >>>      "8"
    >.>      " "

3   *-*   IF zahl1 < 10 & zahl2 < 10
    >V>      "5"
    >L>      "10"
    >O>      "1"
    >V>      "8"
    >L>      "10"
    >O>      "1"
    >O>      "1"
```

Die Zerlegung der Parameterkette im ARG-Befehl wird genauso dargestellt, wie bei TRACE Result. Die Auswertung der IF-Bedingung jedoch wird in mehreren Schritten dokumentiert, wobei Sie jeweils die Variableninhalte, die Zahl 10 als feststehendes Literal und den Operationscode jeder Teilbedingung angezeigt erhalten. Der letzte Operationscode stellt das Endergebnis für die gesamte Bedingung dar; diesen (und nur diesen) hätten Sie bei TRACE Result vorgefunden.

Im Protokoll von TRACE Intermediates werden folgende Präfixe verwendet:

>V> Die angezeigten Daten sind Inhalte einer Variablen; leider wird nicht noch der Variablenname angezeigt, so daß Sie sich selbst orientieren müssen, zu welcher Variable die Daten gehören.

>L> kennzeichnet eine Literal oder eine Zahl.

>O> identifiziert den Wert einer Operation aus zwei Termen, also z.B. das Ergebnis einer Addition zweier Zahlen oder einer Bedingung.

>F> Die protokollierten Daten sind das Ergebnis eines Funktionsaufrufes, also Funktionswerte.

>P> Die Werte sind das Ergebnis einer Präfixoperation.

>C> Die Daten sind der Name einer zusammengesetzten Variablen (Compoundvariablen), der sich nach Ersetzen von Variablen in der Ausdehnung der Compoundvariablen ergibt.

Die wichtigsten dieser Präfixe sind sicherlich ">V>" und ">O>", da Sie in diesen Zeilen die aktuellen Inhalte der verwendeten Variablen bzw. die aktuellen Ergebnisse einer Operation angezeigt erhalten.

Mit Hilfe des ausführlichen Bildschirmprotokolls von TRACE Intermediates sollte es Ihnen nun möglich sein, syntaktische und logische Fehler Ihrer REXX-Prozedur zu beheben. Meist werden Sie nur einen Teil Ihrer Prozedur so ausführlich mit TRACE Intermediates untersuchen, da die angezeigten Protokollzeilen je nach Komplexität der jeweiligen Befehlszeile sehr umfangreich sein können.

Präfixoptionen des TRACE-Befehls
Zusätzlich zu den bisher bekannten Optionen des Befehls TRACE können Sie noch sog. Präfixoptionen verwenden; diese Optionen können Sie alleinstehend oder zusammen mit den anderen Optionen einsetzen. Die in der Praxis am häufigsten verwendete Kombination lautet:

```
TRACE ?R
```

Das Präfix "?" ist der "Schalter" für den interaktiven TRACE-Modus; falls dieser Modus noch nicht aktiviert ist (was standardmäßig der Fall ist), so wird er mit dem "?" eingeschaltet; falls er schon aktiviert ist, wird er entsprechend ausgeschaltet. Was bedeutet nun "interaktiver TRACE-Modus"?

In diesem Modus erfolgt eine automatische Unterbrechung (Pause) nach jeder ausgeführten Instruktion, die von der jeweiligen TRACE-Option protokolliert wurde. Sie können dann bei jeder Unterbrechung zwischen folgenden Aktionen wählen:

- Datenfreigabetaste drücken ohne Eingabe,
- Eingeben eines Befehls,
- Gleichheitszeichen (=) eingeben.

Wenn Sie nur die Datenfreigabetaste betätigen, so wird der nächste Befehl aus der aktiven Prozedur ablaufen; anschließend an dessen Protokoll erfolgt wieder eine Unterbrechung der Prozedur. Der Vorteil dieses interaktiven Testmodus besteht nun darin, daß Sie nach jedem ausgeführten Befehl der aktiven Prozedur eben auch eigene Befehle von außen eingeben können, die dann so abgearbeitet werden, als ob sie ursprünglich in der ausgeführten Prozedur gestanden hätten. Dies können Sie z.B. dazu nutzen, um mit Hilfe des Befehls SAY die aktuellen Inhalte von Variablen anzuzeigen. Sie können sogar soweit gehen, daß Sie einer Variable über eine Zuweisung einen neuen Wert zuordnen, der dann für den weiteren Ablauf der REXX-Prozedur gilt. Solange Sie eigene Befehle eingeben, werden diese vor dem nächsten Befehl aus der Prozedur ausgeführt; für diese von außen eingegebenen Befehle erfolgt jedoch keine Ablaufverfolgung mehr.

Nach der Eingabe des Gleichheitszeichens erfolgt eine erneute Ausführung der zuletzt ausgeführten und protokollierten Instruktion der Prozedur. Dies kann dann sinnvoll sein, wenn Sie z.b. bei einer IF-Bedingung feststellen, daß diese ungültig war, und Sie die Ausführung der Instruktionen des ELSE-Zweig unterbinden möchten; dann können Sie zunächst über eine oder mehrere Zuweisungen Ihre Variableninhalte so definieren, daß sich eine gültige Bedingung ergeben wird. Mit der Eingabe des Gleichheitszeichens wird die IF-Bedingung nochmals ausgeführt, worauf die Befehle des THEN-Zweiges aktiviert werden.

Der interaktive TRACE-Modus wird mit dem Befehl TRACE ? jeweils wieder aus- oder eingeschaltet. Der Befehl TRACE OFF würde nicht nur den inter-aktiven Modus (also das "Anhalten") nach jeder Instruktion, sondern das gesamte Protokoll ausschalten.

Grundsätzlich kann das Präfix "?" mit jeder TRACE-Option kombiniert wer-den, in der Praxis am häufigsten wird jedoch TRACE ?R eingesetzt. Mit dieser Kombination erhalten Sie alle ausgeführten Instruktionen und Befehle und deren Endergebnis angezeigt. Solange der Prozedurablauf Ihren Vorstellungen entspricht, können Sie mit der Datenfreigabetaste die Prozedur weiterlaufen lassen. Falls Fehler oder Verzweigungen auftreten, die Sie nicht erwartet haben, können Sie sich z.B. mit der Eingabe von SAY-Befehlen weitere Informationen verschaffen bzw. über Zuweisungen auch Variableninhalte umsetzen. TRACE ?R ist also ein guter Mittelweg, denn wenn Sie mit TRACE ?I arbeiten würden, dann würden Sie pro Befehl viele Protokollzeilen angezeigt erhalten, die Sie dann auch noch mit der Datenfreigabetaste immer wieder löschen müßten.

Zum Abschluß dieses Abschnitts noch zwei Tips, die Ihnen helfen sollen, Fehl-bedienungen im interaktiven TRACE-Modus zu vermeiden:

Tip 1:
Ein häufiger Bedienungsfehler tritt bei der Dialogabfrage mit aufeinander-folgenden SAY- bzw. PULL-Befehlen auf; dort dürfen Sie Ihre Parameter erst dann eingeben, nachdem der PULL-Befehl tatsächlich ausgeführt wurde, und nicht schon, sobald Sie die "Eingabeaufforderung" durch den SAY-Befehl am Schirm erhalten haben. An dieser Stelle ist also etwas Geduld angebracht! Falls Sie Ihre Eingaben zu früh machen, so werden diese als REXX-Befehle

interpretiert, was wohl zum Fehlercode "-0003" (ungültiger REXX-Befehl) führen wird.

Tip 2:
Falls Sie im interaktiven TRACE-Modus bleiben wollen, jedoch die Ausführlichkeit des Protokolls z.B. von der Option "Results" auf "Intermediates" umstellen wollen, so dürfen Sie nur

`TRACE I`   und nicht   `TRACE ?I`

eingeben. Das Fragezeichen als Präfixoption wirkt ja wie ein "Lichtschalter" zum Ein- bzw. Ausschalten des interaktiven TRACE-Modus; falls dieser schon aktiv ist, würde er also ausgeschaltet werden!

Neben der Präfixoption "?" existiert noch eine weitere Präfixoption, mit Hilfe derer Sie beim Ablauf der REXX-Prozedur die Ausführung von Nicht-REXX-Befehlen (Host-Kommandos) unterdrücken können. Dies können Sie dazu verwenden, um Prozeduren auf ihre syntaktische und logische Richtigkeit zu überprüfen, in denen Befehle vorkommen, die bei einem Abbruch der Prozedur möglicherweise destruktiv auf Ihre Umgebung wirken würden.

Stellen Sie sich als Beispiel vor, Sie würden mit Hilfe einer REXX-Prozedur unter MVS/TSO zunächst eine Datei löschen und eine andere Datei anschließend mit "RENAME" in den ursprünglichen Namen umbenennen: Falls die Prozedur zwischen dem Löschen und Umbenennen der Datei abbricht, so ist Ihre Datei gelöscht! Sie müßten erst die gelöschte Datei wiederherstellen (und natürlich Ihren Fehler in der Prozedur korrigieren), um die Prozedur erneut starten zu können. Um solche - möglicherweise destruktive - Host-Befehle zu unterdrücken, verwenden Sie als Präfix das Zeichen "Ü" (Großbuchstabe!), das mit allen anderen TRACE-Optionen und auch mit dem Präfix "?" kombinierbar ist. In der Praxis wird am häufigsten die Kombination

`TRACE ÜC`

verwendet. Damit werden alle vorkommenden Host-Befehle zwar protokolliert, deren Ausführung jedoch unterdrückt. Um in Ihrer Prozedur den Modus dieser Host-Kommandounterdrückung wieder auszuschalten, können Sie einfach den Befehl

`TRACE Ü`

verwenden, da auch dieses Präfix wie ein Schalter (ein-/ausschalten) funktioniert. Mit dem TRACE-Befehl ohne Option würden Sie die Standardoption von TRACE Normal ohne Kommandounterdrückung und ohne interaktiven TRACE-Modus aktivieren.

Falls Sie in der REXX-Literatur und vor allem in Syntaxhandbüchern die Option "Ü" suchen, so werden Sie stattdessen meist die Option "!" als Schalter für die Host-Kommandounterdrückung finden. Diese Literatur geht jedoch von der amerikanischen Tastatur aus, wo auf unserer Taste "Ü" eben das Zeichen "!" zur Verfügung steht. Hier gilt es also, bei der Umsetzung der Literaturhinweise etwas genauer "hinzusehen", denn auf unserer Tastatur hat das Zeichen "!" (über der Taste "1") die Bedeutung "oder" in Bedingungen.

Prozeduren mit Hilfe von Umgebungsbefehlen testen
Neben der REXX-Instruktion TRACE können Sie auch Befehle Ihrer jeweiligen Umgebung verwenden, um den Ablauf Ihrer REXX-Prozedur am Bildschirm zu verfolgen. Diese Umgebungsbefehle besitzen in der Anwendung folgende Unterschiede gegenüber der TRACE-Instruktion:

• Die Wirkung dieser Umgebungsbefehle gilt nicht nur für jeweils eine REXX-Prozedur, sondern für alle weiteren Prozeduren, die als gemeinsame Prozedurenfolge ablaufen.

• Der Umgebungsbefehl kann sowohl innerhalb der REXX-Prozedur (in Hochkommata) stehen als auch vor dem Aufruf der REXX-Prozedur in der jeweiligen Umgebung abgesetzt werden. Damit müssen Sie im Gegensatz zu TRACE Ihre Prozedur nicht immer wieder ändern, sondern können von "außen" den Testmodus steuern.

• Meist können bei diesen Umgebungsbefehlen keine Optionen bezüglich Umfang und Art des Protokolls angegeben werden. In diesem Fall entsprechen Umfang und Art des Testmodus der REXX-Instruktion TRACE ?R.

Welche Befehle in Ihrer jeweiligen Umgebung zur Steuerung des Bildschirmprotokolls zur Verfügung stehen, müssen Sie für Ihre Implementierung jeweils nachlesen. Die folgenden beiden Beispiele gelten für die REXX-Implementierungen unter VM/CMS und unter MVS/TSO:

Im Betriebssystem VM/CMS kann die Ablaufverfolgung mit dem Befehl

```
SET EXECTRAC ON bzw. SET EXECTRAC OFF
```

gesteuert werden.

Diesen CMS-Befehl können Sie vor dem Aufruf der REXX-Prozedur in der CMS-Umgebung absetzen oder direkt in die REXX-Prozedur einbauen. Die Ablaufverfolgung gilt dann, bis die Folge von Prozeduren beendet ist oder Sie selbst die Ablaufverfolgung wieder ausschalten.

Beispiele: Ablaufverfolgung aus der CMS-Umgebung ("Ready") steuern:

```
SET EXECTRAC ON
EXEC PROG01 REXX A   bzw. impliziter Aufruf PROG01
```

Ablaufverfolgung in der REXX-Prozedur ein- und ausschalten:

```
/* REXX-PROG01, Ablaufverfolgung mit CMS-Befehlen     */
"SET EXECTRAC ON"              /* Einschalten          */
    :
    beliebige REXX und Nicht-REXX-Befehle z.B. Aufruf
    einer externen Routine
    :
CALL routine
"SET EXECTRAC OFF"             /* Ausschalten          */
```

In der REXX-Implementierung unter MVS/TSO können Sie in gleicher Weise wie unter VM/CMS die Ablaufverfolgung mit Hilfe des TSO/E-Befehls EXECUTIL steuern. Die Befehle lauten dann:

> EXECUTIL TS (Trace Start) bzw.
> EXECUTIL TE (Trace End).

Immediate-Befehle zur Ablaufverfolgung

Immediate-Befehle sind "sofortwirkende" Befehle, die Sie während des Ablaufs einer REXX-Prozedur eingeben können, nachdem Sie eine Unterbrechung der Prozedur (Interrupt) erreicht haben. Diesen Programminterrupt können Sie mit der PA1-Taste hervorrufen. Folgende Immediate-Befehle stehen Ihnen dann zur Verfügung:

TS   Trace Start schaltet die Ablaufverfolgung ein, wobei der Modus der REXX-Instruktion TRACE ?Result entspricht.

TE   Trace End schaltet die Ablaufverfolgung aus.

HI   Halt Interpretation bricht die Prozedur an dieser Stelle ab (hat jedoch nichts mit Ablaufverfolgung zu tun).

Üblicherweise wird von den Optionen, die die Ablaufverfolgung betreffen, nur TE benutzt; das Einschalten der Ablaufverfolgung mit TS ist nicht ganz so üblich, da sich die Stelle, an der Sie die Programmunterbrechung erreichen, nicht eindeutig festlegen läßt und eher zufällig zustande kommt.

Falls Sie den Ablauf einer REXX-Prozedur mit der PA1-Taste unterbrochen haben, so können Sie durch Drücken der Datenfreigabetaste die Prozedur wieder fortsetzen.

2.7 Übungen

Übung 2.01
Welche der folgenden Symbole sind in REXX als Variablenname gültig?

```
zahl1
platten_adresse
1.zahl
Ergebnis
zahl alt
§
```

Übung 2.02
Welche Ergebnisse liefert die folgende Befehlsfolge am Bildschirm?

```
/* REXX-Übung 2.2                                        */
SAY zahl1
zahl1=5
zahl2=7
zahl3 = zahl1 * zahl2
SAY zahl1 zahl2 zahl3
DROP zahl1,zahl3
SAY zahl1 zahl2 zahl3
```

Übung 2.03
Erstellen Sie eine REXX-Prozedur, die über einen Dialog aus REXX-Befehlen
eine Zinsberechnung durchführt. Es sollte sich etwa folgender Dialog ergeben
(die Benutzereingaben sind mit ---> gekennzeichnet):

```
Mit diesem Programm können Sie die Verzinsung Ihres Kapitals errechnen.
Welchen Betrag können Sie anlegen (in DM)?
        --->   10 000
Welchen Zinssatz erhalten Sie (in %)?
        --->   6

Wieviele Jahre können Sie das Kapital anlegen?
        --->   5
Nach 5 Jahren erhalten Sie bei einem Zinssatz von 6% folgendes Kapital
zurück:
        13382.26
```

Übung 2.04

Lassen Sie die o.g. Prozedur nacheinander mit folgenden TRACE-Optionen laufen und analysieren Sie das entsprechende Protokoll:

```
TRACE Results
TRACE Intermediates
TRACE ?Results
```

Versuchen Sie, das Ablaufprotokoll mit Hilfe eines Umgebungsbefehls Ihrer Implementierung "von außen" zu aktivieren.

Übung 2.05

Ändern Sie die Prozedur so ab, daß Sie die Werte für Betrag, Zinssatz und Anzahl der Jahre beim Prozeduraufruf in dieser Reihenfolge übergeben können. Es sollte folgender Aufruf der Prozedur ZINSVON möglich sein, wobei die Parameter mit Leerzeichen getrennt sein sollen:

```
ZINSVON DM 10000 bei 6 % und 5 Jahren
```

3 Fortgeschrittene REXX-Techniken

Nachdem Sie in den ersten beiden Kapiteln die Grundbausteine einer REXX-Prozedur kennengelernt haben, werden wir uns in diesem Kapitel mit fortgeschritteneren REXX-Techniken beschäftigen. Dazu gehören Steuerungsbefehle wie z.B. die IF-Konstruktion oder Schleifen, die Ihnen vielleicht schon in ähnlicher Form aus anderen Sprachen (z.B. PL1) bekannt sind. Es gehören jedoch auch einige "REXX-Spezialitäten" dazu, wie die Möglichkeiten der Zeichenkettenzerlegung oder die Verwendung von zusammengesetzten Variablen, die in dieser Form nur in REXX existieren.

3.1 Steuerungsinstruktionen

Mit Hilfe von Steuerungsinstruktionen können Sie den Ablauf Ihrer Prozedur beeinflußen, so daß Sie die Befehle Ihrer REXX-Prozedur nicht mehr wie bisher nur ihrer Reihenfolge entsprechend ausführen müssen, sondern Sprünge oder Verzweigungen programmieren können. Diese Steuerungsinstruktionen sind - neben der Verwendung von Variablen - ein weiterer wichtiger Grund, warum Prozedurensprachen wie REXX auf Ihrer Betriebssystemumgebung notwendig sind, da in dem Befehlsumfang des Betriebsstystems keine solchen Konstrukte vorhanden sind und Sie sonst die Befehle Ihrer Umgebung nur aneinanderreihen könnten.

Einfache Verzweigungen mit IF

Mit der IF-Konstruktion können Sie in Abhängigkeit einer Bedingung zwei unterschiedliche Programmzweige zur Ausführung bringen. Ergibt die Auswertung der IF-Bedingung den Wert 1 (Bedingung ist gültig), so werden die Befehle des THEN-Zweiges ausgeführt, ergibt sich der Wert 0 (ungültig), so werden die Befehle des ELSE-Zweiges ausgeführt, falls ein solcher codiert wurde. Die IF-Konstruktion hat folgende Syntax:

```
IF bedingung    THEN instruktion1
                ELSE instruktion2
```

Wenn Sie nichts anderes bestimmen, so zählt nur die nächste Instruktion nach THEN bzw. ELSE zum jeweiligen Programmzweig; diese Instruktion können Sie in dieselbe Zeile des Schlüsselwortes stellen oder auch ohne Fortsetzungszeichen in die nachfolgende Zeile. Folgende Varianten in der Codierung sind üblich:

```
    IF a > 0   THEN SAY 'a ist positiv'
               ELSE SAY 'a ist negativ oder Null'
```

oder

```
    IF a > 0   THEN
                    SAY 'a ist positiv'
               ELSE
                    SAY 'a ist negativ oder Null'
```

In der Praxis werden Sie nur in wenigen Fällen mit einer Instruktion je Programmzweig auskommen, um Ihre jeweilige Verarbeitungslogik zu definieren. In diesem Falle müssen Sie die Befehle eines Programmzweiges in eine einfache DO-END-Gruppe einschließen. Dabei müssen Sie beachten, daß "DO" eine eigene Instruktion darstellt; falls Sie also noch eine weitere Instruktion in dieselbe Dateizeile schreiben wollen, so müssen Sie den Semicolon zur Trennung der Instruktionen verwenden. In der Praxis ist folgende Form der Codierung üblich:

```
    IF dateiname = ' ' THEN DO
                            SAY 'Dateiname?'
                            PULL dateiname .
                        END
```

Innerhalb einer DO-END-Gruppe können beliebig viele Befehle stehen, wobei auch weitere Verzweigungen mit IF oder andere Steuerungsinstruktionen erlaubt sind. Damit können Sie unter anderem eine Verschachtelung von Bedingungen erreichen.

Bei der Betrachtung des o.g. Programmausschnitts taucht die Frage auf, wo eigentlich unser ELSE-Zweig geblieben ist? Die Antwort darauf lautet, daß die Angabe des ELSE-Zweiges optional ist, d.h. falls Sie keine Verarbeitung im ELSE-Zweig benötigen, so müssen Sie ELSE nicht unbedingt codieren. Falls Sie dies dennoch tun wollen (z.B. aus Gründen der Übersichtlichkeit), so müssen Sie beachten, daß Sie ELSE nicht ohne Instruktion angeben dürfen, da in jedem Falle die nächste auf ELSE folgende Instruktion dann unter den ELSE-Zweig gestellt wird. Deshalb existiert in REXX die Instruktion NOP (No OPeration), mit der Sie angeben können, daß Sie eigentlich keine Aktion ausführen wollen.

Falls wir also unsere IF-Konstruktion auf eine der strukturierten Programmierung entsprechende Form bringen wollen, so müssen wir den ELSE-Zweig mit der Instruktion NOP codieren, so daß sich folgende Befehlslogik ergibt:

```
IF dateiname = ' ' THEN DO
                        SAY 'Dateiname?'
                        PULL dateiname .
                   END
              ELSE NOP
```

Formulierung von Bedingungen

Das entscheidende Element unserer IF-Konstruktion stellt natürlich die Bedingung selbst dar; falls Sie diese syntaktisch oder logisch falsch formulieren,
so erhalten Sie eben kein oder aber ein falsches Ergebnis Ihrer Prozedur.
Deshalb wollen wir im folgenden Abschnitt etwas genauer auf die Formulierung von Bedingungen eingehen, wobei auch für die SELECT-Instruktion
dieselben Syntaxregeln gelten.

Eine einfache Bedingung besteht aus zwei Werten, die über einen Operator
miteinander verglichen werden. Die Werte können dabei entweder direkt als
Literal bzw. Zahl angegeben werden oder das Ergebnis eines Ausdrucks (z.B.
einer Formel oder eines Funktionsaufrufs) sein.

Als Vergleichsoperatoren können Sie in REXX die folgenden Sonderzeichen
verwenden, wobei bei den zusammengesetzten Operatoren oder für "ungleich"
mehrere Varianten existieren. Eine Angabe wie etwa "EQ" (EQal=gleich) ist in
REXX jedoch nicht möglich:

=		gleich
>	bzw. >=	größer bzw. größer gleich
<	bzw. <=	kleiner bzw. kleiner gleich
<>,	^=, ¬=	ungleich

Bei der Verwendung dieser einfachen Operatoren müssen Sie darauf achten,
daß numerische Ausdrücke vor dem Vergleich zunächst ausgewertet werden
und führende bzw. nachfolgende Leerstellen einer Zeichenfolge vor dem Vergleich entfernt werden. Dies führt dazu, daß Sie unterschiedliche Darstellungsformen von Zahlen oder Literalen nicht unterscheiden können. Folgende zwei
Beispiele für Bedingungen, die alle den Wert "1" (also gültig) liefern, sollen
dies verdeutlichen:

```
IF 1000 = 1E3    Wahr, da beides Darstellungen der Zahl 1000 sind.
IF "= ' '        Wahr, da Leerzeichen vor Vergleich entfernt wird.
```

Die Verwendung der einfachen Operatoren erleichtert grundsätzlich die Formulierung von Bedingungen, da Sie nicht auf unterschiedliche Darstellungsformen
oder führende bzw. nachfolgende Leerzeichen achten müssen. Andererseits
können Sie damit eben keine Unterscheidungen zwischen solchen für REXX
"gleichen" Werten machen.

Mit Hilfe der sog. "Exactvergleichsoperatoren" können Sie auch noch diese Unterscheidungen treffen. Diese Operatoren lauten:

==			gleich bei Exactprüfung
>>	bzw.	>>=	größer bzw. größer gleich bei Exactprüfung
<<	bzw.	<<=	kleiner bzw. kleiner gleich bei Exactprüfung
^==	¬==		nicht gleich bei Exactprüfung

Falls wir in unseren beiden vorhergehenden IF-Bedingungen eine Exactprüfung verwenden, so erhalten wir den Wert 0, in diesem Falle würde also der ELSE-Zweig der Bedingung aktiviert werden.

```
IF 1000 == 1E3    Falsch, da unterschiedliche Darstellungen.
IF "== ' '        Falsch, da Leerzeichen nicht mehr entfernt wird.
```

In der Praxis werden Sie wohl den überwiegenden Teil Ihrer Bedingungen mit den einfachen Vergleichsoperatoren formulieren können, die Exactoperatoren finden nur bei Spezialfällen Verwendung.

Formulierung von zusammengesetzten Bedingungen

In vielen Fällen setzt sich eine Bedingung aus mehreren Teilbedingungen zusammen, die über Operatoren verknüpft werden. In REXX existieren folgende Operatoren zur Verknüpfung von Bedingungen:

    &   logisches UND:
Bei einer Verwendung einer logischen UND-Verknüpfung ist die gesamte Bedingung nur dann wahr ("1"), wenn jede der Teilbedingungen gültig ist.

    !   logisches ODER:
Bei Bedingungen, die mit dem logischen ODER verknüpft werden, ist die Gesamtbedingung dann gültig, wenn mindestens eine der Teilbedingungen gültig ist; es dürfen also auch mehrere Bedingungen gültig sein.

    &&   logisches ENTWEDER ODER:
Bei der Verwendung von ENTWEDER ODER ist die Gesamtbedingung nur dann gültig, falls genau eine der so verknüpften Bedingungen gültig ist.

Die Verknüpfungen UND bzw. ODER sind Ihnen wohl aus anderen Sprachen bekannt, die Verknüpfung ENTWEDER ODER ist in anderen Sprachen selten verfügbar. Mit Hilfe dieser Verknüpfungsoperatoren sind Sie nun also in der Lage, komplexere Bedingungen zu formulieren, wobei auch mehrere dieser

Verknüpfungsoperatoren in einer Bedingung vorkommen können. Falls dies der Fall ist, so sollten Sie beachten, daß die UND-Verknüpfung in der Auswertungsreihenfolge vor den beiden ODER-Verknüpfungen steht. Um ganz sicher zu gehen und um Ihre Bedingungen übersichtlicher zu gestalten, können Sie natürlich Klammern verwenden:

```
IF a>0 & b>0 ! c>0    entspricht    IF (a>0 & b>0) ! c>0
IF a>0 & (b>0 ! c>0)  Klammern notwendig!
```

Mehrfach-Verzweigungen mit SELECT
Die IF-Bedingung genügt zur Definition von einfachen Verzweigungen, in denen zwei Alternativen vorgesehen werden sollen. Falls Sie jedoch mehrere und vor allem sich ausschließende Bedingungen und Alternativen formulieren müssen, so führt die IF-Bedingung zu unübersichtlichen Programmstrukturen. Als Beispiel wollen wir annehmen, daß wir mit IF-Bedingungen den Inhalt einer Variable *a* überprüfen und feststellen wollen, ob dieser größer, kleiner oder gleich "Null" ist. Da nur eine dieser Möglichkeiten zutreffen kann, bietet sich eine Verschachtelung der Bedingungen an, die folgendermaßen aussehen könnte:

```
/* REXX-Befehlsfolge mit verschachtelten IF's        */
IF a > 0  THEN SAY 'Die Variable a ist größer Null'
          ELSE DO
               IF a < 0  THEN
                              SAY 'a ist kleiner Null'
                         ELSE
                              SAY 'a ist gleich Null'
          END
```

Sie sehen also, daß sich selbst bei solchen noch relativ einfachen Verzweigungen schon recht unübersichtliche Programmstrukturen ergeben. Mit der SELECT-Konstruktion können Sie Mehrfachverzweigungen jedoch wesentlich besser und eleganter definieren, wobei Sie darauf achten müssen, daß nur immer ein Programmzweig aktiviert wird. Die SELECT-Instruktion hat folgende Syntax:

```
SELECT
     WHEN bedingung1 THEN instruktion1
     WHEN bedingung2 THEN instruktion2
     :
     OTHERWISE  instruktion3
END
```

Die SELECT-Konstruktion besteht aus zwei oder mehreren WHEN-Zweigen sowie einem OTHERWISE-Zweig, der jedoch optional ist. Für jeden WHEN-Zweig muß eine Bedingung angegeben werden, wann die unter diesem Zweig stehenden Instruktionen ausgeführt werden sollen. Ist in dem jeweiligen Zweig nur eine Instruktion vorhanden, so können Sie diese unmittelbar hinter dem Schlüsselwort THEN codieren, falls mehr als eine Instruktion notwendig ist, so müssen Sie die Befehle dieses Zweiges in einen DO-END-Block einschließen. Die SELECT-Instruktion selbst muß mit END abgeschlossen werden.

Das entscheidene Merkmal dieser SELECT-Konstruktion ist die Tatsache, daß die einzelnen WHEN-Bedingungen der Reihenfolge entsprechend auf ihre Gültigkeit überprüft werden. Ist bei einer Bedingung der Wert "1" (gültig) ermittelt worden, so werden die Instruktionen des jeweiligen Zweiges ausgeführt. Anschließend wird zur nächsten Instruktion verzweigt, die der gesamten SELECT-Konstruktion folgt; weitere WHEN-Bedingungen werden also überhaupt nicht mehr überprüft. Damit können Sie mit SELECT sinnvollerweise nur Alternativen definieren, die sich gegenseitig ausschließen bzw. nur den ersten Programmzweig ausführen lassen, bei dem eine gültige Bedingung vorlag.

Ist keine der vorgegebenen WHEN-Bedingungen gültig gewesen, so wird in den OHERWISE-Zweig verzweigt. Dabei sollten Sie darauf achten, daß in diesem Falle ein Fehlen von OTHERWISE zu einem Fehler und zum Abbruch der REXX-Prozedur führt, was Sie mit OTHERWISE NOP verhindern können. Im OTHERWISE-Zweig können Sie mehrere Instruktionen auch ohne DO-END-Block codieren, da dieser Zweig immer am Ende der SELECT-Konstruktion steht und diese schon mit END abgeschlossen werden muß.

Unsere Prüfung der Variable *a* vereinfacht sich mit der SELECT-Konstruktion zu folgender Befehlsfolge:

```
SELECT
        WHEN a>0   THEN SAY 'Die Variable a ist größer Null'
        WHEN a<0   THEN SAY 'Die Variable a ist kleiner Null'
        OTHERWISE       SAY 'Die Variable a ist gleich Null'
END
```

Diese Befehlsfolge ist im Vergleich zu einer geschachtelten IF-Konstruktion wesentlich übersichtlicher und verständlicher. Zum Abschluß dieses Abschnitts noch ein kleiner Tip:

Falls Sie abschätzen können, welche der Bedingungen am häufigsten erfüllt sein werden, so sollten Sie diese an den Anfang der SELECT-Konstruktion stellen. Damit erhalten Sie eine kleine Verbesserung in der Laufzeit, da nachfolgende Bedingungen nicht mehr überprüft werden, falls bereits eine Bedingung gültig war.

Unbedingte Verzweigungen mit SIGNAL

Die Instruktion SIGNAL ermöglicht eine unbedingte Verzweigung zu einer angegebenen Marke (Label) innerhalb derselben REXX-Prozedur, also einen Sprung ohne Bedingung zu einer anderen Stelle des Programms. Die Syntax für diesen Einsatz von SIGNAL (es gibt auch noch andere Einsatzmöglichkeiten) lautet:

```
        SIGNAL markenname       (ohne Doppelpunkt!)
bzw.
        SIGNAL VALUE ausdruck
```

Bei Ausführung von SIGNAL werden alle aktiven Instruktionen wie DO, IF oder SELECT sofort beendet und die Steuerung wird an die erste Marke in der Prozedur übertragen, die dem angegebenen Markennamen entspricht. Eine automatische Rückkehr und Wiederaufnahme dieser beendeten Konstruktionen erfolgt nicht. Die Suche nach dem Markennamen beginnt immer am Anfang der Prozedur, d.h. Sie können sowohl "vorwärts" als auch "rückwärts" springen, wobei mehrfach gleiche Marken ignoriert werden. Bei der Angabe des Markennamens spielt die Groß-/Kleinschreibung keine Rolle.

Falls Sie einen variablen Markennamen verwenden wollen, so können Sie diesen mit dem Parameter VALUE auch aus einer Variablen oder einem Funktionsaufruf herleiten. Sie müssen nur darauf achten, daß sich als Ergebnis dieses Ausdrucks ein Literal ergibt, das als Markenname in Ihrer REXX-Prozedur vorkommen muß. Sollten Sie einen unbekannten Markennamen anspringen, so bricht die REXX-Prozedur ab, und sie erhalten die Fehlermeldung: "Label not found".

Bei jeder Steuerungsübertragung mit SIGNAL (oder später auch CALL) wird die spezielle REXX-Variable SIGL mit dem Wert der Zeilennummer gefüllt, die bei der Steuerungsübertragung gerade aktiv war; in unserem einfachen Falle finden Sie dort also die Zeilennummer, in der SIGNAL steht und aus der Sie gesprungen sind. Diesen Variableninhalt können Sie dann zu beliebigen Zwecken weiterverwenden, ein Sprung zurück mit Hilfe von SIGNAL ist jedoch nicht möglich, da bei SIGNAL keine Zeilennummer angegeben werden kann. Als Beispiel für den Einsatz eines Sprungs soll ein Ausschnitt einer REXX-Prozedur dienen, in der solange eine Eingabeaufforderung für einen Dateinamen erfolgt, bis eine Eingabe gemacht wird:

```
/* REXX-Prozedur mit SIGNAL-Steuerung /*
ANFANG:
SAY 'Geben Sie einen Dateinamen ein'
PULL dateiname
IF dateiname=' ' THEN SIGNAL ANFANG
                ELSE NOP
```

In der Praxis sollten Sie Sprünge nur relativ "sparsam" einsetzen, da die häufige Verwendung dieser Technik sehr schnell zu undurchsichtigen Programmstrukturen führt; es ist gerade ein Vorteil der Sprache REXX, daß dort günstigere Techniken (wie Schleifen oder Unterprogramme) zur Verfügung stehen, mit deren Hilfe auch komplexe Logiken noch überschaubar definiert werden können. In der Sprache EXEC2 (dem Vorgänger von REXX auf VM/CMS) stehen z.B. keine Schleifen sondern nur Sprungbefehle zur Verfügung, was bei komplexeren Programmen sehr schnell zum "Kängeruh-Syndrom" führt. (Was das ist? Nun, Sie träumen bald nur noch von Sprüngen!).

Erzwungenes Prozedurende mit EXIT
Bei den bisherigen Betrachtungen von REXX-Prozeduren haben wir uns keinerlei Gedanken über das Prozedurende gemacht. In vielen anderen Sprachen muß ein Programm unbedingt mit einem explizit angegebenen Kommando beendet werden. In REXX ist dies nicht unbedingt notwendig, sondern Sie können üblicherweise Ihre Prozedur einfach mit dem letzten Befehl "ausklingen" lassen. In bestimmten Fällen jedoch ist ein explizites Prozedurende mit der Instruktion EXIT erforderlich bzw. gewünscht.

Erforderlich ist die Instruktion EXIT, falls Sie in der REXX-Prozedur mit internen Unterprogrammen arbeiten. Diese internen Unterprogramme werden üblicherweise am Ende der Prozedur codiert und über eine Marke (Unterprogrammname und Doppelpunkt) identifiziert, die z.B. mit der REXX-Instruktion CALL aufgerufen werden kann. Falls Sie das eigentliche REXX-Hauptprogramm nicht explizit beenden, so werden diese Unterprogramm-marken wie "normale" Sprungmarken behandelt (also "überlesen") und die Befehle des Unterprogramms werden am Ende der Hauptprozedur nochmals abgearbeitet, was üblicherweise zu Verarbeitungsfehlern führen wird. Folgendes Schema einer REXX-Prozedur mit interner Routine soll den Sachverhalt verdeutlichen:

```
/*   REXX-Prozedur mit internem Unterprogramm   */
CALL UPRO1        /* Aufruf des Unterprogramms   */
         :
EXIT 0            /* explizites Hauptprogrammende */
UPRO1:            /* Markenname                   */
         :        /* Befehle des Unterprogramms   */
RETURN            /* Ende des Unterprogramms      */
```

Das erforderliche explizite Prozedurende erreichen Sie also mit der REXX-Instruktion EXIT, deren Syntax folgendermaßen lautet:

```
EXIT rc
```

Für den Platzhalter *rc* können Sie entweder einen ganzzahligen numerischen Wert oder einen Ausdruck ("Formel") angeben, dessen Ergebnis ganzzahlig ist.

Falls Sie keinen Wert angeben, so entspricht dies der Instruktion EXIT 0. Der numerische Wert hinter EXIT hat die Bedeutung eines Returncodes dieser Prozedur und findet vor allem dann Verwendung, wenn Sie diese REXX-Prozedur aus einer anderen Prozedur aufrufen. Dann können Sie in dieser aufrufenden Prozedur direkt in der Variablen *rc* auf den angegebenen Wert zugreifen und somit erkennen, ob Ihre aufgerufene Prozedur erfolgreich ausgeführt werden konnte.

Das folgende Beispiel zeigt eine REXX-Prozedur unter VM/CMS, mit Hilfe derer eine beliebige Datei an eine VSE-Gastbetriebssystemmaschine übertragen werden kann. Falls die Datei unter dem eingegebenen Namen nicht existiert (Prüfung mit CMS-Befehl ESTATE auf *rc*=0) oder ein Fehler beim Versenden auftritt, wird eine Meldung ausgegeben und die Prozedur mit dem Returncode des jeweiligen Befehls abgebrochen.

```
/*   REXX-Prozedur mit mehreren EXIT-Befehlen   */
SAY 'Welche Datei soll versendet werden?'
PULL dateiname
"ESTATE" dateiname
IF rc <> 0 THEN DO
                     SAY dateiname 'existiert nicht'
                     EXIT rc
             END
          ELSE NOP
"SENDFILE" dateiname "TO VSE"
IF rc <> 0 THEN DO
                     SAY 'Fehler beim Versenden '
                     EXIT rc
             END
          ELSE NOP
EXIT 0
```

3.2 Schleifentechniken

Schleifen dienen zur wiederholten Durchführung gleicher Verarbeitungsvorgänge, beispielsweise zum Anfordern einer Benutzereingabe, bis eine gültige Eingabe erfolgt. Diese Wiederholung der Ausführung wurde früher oft mit Hilfe von Rückwärts-Springen (SIGNAL) gelöst. Da Programme jedoch von oben nach unten gelesen werden, ist es viel sinnvoller, im Schleifenkopf der DO-Anweisung die Ablaufsteuerung für die Wiederholungen zu definieren. Auf Dauer wird eine Lösung ohne (oder ohne allzuviele) Sprünge deshalb übersichtlicher und leichter zu warten sein.

Schleifen werden in REXX mit der Instruktion DO formuliert, die den Schleifenkopf bildet und in der angegeben wird, wie oft die Befehle der Schleife ausgeführt werden sollen. Die Schleifenkonstruktion wird mit END abgeschlossen, d.h. "zu jedem DO gehört ein END". Die Befehle innerhalb der

Schleife werden meist etwas eingerückt, um die Programmstruktur auch optisch zu dokumentieren.

In der Praxis kann man zwei Schleifentypen unterscheiden:
Bei der einen Gruppe von Schleifen wird im Schleifenkopf eine "feste" Anzahl von Durchläufen angegeben, während bei der anderen Gruppe die Steuerung über eine oder mehrere Bedingungen erfolgt. Im folgenden Abschnitt werden wir uns nun etwas genauer mit den einzelnen Schleifentechniken und deren Einsatzfällen beschäftigen.

Schleifen mit festgelegter Anzahl von Wiederholungen
Bei den Schleifenarten dieser Gruppe können Sie am Schleifenkopf bereits ablesen, wie oft die Befehle in der Schleife durchlaufen werden. Die einfachste dieser Schleifenarten ist die uns schon bekannte DO-END-Gruppe, mit Hilfe derer wir Befehle eines Programmzweiges gruppieren können. Eigentlich ist dies eine Schleife mit einem einzigen Durchlauf. Die Syntax lautet:

```
DO
        :      (Befehle der einfachen Schleife)
END
```

Bei der zweiten Art dieser Schleifen wird im Schleifenkopf eine Anzahl von Durchläufen explizit angegeben. Diese (ganzzahlige) Anzahl kann entweder direkt als Konstante oder Variable angegeben werden oder auch das Ergebnis einer beliebigen Formel oder Ausdrucks sein. Beispiele:

```
DO 3              DO n              DO QUEUED()
  :                 :                 :
  :                 :                 :
END               END               END
```

Im ersten Fall wird die Schleife ganz offensichtlich genau dreimal durchlaufen, im zweiten Falle eben n-mal, je nach Inhalt der Variablen n. Diese Variable n kann vorher z.B. über eine Eingabe oder eine Zuweisung mit einer ganzen Zahl gefüllt werden. Das letzte Beispiel sieht zunächst wohl etwas komplizierter aus als die ersten beiden, es ist jedoch eine in der Praxis häufig vorkommende Version dieser Schleifenart. Was passiert nun in diesem Beispiel?

Über die REXX-Funktion QUEUED() wird die Anzahl der im sog. Puffer stehenden Zeilen bestimmt. Diese Pufferzeilen können Sie z.B. zur Übergabe von Werten zwischen verschiedenen Prozeduren oder zum Austausch von Daten zwischen einer Datei und Ihrer REXX-Prozedur einsetzen. Um Zeile für Zeile aus diesem Puffer auszulesen und zu verarbeiten, werden Sie üblicherweise eine Schleife einsetzen, in der Sie über die Funktion QUEUED() einmalig die Anzahl der Pufferzeilen bestimmen. Falls also zum Zeitpunkt der Ausführung der DO-Instruktion zehn Zeilen im Puffer stehen, so entspricht diese Schleife der Befehlsfolge:

```
DO 10
   :
END
```

Der einzige Unterschied besteht nur darin, daß die Anzahl der Schleifen-durchläufe über eine REXX-Funktion bestimmt wird. Zur Bestimmung dieser Anzahl können Sie in REXX jeden beliebigen Ausdruck verwenden, der ein ganzzahliges Ergebnis liefert.

Häufig benötigen Sie nicht nur eine bestimmte Anzahl von Durchläufen, sondern Sie müssen innerhalb der Schleife eine Möglichkeit haben, auf die Nummer des jeweiligen Schleifendurchlaufs zuzugreifen. Meist werden dann in Abhängigkeit dieser Nummer bestimmte Verarbeitungen durchgeführt. Zu diesem Zweck könnten Sie sich in der Schleife selbst einen Zähler bauen und diesen per Befehl hochzählen. Wesentlich besser ist jedoch ein Einsatz einer Schleife mit Laufvariable. Diese Schleife hat meist folgende Form:

```
DO i = start TO grenze      Beispiel:    DO i = 1 TO 10
   :                                         SAY i
END                                       END
```

Die Variable *i* wird als Laufvariable bezeichnet und braucht vor der Schleife nicht initialisiert zu werden. Bei jedem Schleifendurchlauf wird der Inhalt der Laufvariable ausgehend vom Startwert um den Wert "1" (Standard, wenn Sie nichts anderes angeben) erhöht, wobei die Schleife solange durchlaufen wird, bis der Inhalt von *i* die Begrenzung der Laufvariablen überschritten hat. Der entscheidende Vorteil dieser Schleife besteht darin, daß Sie innerhalb der Schleife auf den Inhalt dieser Variablen *i* zugreifen können und diesen in beliebigen Befehlen (auch Host-Kommandos) ersetzen können.

In unserem einfachen Beispiel wird dies dazu verwendet, um über eine Schleife die Zahlen von 1 bis 10 am Bildschirm auszugeben. In der Praxis werden Sie sicherlich etwas sinnvollere Anwendungen mit diesem Schleifentyp definieren, z.B. die Verarbeitung von Compund-Variablen (ähnlich einem "array" in anderen Sprachen), die Sie im Abschnitt 3.4 genauer beschrieben finden.

Falls Sie die Laufvariable *i* übrigens nach Beendigung der Schleife abfragen, so stellen Sie fest, daß diese größer als die angegebene Grenze ist. In unserem Beispiel steht in *i* am Ende der Schleife der Wert "11". Dies können Sie dazu benutzen, um am Ende der Schleife zu prüfen, ob alle Durchläufe der Schleife erfolgt sind.

Diese IF-Bedingungung könnte so lauten:

```
IF i > grenze
```

Die bisher beschriebene Syntax dieses Schleifentyps war noch nicht vollständig. Die vollständige Syntax lautet:

```
DO i = start TO grenze BY increment FOR anzahl
   :
END
```

Wie Sie sehen, können neben *start* und *grenze* noch zwei weitere Parameter angegeben werden, die die Anzahl der Schleifenwiederholungen beeinflussen. Die Parameter dieses Schleifentyps haben folgende Bedeutung:

start   Hier wird der Startwert für die Laufvariable angegeben. Dieser Startwert kann eine beliebige REXX-Zahl (also auch negativ oder dezimal) sein und das Ergebnis eines beliebigen Ausdrucks sein. Meist wird es eine ganze positive Zahl sein, wobei "1" als Startwert am häufigsten vorkommt.

grenze   Sobald diese Obergrenze durch die Laufvariable überschritten ist, erfolgt kein weiterer Schleifendurchlauf mehr. Die Regeln für diese Obergrenze sind ansonsten dieselben wie beim Startwert.

BY increment   Dieser Parameter gibt an, um wieviel die Laufvariable bei jedem Schleifendurchlauf erhöht werden soll. Falls Sie kein Increment angeben, so wird bei jedem Schleifendurchlauf um den Wert "1" erhöht. Das Increment kann jede beliebige REXX-Zahl sein und sich auch aus beliebigen Ausdrücken ergeben. Bei der Verwendung von negativen Incrementen sollten Sie jedoch beachten, daß der Startwert größer als die angegebene Grenze sein sollte, da ansonsten nur ein Schleifendurchlauf erfolgt.

FOR anzahl   Mit diesem Parameter können Sie unabhängig vom Wert der Laufvariablen eine Maximalzahl der Schleifendurchläufe bestimmen. Der Wert muß eine positive ganze REXX-Zahl sein und kann wie alle anderen Parameter auch das Ergebnis eines beliebigen REXX-Ausdrucks sein.

Zum Abschluß dieses Abschnitts noch ein Beispiel:

```
DO i= 2 TO n    BY 2 FOR 50
     SAY i
END
```

Bedeutung: Es werden alle geraden Zahlen von 2 bis n angezeigt, maximal jedoch 50 Stück (also bis 100).

Der letzte Typ von Schleifen mit festgelegter Anzahl von Durchläufen ist die sog. "programmierte Endlosschleife", deren Schleifenkopf so aussieht:

```
DO FOREVER
```

Jeder von uns, der schon etwas Erfahrung mit Schleifen gemacht hat, wird sicherlich auch die negative Erfahrung einer ungewollten Endlosschleife kennen, die dann entsteht, wenn die Schleifensteuerung falsch ist. Was sollen wir aber mit einer "programmierten" - also absichtlichen - Endlosschleife anfangen?

Die Antwort darauf ist eigentlich alleine in der VM/CMS-Umgebung zu finden, aus der REXX ja ursprünglich kommt. In diesem Betriebssystem existieren eine Reihe von Komponenten und Subsystemen als sog. "virtuelle Gastbetriebssystem-Maschinen" unter dem Control Program CP. Diese Subsysteme sind für spezielle Aufgaben ausgestattet und werden üblicherweise als sog. Service-Maschinen betrieben, die ständig aktiv sind. Falls Sie in solchen Service-Maschinen eigene Abläufe definieren wollen oder sogar eigene Maschinen mit solchen Servicefunktionen erstellen wollen, so können Sie diese Maschinen mit einer DO-FOREVER-Schleife am Laufen halten. Die Funktion einer solchen Service-Maschine könnte in Worten so lauten:

"Warte, bis eine Datei an dich gesendet wird"
"Falls eine Datei ankommt, so lies diese ein"
"Gehe wieder in den Wartezustand"

Diese Service-Maschine wäre also nur damit beschäftigt, auf Dateien zu warten und diese einzulesen. Eine andere Verarbeitung kann während dieser Zeit nicht erfolgen, es ist also kein Multi-tasking möglich. Für VM/CMS stellt diese Tatsache jedoch kein Problem dar, da beliebig viele virtuelle Maschinen eingerichtet werden können.

Die DO-FOREVER-Schleife ist also als Endlosschleife gedacht; welche Einsatzfälle für Sie in Frage kommen, hängt von Ihrer Betriebssystemumgebung und Ihrer Tätigkeit (Systemprogrammierer/Anwendungsentwickler) ab. Häufig findet man die DO-FOREVER-Schleife in folgender "unschönen" Form, in der über eine Schleife solange eine Eingabeaufforderung erfolgt, bis eine Eingabe passiert. "Unschön" ist diese Variante deshalb, weil es überhaupt keine Endlosschleife ist, sondern eine genau definierte Endebedingung der Schleife existiert.

```
DO FOREVER
      SAY 'Geben Sie einen Dateinamen ein'
      PULL dateiname
      IF dateiname <> ' '    THEN LEAVE
END
```

Schleifen mit Bedingungen

Unser letztes Beispiel für die DO-FOREVER-Schleife hätten wir besser über eine Schleife gelöst, bei der die Anzahl der Durchläufe über eine Bedingung gesteuert wird. Dabei können Sie zwischen den beiden Varianten

```
DO WHILE bedingung  und     DO UNTIL bedingung
```

wählen.

Die DO-WHILE-Schleife läuft dabei "solange wie" die angegebene Bedingung gültig ist. Außerdem wird die Bedingung vor jedem Schleifendurchlauf (auch vor dem ersten) auf ihre Gültigkeit hin geprüft ("kopfgesteuert"). Die DO-UNTIL-Schleife läuft "solange bis" die Bedingung gültig wird und bricht dann ab. Außerdem müssen Sie beachten, daß erst am Ende des jeweiligen Schleifendurchlaufs geprüft wird, ob die Schleife "nochmals" durchlaufen werden soll ("fußgesteuert"); dies bedeutet, daß die Befehle einer DO-UNTIL-Schleife mindestens einmal durchlaufen werden.

Bei der Entscheidung zwischen DO WHILE und DO UNTIL sollten Sie sich also zunächst überlegen, ob die Befehle der Schleife mindestens einmal laufen sollen und welche Bedingung Sie einfacher formulieren können; es ist nämlich gerade bei zusammengesetzten Bedingungen häufig einfacher zu formulieren, wann die DO UNTIL-Schleife nicht mehr laufen soll, als umgekehrt bei der DO-WHILE-Schleife eine Laufbedingung anzugeben.

Folgende zwei Beispiele sind typisch für die beiden Schleifenarten:

Beispiel 1: Abfrage eines Dateinamens, bis eine Eingabe erfolgt.

```
/* REXX-Prozedur mit DO-UNTIL Steuerung    */
DO UNTIL dateiname <> ' '
      SAY 'Geben Sie einen Dateinamen ein'
      PULL dateiname
END
```

Die Eingabeaufforderung soll mindestens einmal erfolgen; die Variable *dateiname* braucht nicht initialisiert werden, da eine Prüfung der Bedingung erst nach dem ersten PULL erfolgt. Diese PULL-Instruktion weist der Variablen entweder den eingegebenen Wert oder "nichts" zu.

Falls Sie dasselbe Beispiel mit einer DO-WHILE-Schleife lösen wollen, so müssen Sie die Variable *dateiname* vorher initialisieren und die Bedingung umdrehen.

```
/*  REXX-Prozedur mit DO-WHILE-Steuerung    */
dateiname=' '
DO WHILE dateiname = ' '
     SAY 'Geben Sie einen Dateinamen ein'
     PULL dateiname
END
```

Wenn Sie die beiden Alternativen vergleichen, so wird die erste Lösung wohl etwas günstiger sein, da Sie sich keine Gedanken über die Initialisierung der Variablen machen müssen und somit eine Fehlerquelle weniger haben.

Beispiel 2: Zerlegen eines übergebenen Parameters bzw. Abfrage, falls dieser fehlt.

```
/*  REXX-Prozedur mit Parameterübergabe bzw. Abfrage  */
ARG dateiname
DO WHILE dateiname = ' '
     SAY 'Geben Sie einen Dateinamen ein'
     PULL dateiname
END
```

Falls beim Aufruf dieser Prozedur ein Parameter übergeben wird, so wird dieser Wert der Variablen *dateiname* zugewiesen. Über die DO-WHILE-Schleife wird geprüft, ob ein Parameter existierte oder nicht. Im letzten Falle erfolgt eine Abfrage. (Hinweis: In der Praxis müßten wir natürlich noch prüfen, ob der Wert auch sinnvoll ist; die Hilfsmittel dazu lernen Sie im Kapitel 4 bei den REXX-Funktionen kennen.)

In diesem Beispiel können Sie keine DO-UNTIL-Schleife verwenden (zumindest nicht, ohne irgendwelche "Kopfstände" zu programmieren), da die Abfrage nur dann erscheinen soll, falls kein Parameter übergeben wurde. Die DO-UNTIL-Schleife läuft ja mindestens einmal und würde bei übergebenem Parametern zu einer überflüssigen Abfrage führen!

Übrigens können Sie die verschiedenen Schleifentypen auch miteinander verknüpfen, um im Schleifenkopf die Steuerung der Durchläufe zu definieren

```
DO I = 1 TO n FOR 50 WHILE summe < 500 UNTIL produkt > 1000
```

Dabei müssen Sie jedoch darauf achten, daß Sie die Lauf- und Nichtlaufbedingungen selbst noch verstehen und evtl. auch für Ihre Kollegen dokumentieren, warum Sie gerade diese komplexe Steuerung gewählt haben.

Abbruch von Schleifen bzw. Schleifendurchläufen
Nicht immer soll eine Schleife die im Schleifenkopf bestimmte Anzahl von Durchläufen machen, sondern z.B. beim Auftreten eines Verarbeitungsfehlers

abgebrochen werden. Für diesen Fall können Sie die beiden REXX-Instruktionen LEAVE oder ITERATE einsetzen.

• Schleifen mit LEAVE verlassen
Die Instruktion LEAVE führt zu einem sofortigen Verlassen der Schleife, wobei die Steuerung an die nächste Instruktion nach der Schleife übertragen wird. Bei geschachtelten DO-Schleifen mit Laufvariablen können Sie über die Angabe des Laufvariablennamens bestimmen, welche Schleife Sie verlassen wollen. Geben sie nichts an, so wird nur die innere Schleife verlassen.

Beispiel:

```
/*REXX-Prozedur mit geschachtelten Schleifen u. LEAVE */
DO i = 1 TO k
      DO j = 1 to n
            IF i*j > 1000 THEN LEAVE i
            SAY i j i*j
      END j
END i
```

Ein praktischeres Beispiel ist der folgende Ausschnitt einer REXX-Prozedur unter VM/CMS:

```
/* REXX-Prozedur zum Senden von Dateien unter VM/CMS */
DO UNTIL dateiname = ' '
      SAY 'Welche Datei soll versendet werden?'
      PULL dateiname
      "ESTATE" dateiname
      IF rc <> 0 THEN DO
                        SAY dateiname 'existiert nicht'
                        LEAVE
                      END
                  ELSE NOP
      "SENDFILE" dateiname "TO VSE"
END
```

Diese Prozedur fordert mehrfach zur Eingabe eines Dateinamens auf, die an einen anderen Benutzer (z.B. VSE) versendet werden soll; die Existenz dieser Datei wird mit dem CMS-Befehl ESTATE geprüft, der einen Returncode setzt. Falls keine Eingabe mehr gemacht wird, so wird die Schleife über eine UNTIL-Bedingung verlassen; ist die Datei nicht vorhanden (Returncode ungleich Null) wird die Schleife abgebrochen, bevor der Befehl SENDFILE ausgeführt wird.

Das angeführte Beispiel läßt sich zwar auch ohne LEAVE lösen (was die strengen Verfechter der strukturierten Programmierung sicherlich fordern werden), dann müßte im Kopf der Schleife jedoch eine Abbruchbedingung für den Returncode eingebaut werden, die an dieser Stelle wohl kaum zur besseren Übersichtlichkeit der Schleifenkonstruktion führt. Außerdem besteht die Gefahr, daß die Variable *rc* ja auch von anderen Nicht-REXX-Befehlen (z.B. SENDFILE) gefüllt wird, weshalb der Returncode des CMS-Befehls ESTATE in einer eigenen Variablen zwischengespeichert werden muß. Das Beispiel könnte ohne Verwendung von LEAVE folgendermaßen aussehen:

```
/* REXX-Prozedur zum Senden von Dateien unter VM/CMS  */
/* ohne LEAVE-Steuerung                               */
DO UNTIL dateiname = ' ' ! estaterc <> 0
       SAY 'Welche Datei soll versendet werden?'
       PULL dateiname
       "ESTATE" dateiname
       estaterc = rc
       IF estaterc <> 0 THEN
                     SAY dateiname 'existiert nicht'
                     ELSE "SENDFILE" dateiname "TO VSE"
   END
```

Welche der beiden Lösungen Sie bevorzugen, müssen Sie selbst entscheiden. Grundsätzlich läßt sich jedoch sagen, daß im Schleifenkopf das "normale" Ende der Schleife erkennbar sein sollte. Je mehr Sonderfälle in der Schleife zu einem Abbruch führen sollen, desto schwieriger wird es, diese über die Bedingungen im Schleifenkopf zu steuern. In diesen Fällen ist ein Einsatz von LEAVE durchaus sinnvoll.

• Schleifendurchläufe mit ITERATE verlassen
Die Instruktion ITERATE führt zu einem sofortigen Ende eines Schleifendurchlaufs, wobei die Steuerung sofort an den Schleifenkopf übertragen wird und der nächste Schleifendurchlauf erfolgt. ITERATE bricht also im Gegensatz zu LEAVE nicht die gesamte Schleifenverarbeitung ab, sondern nur den aktuellen Durchlauf. Üblicherweise steuern Sie damit Fehlerfälle in der Schleife, wobei die ITERATE-Instruktion dann unter einer Bedingung ausgeführt wird.

In unserem Beispiel zum Versenden von Dateien wurde bisher die Schleife komplett abgebrochen, falls ein Dateiname eingegeben wurde, der nicht existierte. Wir können unser Beispiel jedoch auch leicht abwandeln und mit der Schleifenverarbeitung fortfahren, um nach weiteren Dateinamen zu fragen. Zu diesem Zweck setzen wir die ITERATE-Instruktion ein, die bei einer unbekannten Datei den aktuellen Schleifendurchlauf abbricht und mit dem nächsten Durchlauf fortsetzt.

Die Befehlsfolge lautet dann:

```
/* REXX-Prozedur zum Senden von Dateien unter VM/CMS */
DO UNTIL dateiname = ' '
       SAY 'Welche Datei soll versendet werden?'
       PULL dateiname
```

```
        "ESTATE" dateiname
        IF rc <> 0 THEN DO
                        SAY dateiname 'existiert nicht'
                        ITERATE
                    END
                ELSE NOP
            "SENDFILE" dateiname "TO VSE"
    END
```

Falls Sie geschachtelte Schleifen mit Laufvariablen verwenden, so können Sie mit dem Namen der Laufvariablen angeben, welchen Schleifendurchlauf Sie abbrechen wollen. Der Befehl lautet dann:

```
        ITERATE i bzw. ITERATE j
```

Falls Sie keinen Laufvariablennamen angeben, so wird nur der innere Schleifendurchlauf abgebrochen, was in gleicher Weise auch bei der LEAVE-Instruktion gilt.

3.3 Verarbeiten von Zeichenketten

Die Sprache REXX bietet eine ganze Reihe von Möglichkeiten, Zeichenketten zu verarbeiten. Unter "verarbeiten" verstehen wir z.b. das Betrachten bestimmter Stellen einer Zeichenkette, das Vergleichen zweier Zeichenketten oder das Verketten von mehreren Zeichenfolgen zu einer einzigen Zeichenfolge. Wie in anderen Sprachen auch, stehen in REXX dazu eine Reihe vorgefertigter Funktionen zur Verfügung, deren Einsatz und Syntax Sie im Kapitel 4 beschrieben finden. In diesem Abschnitt wollen wir uns mit ganz speziellen REXX-Techniken der Zeichenkettenverarbeitung beschäftigen, zu denen vor allem das Zerlegen von Zeichenfolgen auf mehrere Variablen oder das Verketten mehrerer Zeichenfolgen zu einer Zeichenfolge gehören.

Zerlegen von Zeichenketten mit PARSE
Das Zerlegen von Zeichenketten mit Hilfe der PARSE-Instruktion ist eine sehr mächtige Technik der Zeichenkettenverarbeitung, die in REXX häufig eingesetzt wird; meist wird dabei der Begriff "Parsing" verwendet, dessen Inhalt und Bedeutung Sie nach diesem Abschnitt kennen werden. Die Instruktion PARSE hat zunächst folgende Syntax:

```
        PARSE [UPPER] option schablone
```

In dem Parameter *option* legen Sie fest, welche Zeichenkette zerlegt werden soll. Hier können Sie Benutzereingaben, Variableninhalte oder beliebige andere Zeichenketten angeben. Mit dem Parameter *schablone* geben sie an, auf welche Weise diese Zeichenkette zerlegt werden soll; bisher haben wir bei der

Zerlegung von Benutzereingaben (PULL-Instruktion) die Trennung aufgrund der Wort-grenzen als Schablone verwendet, es gibt jedoch zusätzlich die Möglichkeit, nach Trennzeichen und nach Trennpositionen zu zerlegen. Der optionale Parameter "UPPER" bewirkt, daß die Zeichenkette vor der Zerlegung in Großbuchstaben umgesetzt wird, was z.B. beim Suchen nach einem bestimmten Zeichen von Bedeutung sein kann, da Sie dann nicht mehr auf Groß/Kleinschreibung achten müssen.

Im folgenden Abschnitt werden wir zunächst die einzelnen Optionen (die Quellen der Zeichenketten) und dann die Schablonen genauer betrachten. Bei der Betrachtung der Optionen werden wir zunächst der Einfachheit halber in der Schablone immer die schon bekannte Trennung aufgrund der Wortgrenzen verwenden. Außerdem soll Ihnen eine kleine Eselsbrücke helfen, in diesen Abschnitten mit manchmal recht komplexen Instruktionen die Übersicht in der Syntax zu behalten; alle Instruktionen des "Parsing" lassen sich nämlich auf folgende syntaktische Grundform zurückführen:

```
Zerlege welche Zeichenfolge? welche Schablone?
```

Optionen und Zeichenquellen des Parsing
In der REXX-Instruktion PARSE können folgende Zerlegungen stattfinden:

`PARSE [UPPER] ARG` `schablone`	Zerlegen der beim Aufruf übergebenen Parameterzeichenfolge.
`PARSE [UPPER] PULL` `schablone`	Zerlegen der ersten Datenzeile des Puffers bzw. einer Benutzereingabe, falls der Puffer leer war.
`PARSE [UPPER] EXTERNAL` `schablone`	Zerlegen einer Benutzereingabe entsprechend der angegebenen Schablone, unabhängig von vorhandenen Pufferzeilen.
`PARSE [UPPER] VAR variable` `schablone`	Zerlegen des Inhalts von *variable*.
`PARSE [UPPER] VALUE kette` `WITH schablone`	Zerlegen einer beliebigen Zeichenkette, die von den Schlüsselworten VALUE und WITH begrenzt wird.
`PARSE [UPPER] SOURCE` `schablone`	Zerlegen der Zeichenfolge SOURCE, die Systeminformationen wie z.B. die Betriebssystemumgebung liefert.

• PARSE ARG

Die Instruktion PARSE ARG zerlegt die Parameterkette, die beim Aufruf einer REXX-Prozedur angegeben wurde, wobei Sie die Umsetzung in Großbuchstaben angeben oder aber die Zeichenfolge unverändert übernehmen können. Die im Kapitel 2 besprochene Instruktion ARG ist also eine Abkürzung der Instruktion PARSE UPPER ARG, da bei beiden eine automatische Umsetzung in Großbuchstaben erfolgt. Ansonsten gelten für beide Instruktionen dieselben Regeln der Zerlegung und dieselben Schablonentypen.

• PARSE PULL

Eine ähnliche Konstellation gilt für die Instruktionen PARSE PULL und PULL. Beide versuchen zunächst, eine Zeile aus dem Puffer zu lesen und diesen Inhalt entsprechend der Schablonen zu zerlegen (das Arbeiten mit dem Puffer finden Sie genauer im Kapitel 6 beschrieben). Falls keine Zeile im Puffer steht, wird auf eine Eingabe vom Bildschirm gewartet und diese zerlegt, so wie wir dies im Kapitel 2 kennengelernt haben. Die PULL-Instruktion ist also die abgekürzte Form von PARSE UPPER PULL.

Für alle weiteren Techniken und Optionen der PARSE-Instruktion existieren keine solche "Abkürzungen", d.h. Sie müssen jeweils das Schlüsselwort PARSE bzw. PARSE UPPER angeben.

• PARSE EXTERNAL

Die Instruktion PARSE EXTERNAL wartet auf eine Eingabe des Benutzers, unabhängig davon, ob Zeilen im Puffer stehen oder nicht. Falls also Zeilen im Puffer stehen und Sie eine Bildschirmeingabe erreichen wollen, so müssen Sie unbedingt mit PARSE EXTERNAL arbeiten, da bei PARSE PULL die "oberste" Zeile aus dem Puffer ausgelesen und eben keine Bildschirmeingabe angefordert werden würde. Ansonsten gilt für PARSE EXTERNAL dieselbe Syntax wie bei PARSE PULL oder PULL. Um eine unbedingte Benutzereingabe anzufordern und aufgrund der Wortgrenzen auf zwei Variablen zu zerlegen (mit Abschneiden der Restzeichen), müssen Sie also codieren:

```
PARSE EXTERNAL datei benutzer .
```

bzw. mit Umsetzung in Großbuchstaben:

```
PARSE UPPER EXTERNAL datei benutzer .
```

• PARSE VAR

Mit der Instruktion PARSE VAR können Sie den Inhalt einer Variablen auf (fast) beliebig viele andere Variablen zerlegen. Bei der Syntax müssen Sie besonders darauf achten, daß die erste Variable angibt, welche Zeichenkette zerlegt werden soll, und die anderen Variablen schon zur Zerlegeschablone gehören.

In dem Befehl

```
PARSE VAR name nachname vorname
```

würde der Inhalt der Variable *name* auf die beiden Variablen *nachname* und *vorname* zerlegt, wobei die Trennung an den Wortgrenzen erfolgt. Ein etwas praxisgerechteres Beispiel ist die Zerlegung eines CMS-Dateinamens in seine Einzelteile:

Der Name einer CMS-Datei besteht aus den drei Teilen *filename*, *filetyp* und *filemode*, die durch Leerzeichen voneinander getrennt werden. Falls wir den Namen der Datei in einer Variable *dateiname* verfügbar haben, so können wir deren Inhalt mit einer PARSE-Instruktion auf die drei anderen Variablen zerlegen. Dies kann z.b. dann sinnvoll sein, um den Filetypen einer CMS-Datei prüfen zu können, da für ganz bestimmte Zwecke nur genau definierte Filetypen zugelassen sind.

In der folgenden Befehlsfolge wird die Variable *dateiname* einfach per Zuweisung mit einem Dateinamen gefüllt; in der Praxis geschieht dies meist auf andere Weise (z.B. durch Eingabe).

```
/* REXX: Zerlegung einer Variablen mit PARSE VAR */
dateiname='TEST DATEN A'
PARSE VAR dateiname filename filetype filemode .
IF filetype = 'DATEN' THEN DO
                              :
                            END
                      ELSE DO
                              :
                            END
```

Nach der PARSE-Instruktion sind in den Variablen der Zerlegeschablone die Werte "TEST", "DATEN" und der Plattenbuchstabe "A" verfügbar.

Der Einsatz dieser PARSE-Technik steht eigentlich in Konkurrenz zum Einsatz von eingebauten REXX-Funktionen, die Sie im Kapitel 4 genauer kennen-lernen werden. Dennoch wollen wir bereits hier einen Vergleich zwischen der Parse-Technik und der Funktion WORD anstellen, mit deren Hilfe ebenfalls Zeichenketten an den Wortgrenzen zerteilt werden können. In der WORD-Funktion müssen die zu zerlegende Zeichenfolge und die Nummer des "Wortes" als Parameter übergeben werden:

```
kette = WORD(zeichenfolge,wortnummer)
```

Sie können also mit der Funktion WORD nur immer ein Wort aus einer Zeichenfolge abgreifen.

Für unser Beispiel würde dies bedeuten, daß wir drei Instruktionen benötigen würden, um den Namen einer CMS-Datei in seine Bestandteile zerlegen zu können. Die Befehlsfolge, die genau dasselbe Ergebnis wie die PARSE-Instruktion liefern würde, lautet bei Verwendung der WORD-Funktion so:

```
filename = WORD(dateiname,1)
filetype = WORD(dateiname,2)
filemode = WORD(dateiname,3)
```

Wie Sie sehen, erfordert die Zerlegung mit Hilfe der WORD-Funktion mehrere Instruktionen; der Unterschied zwischen den beiden Techniken wird dabei umso deutlicher, je mehr Teilketten Sie bei der Zerlegung erzeugen wollen.

Neben dem Vorteil eines geringeren Aufwands beim Codieren ist die Zerlegung mit Hilfe der PARSE-Instruktion bei komplexeren Zerlegungs-vorgängen auch von der Laufzeit her schneller als eine ganze Folge von REXX-Funktionen. Der letzte und häufig für den Einsatz einer PARSE-Technik entscheidende Vorteil besteht darin, daß das Parsing mächtiger ist als der Einsatz von REXX-Funktionen, was im folgenden Beispiel deutlich werden soll:

Stellen Sie sich vor, wir müßten nicht einen CMS-Dateinamen, sondern einen TSO-Dateinamen in seine Bestandteile zerlegen. Ein solcher TSO-Datenbe-standsnamen besteht aus mehreren sog. Qualifiern (meist drei), die durch Punkte voneinander getrennt werden. Ein möglicher Name einer TSO-Datei könnte also

```
#00PF.REXX.EXEC
```
sein.

Wenn Sie diesen Namen in die drei Qualifier "#00PF", "REXX" und "EXEC" zerlegen wollen, so können Sie dazu keinesfalls mehr die WORD-Funktion verwenden, da die einzelnen Teilketten nicht durch Leerzeichen voneinander getrennt sind. Die sinnvollste Lösung mit Hilfe von Funktionen wäre eine Kombination aus den Funktionen POS und SUBSTR, mit deren Hilfe zunächst jeweils die Position der Punkte und anschließend die einzelnen Teilketten bestimmt werden.

Bei der POS-Funktion werden dazu die gesuchte Zeichenette (also der Punkt), die zu durchsuchende Zeichenkette und evtl. eine Startpostition als Parameter übergeben, bei der SUBSTR-Funktion geschieht dies in gleicher Form mit Parametern, die die zu zerlegende Zeichenfolge, die Startposition und die Länge (Standardwert ist die Restlänge) definieren. Die Befehlsfolge würde etwa so aussehen:

```
/* REXX-Beisp. zur Zerlegung eines TSO-Dateinamens    */
/*       mit REXX-Funktionen                           */
dateiname = '#00PF.REXX.EXEC'
p1 = POS('.',dateiname)              /* 1.Punkt bestimmen */
quali1 = SUBSTR(dateiname,1,p1-1)
p2 = POS('.',dateiname,p1+1)         /* 2.Punkt bestimmen */
quali2 = SUBSTR(dateiname,p1+1,p2-1)
quali3 = SUBSTR(dateiname,p2+1)
```

Wie Sie sehen, ergibt sich selbst bei diesem einfachen (und im Bereich MVS/TSO häufig vorkommenden) Beispiel schon eine recht komplexe Folge von REXX-Instruktionen. Wie Sie wahrscheinlich schon selbst vermuten, gibt es eine Parse-Technik, mit deren Hilfe unser Problem wesentlich einfacher zu lösen ist.

Neben der uns bisher bekannten Schablone der Trennung aufgrund von Leerzeichen gibt es die Möglichkeit, eine Zeichenfolge an einem Trenneichen zu zerlegen, wobei das Trennzeichen wegfällt. In unserem Falle können wir also die einzelnen Qualifier jeweils an den Punkten trennen. Zu diesem Zweck müssen Sie in der Schabone die einzelnen Ergebnisvariablen und das gewünschte Trennzeichen (in Hochkommata) angeben. Die bisher relativ umständliche Befehlsfolge aus REXX-Funktionen können wir dann vereinfachen:

```
/* REXX-Beisp. zur Zerlegung eines TSO-Dateinamens    */
/*         mit PARSE-Technik                           */
dateiname = '#00PF.REXX.EXEC'
PARSE VAR dateiname quali1 '.' quali2 '.' quali3
```

Der Inhalt der Variable *dateiname* wird in einem einzigen Schritt mit einem speziellen Schablonentypen auf die Ergebnisvariablen zerlegt. Bevor wir uns weiteren Schablonentypen und deren Möglichkeiten zuwenden, wollen wir uns noch mit Optionen und Zeichenquellen beschäftigen, die bei der Instruktion PARSE zur Verfügung stehen. Es fehlen uns noch die zwei wichtigen Varianten "PARSE VALUE" und PARSE SOURCE", deren Einsatzmöglichkeiten wir uns genauer ansehen wollen.

• PARSE VALUE
Die Instruktion PARSE VALUE dient der Zerlegung eines beliebigen Ausdrucks entsprechend der angegebenen Schablone. Dieser REXX-Ausdruck kann z.B. eine einzelne Variable, eine Kombination aus einer Variable und einem Literal oder das Ergebnis einer REXX-Funktion sein, wobei der REXX-Ausdruck vor der Zerlegung entsprechend ausgewertet wird. Bei der Verwendung von PARSE VALUE müssen Sie beachten, daß der zu zerlegende Ausdruck durch das Schlüsselwort WITH von der Definition der Schablone getrennt wird. Für unser Beispiel der Trennung eines Dateinamens können wir dies dazu verwenden, um die Variable *dateiname* etwas deutlicher von den

Variablen der Schablone abzugrenzen. Die Zerlegung der Dateinamen mit Hilfe von PARSE VALUE lautet für einen CMS-Dateinamen:

```
PARSE VALUE dateiname WITH filename filetype filemode
```

bzw. für einen TSO-Dateinamen aus drei Qualifiern:

```
PARSE VALUE dateiname WITH quali1 '.' quali2 '.' quali3
```

Im Ergebnis unterscheidet sich diese Zerlegung der Variablen *dateiname* mit PARSE VALUE nicht von der bisher bekannten Zerlegung mit PARSE VAR; die weiteren Beispiele können Sie jedoch nur sinnvoll mit PARSE VALUE lösen (zumindest ohne Umwege und Kopfstände), da Sie dort einen beliebigen von Ihnen zu definierenden Ausdruck zerlegen können. Dieser Ausdruck kann z.B. das Ergebnis einer REXX-Funktion wie TIME() sein, die die Uhrzeit liefert:

```
SAY TIME()        Ergebnis:   10:33:20
```

Um diese Uhrzeit auf drei Variablen *stunden, minuten* und *sekunden* zu zerlegen, können wir die Instruktion PARSE VALUE einsetzen, indem wir als Trennzeichen den Doppelpunkt angeben:

```
PARSE VALUE TIME() WITH stunden ':' minuten ':' sekunden
```

Weitere Einsatzmöglichkeiten von PARSE VALUE finden Sie am Ende dieses Abschnitts, da wir für diese Beispiele noch andere Schablonentypen benötigen.

• PARSE SOURCE
Die Instruktion PARSE SOURCE zerlegt eine genau definierte Zeichenfolge, deren durch Leerzeichen getrennte Parameter bestimmte Informationen über die Umgebung Ihrer aufgerufenen REXX-Prozedur liefern. Damit können Sie z.B. feststellen, auf welchem Betriebssystem die REXX-Prozedur läuft. Dies ist dann wichtig, wenn Sie dieselbe REXX-Prozedur auf verschiedenen SAA-Plattformen und SAA-Betriebssystemen verwenden wollen.

Je nach Betriebssystem müssen Sie ja unterschiedliche HOST-Befehle in Ihrer REXX-Prozedur einsetzen; zum Zuordnen einer Datei würde man unter MVS/TSO das Kommando ALLOCate und unter VM/CMS die Kommandos LINK und ACCESS benötigen. Ein Ausschnitt einer REXX-Prozedur, die auf diesen unterschiedlichen Betriebssystemen lauffähig ist, könnte etwa folgende Befehlsfolge enthalten:

```
/* REXX-Prozedur, die auf verschiedenen        */
/* Implementierungen lauffähig ist              */
/*                                              */
PARSE UPPER SOURCE system .
SELECT
     WHEN system = 'CMS'    THEN DO
                                "LINK ........"
                                "ACCESS ......."
                                END
     WHEN system = 'TSO'    THEN "ALLOC ........."
     OTHERWISE SAY    'Diese Prozedur ist nicht auf dem',
                      'System' system 'lauffähig'
                 EXIT 16
END
```

Mit der Instruktion PARSE SOURCE wird aus der zur Verfügung gestellten Systemzeichenfolge die erste Zeichenkette der Variablen *system* zugewiesen, wobei die restlichen Parameter mit Hilfe der Punkt-Variablen (.) unterdrückt werden, da diese in diesem Beispiel nicht benötigt werden. In diesem ersten Parameter der SOURCE-Zeichenkette finden Sie immer den Namen des Systems, auf dem Ihre REXX-Prozedur läuft; unter VM/CMS steht dort der Wert "CMS" und unter MVS/TSO eben "TSO" (falls Sie REXX auf anderen Implementierungen einsetzen, so probieren Sie es am einfachsten aus, was Ihre SOURCE-Zeichenfolge genau liefert).

Der Inhalt dieser - übrigens frei wählbaren - Variable *system* kann dann wieder weiterverarbeitet werden. In unserem Beispiel wird mit Hilfe einer SELECT-Konstruktion überprüft, welche Systemumgebung vorliegt; anschließend werden die "passenden" HOST-Befehle bzw. Fehlermeldungen erzeugt.

Was steht nun eigentlich genau an Informationen in dieser SOURCE-Zeichenfolge zur Verfügung?

Nun, zunächst muß nocheinmal betont werden, daß die genaue Zeichenfolge von Ihrer jeweiligen Implementierung und Betriebssystemumgebung abhängt. Eine mögliche Zeichenkette, die PARSE SOURCE unter VM/CMS liefert, könnte z.B. so lauten:

```
CMS COMMAND PROG2 EXEC A PROG1 CMS
```

In "Worten" können Sie dieser Zeichenkette folgendes entnehmen:

"Die REXX-Prozedur mit dem Namen PROG2 EXEC der A-Platte läuft auf dem Betriebssystem VM/CMS; sie wurde implizit oder explizit aus der Prozedur PROG1 aufgerufen. Umgebungsbefehle, die Sie in dieser REXX-Prozedur einsetzen, werden an die Umgebung CMS weitergeleitet."

Unter VM/CMS liefert PARSE SOURCE also eine Zeichenfolge, die aus aus sieben einzelnen Parametern besteht, die folgende Bedeutung haben:

Nr.	Parameter	Bedeutung bzw. Verwendung
1	system	In allen Implementierungen erhalten Sie als ersten Parameter den Namen des Systems, auf dem Ihre REXX-Prozedur läuft, also unter VM/CMS den Wert "CMS". Damit können Sie die REXX-Prozedur so flexibel gestalten, daß sie auf verschiedenen Betriebssystemen lauffähig ist.
2	aufrufart	Am zweiten Parameter können Sie ablesen, wie die REXX-Prozedur aufgerufen wurde. Die Inhalte sind in allen Implementierungen gleich und lauten: COMMAND für "normal" aufgerufene Prozeduren, SUBROUTINE für Prozeduren, die mit CALL als externe Routinen aufgerufen wurden (siehe Kapitel 5), FUNCTION für Prozeduren, die mit Hilfe eines Funktionsaufrufs als externe Funktion verwendet werden. Diesen Parameter können Sie nutzen, um unterschiedliche Verarbeitungen für eine Prozedur zu definieren, die als Routine oder als Funktion verwendet wird; eine Routine *kann* z.B. einen Wert an die aufrufende Prozedur zurückgeben, eine Funktion *muß* dies tun.
3-5	filename filetype filemodus	Die nächsten drei Parameter liefern den Dateinamen, Dateitypen und Dateimodus (=Plattenbuchstabe) der aktuellen REXX-Prozedur. Dies kann von Bedeutung sein, wenn Sie nach einem impliziten Aufruf feststellen wollen, welche Prozedur aufgrund der Suchreihenfolge im CMS tatsächlich gestartet wurde.
6	aufrufer	Falls eine Prozedur aus einer anderen Prozedur aufgerufen wurde, so finden Sie in diesem Parameter den Dateinamen der aufrufenden Prozedur.
7	umgebung	Der siebte Parameter liefert die Umgebung, an die HOST-Befehle weitergegeben werden. Für VM/CMS gilt als Standardumgebung "CMS"; falls Sie die Standardumgebung verändern wollen, so können Sie dies mit der REXX-Instruktion ADDRESS tun.

Welche dieser Informationen Sie für eine REXX-Prozedur benötigen, hängt von der jeweiligen Situation ab. Mit Hilfe verschiedener Schablonen können Sie alle oder nur ganz bestimmte Parameter einzelnen Variablen zuteilen, wie die folgenden Beispiele zeigen:

• Zuweisen aller Parameter mit sprechenden Variablennamen:

```
PARSE SOURCE system aufrufart fn ft fm aufrufer umgebung
```

• Nur die Systemumgebung und der Dateiname werden abgegriffen:

```
PARSE SOURCE system . fn ft fm .
```

• Nur die Umgebung für Host-Kommandos ist von Interesse

```
PARSE SOURCE . . . . . . umgebung
```

Unter MVS/TSO liefert PARSE SOURCE neun Parameter:

Nr.	Parameter	Bedeutung bzw. Verwendung
1	system	Systemumgebung der REXX-Prozedur: unter MVS/TSO erhalten Sie den Wert "TSO".
2	aufrufart	Wie unter VM/CMS erhalten Sie je nach Aufrufart die Werte COMMAND, SUBROUTINE oder FUNCTION.
3	execname	Der dritte Parameter liefert den (Member-)Namen der aktuellen REXX-Prozedur (immer in Großbuchstaben).
4	ddname	Hier erhalten Sie den logischen Namen der Bibliothek, in der die aktuelle REXX-Prozedur steht. Dies ist üblicherweise SYSEXEC bzw. SYSPROC.
5	dsname	Physischer Name der Bibliothek, in der die aktuelle REXX-Prozedur steht; dieser Parameter kann nach einem impliziten Aufruf von Bedeutung sein, wenn - wie allgemein üblich - mehrere physische Bibliotheken unter SYSEXEC oder SYSPROC verkettet sind und Sie wissen wollen, in welcher Bibliothek das Member gefunden und dann aufgerufen wurde.
6	execname	Aufrufname der REXX-Prozedur.

7	umgebung	Standardumgebung, an die Host-Befehle der aktuellen REXX-Prozedur weitergeleitet werden. Sollen Befehle anderer Umgebungen abgesetzt werden, so müssen Sie dazu die REXX-Instruktion ADDRESS verwenden.
8	adressraum	Hier finden Sie den Namen des Adressraums, in dem die Prozedur aufgerufen wurde. Die Werte lauten • MVS , falls nicht unter TSO/E aufgerufen, • TSO/E, falls unter TSO/E aufgerufen, • ISPF, falls unter ISPF aufgerufen. Von diesem Parameter hängt ab, an welche Umgebungen Sie Hostkommandos absenden können. Ist eine EXEC nicht aus ISPF aufgerufen worden, so können Sie keine Befehle des Dialog Managers ansprechen und z.B. kein Panel zur Eingabe von Parametern anzeigen.
9	usertoken	Benutzerzeichenfolge aus dem PARSETOK-Feld des REXX-Parametermoduls. Dieser Parameter hat kaum Bedeutung; Sie erhalten meist ein Fragezeichen ("unbekannt"), da dieser Wert häufig nicht gesetzt ist.

In REXX-Prozeduren unter MVS/TSO sind vor allem die Parameter von Bedeutung, die die Umgebung der REXX-Prozedur betreffen. Diese Parameter können Sie mit einer entsprechenden Schablone auf einzelnen Variablen zerlegen:

Beispiel:

```
PARSE UPPER SOURCE . . . . . . umgebung adressraum .
```

Schablonentypen des Parsing
Wie schon mehrmals angesprochen, können Sie beim Parsing verschiedene Arten von Schablonentypen verwenden. Bisher haben wir in den Beispielen meist die Trennung aufgrund der Wortgrenzen oder auch die Trennzeichentrennung verwendet. Insgesamt stehen beim Parsing drei grundlegende Schablonentypen zur Verfügung, die auch miteinander kombiniert werden können:

- Leerzeichentrennung (Wortgrenzen),
- Trennzeichentrennung,
- Trennung aufgrund von Positionen und numerischen Mustern.

• Leerzeichentrennung:
Bei der Leerzeichentrennung wird die zu zerlegende Zeichenfolge nach Leerzeichen getrennt und entsprechend der angegebenen Schablone auf einzelne
Variablen zerlegt. Sind mehr "Worte" als Variablen vorhanden, so wird die
Restzeichenfolge der letzten Variablen zugewiesen. Um Verarbeitungsfehler zu
vermeiden, wird zur Aufnahme dieser Restzeichenfolge häufig eine Variable
rest oder der Punkt (.) als Dummyvariable verwendet. Diese Dummyvariable
kann auch an beliebiger anderer Stelle der Schablone vorkommen, so wie dies
häufig bei der Zerlegung der Systemzeichenfolge SOURCE der Fall ist.

Beispiele:

```
PARSE SOURCE system aufruf . dateiname .

PARSE UPPER ARG dateiname benutzer .
```

• Trennzeichentrennung:
Eine andere Möglichkeit der Zeichenkettenzerlegung ist die Trennung aufgrund
von Trennzeichen. Dazu müssen Sie das entsprechende Trennzeichen in Hochkommata einschließen, wobei in einer Schablone auch mehrere verschiedene
Trennzeichen vorkommen dürfen. Zur Trennung eines dreiteiligen Dateinamens unter MVS/TSO in einzelne Qualifier und den Membernamen können
Sie folgende PARSE-Instruktion verwenden (die Instruktion ist aus Platz-
gründen am Zeilenende mit Komma fortgesetzt):

```
dateiname='#00PF.REXX.EXEC(PROG1)'
PARSE VALUE dateiname WITH quali1 '.' quali2 '.',
quali3 '(' memb ')' .
```

Nach dieser Instruktion stehen Ihnen die einzelnen Qualifier "#00PF",
"REXX", "EXEC" und der Membername "PROG1" in den angegebenen Variablen zur Weiterverarbeitung zur Verfügung.

Die in der Schablone verwendeten Trennzeichenketten können auch mehr als
ein Zeichen lang sein; außerdem sollten Sie daran denken, daß die Trenn-
zeichenfolge selbst keiner der Variablen zugewiesen wird und somit entfällt.
Wird die Trennzeichenfolge nicht gefunden, so erhält die vorhergehende
Variable die gesamte Restzeichenkette und evtl. nachfolgende Variablen eine
Nullzeichenfolge.

In der Praxis kommt es immer wieder vor, daß Sie nach Trennzeichenketten
zerlegen müssen, die selbst wieder variabel sind und als Inhalt in einer REXX-
Variablen zur Verfügung stehen. In diesem Falle müssen Sie die Variable, die
die Trennzeichenfolge enthalten soll, in Klammern einschließen, um Sie von
den anderen Variablen der Schablone unterscheiden zu können. Im nächsten
Beispiel wird der Inhalt der Variable *name* auf die Variablen *nachname* und

vorname zerlegt, wobei eine variable Trennzeichenfolge verwendet wird. Die PARSE-Instruktion lautet:

```
PARSE VALUE name WITH nachname (trennz) vorname
```

Die Variable *trennz* kann vorher z.B. durch eine Benutzereingabe oder auch über eine Schleife aus einer zusammengesetzten Variable (siehe Kapitel 3.4) gefüllt werden, um nach verschiedenen Trennzeichen suchen und zerlegen zu können.

• Trennung mit Positionsschablone:
Die dritte Gruppe von Schablonen bilden die Zerlegungen aufgrund von numerischen Mustern, mit deren Hilfe Sie Zeichenketten an bestimmten Positionen trennen können. Die Angabe der Positionen kann dabei sowohl absolut als auch relativ erfolgen.

Beispiel für eine Schablone mit absoluten Positionen:

```
PARSE EXTERNAL 1 var1 6 var2 10 var3
```

In diesem Fall wird eine Benutzereingabe so zerlegt, daß die Zeichenfolge ab der angegebenen Position der nachfolgenden Variable zugewiesen wird; in unserem Beispiel finden Sie in *var1* die Stellen 1-5, in *var2* die Stellen 6-9 und in *var3* die Restzeichenfolge.

Falls Sie bestimmte Positionen aus der Zeichenkette nicht abspeichern wollen, so können Sie entweder die Dummyvariable (.) verwenden oder diese auch weglassen:

```
PARSE EXTERNAL 1 var1 6 . 10 var3
PARSE EXTERNAL 1 var1 6 10 var3
```

Bei der Verwendung dieser Schablonen enthalten die Variablen *var1* und *var3* dieselben Zeichenfolgen wie im vorhergehenden Beispiel, die Positionen 6-9 der Zeichenkette werden jedoch ignoriert.

Erfolgt innerhalb einer Schablone die Angabe einer niedrigeren Position (absolut oder auch relativ), so wird der vorhergehenden Variable die gesamte Restzeichenfolge zugewiesen und die Ursprungszeichenfolge erneut ab deren Anfang entsprechend der weiteren Angaben der Schablone zerlegt.

Die Bestimmung der Trennpositionen kann auch durch die Angabe von relativen Positionen (z.B. +5 oder -5) erfolgen. Diese relative Positionsangabe bezieht sich dabei auf die zuletzt verwendete Trennposition. Unsere Zerlegung einer Benutzereingabe auf drei Variablen kann mit Hilfe von relativen Positionen auch so realisiert werden:

```
PARSE EXTERNAL 1 var1 +5 var2 +4 var3
```

Wie Sie sehen, läßt sich bei der Angabe von relativen Positionen die Länge der zugewiesenen Zeichenkette besser ablesen. Besonders deutlich wird dies, wenn Sie die Trennung mit relativen Positionen und die Trennung aufgrund eines Trennzeichens miteinander verknüpfen. Eine Aufgabe aus der Praxis könnte in Worten formuliert so lauten:

"Suche in der Benutzereingabe nach dem Doppelpunkt und lege die nächsten acht Zeichen in einer eigenen Variable ab."

Diese Zerlegung läßt sich mit folgender PARSE-Instruktion realisieren:

```
PARSE EXTERNAL . ':' var +8 .
```

Bei der Kombination von Schablonenarten müssen Sie beachten, daß die Trennung aufgrund von Trennzeichenketten zunächst Vorrang vor der Trennung nach Positionen und Wortgrenzen hat, d.h. die Zeichenkette wird zuerst an den entsprechenden Trennzeichen bzw. Positionen zerlegt und erst dann noch weiter nach Wortgrenzen aufgeteilt.

Anwendungsbeispiel aus der Praxis
Zum Abschluß dieser Betrachtungen der Schablonentypen und der Zeichenkettenzerlegung wollen wir uns ein praktisches Beispiel aus dem Bereich MVS/TSO etwas genauer ansehen:

In der Umgebung MVS/TSO existierte vor der Prozedurensprache REXX die Sprache CLIST, mit deren Hilfe ähnliche Prozedurabläufe definiert werden konnten wie mit REXX. Die Sprache CLIST bietet bei der Übergabe von Parametern im Prozeduraufruf die Möglichkeit, Schlüsselwortparameter zu übergeben; diese Schlüsselwortparameter können dann in beliebiger Reihenfolge angegeben werden.

Der Aufruf einer CLIST-Prozedur ZUORDNE, in der eine physische Datei unter einem logischen Namen zugeordnet wird und an die diese Parameter übergeben werden, könnte dann entweder

```
%ZUORDNE DA(REXX.EXEC) F(SYSEXEC)
```

oder `%ZUORDNE F(SYSEXEC) DA(REXX.EXEC)`

mit vertauschten Parametern lauten.

Die beiden Parameter "DA()" und "F()" sind sog. Schlüsselwörter und frei wählbar. In diesem Falle sind sie vom TSO-Befehl ALLOCate abgeleitet, mit dessen Hilfe in der Prozedur die Zuordnung der Dateien tatsächlich erfolgt. Mit der Verwendung solcher Schlüsselwortparameter können Sie also beim Aufruf von CLIST-Prozeduren eine "sprechende" Syntax erreichen, die dieselben Möglichkeiten wie TSO-Befehle bietet.

Wenn Sie die Möglichkeiten in REXX damit vergleichen, so haben Sie im Kapitel 2 kennengelernt, daß hier eigentlich nur Positionsparameter übergeben werden können. Dies würde bedeuten, daß Sie bei der Verwendung einer REXX-Prozedur für das o.g. Beispiel die Parameter nicht vertauschen dürften und somit eine Einschränkung im Funktionsumfang hinnehmen müßten. Dies wäre besonders dann von Bedeutung, falls Sie eine "alte" CLIST-Prozedur in eine "neue" REXX-Prozedur umschreiben; Sie selbst oder Ihre Kollegen, die bisher Schlüssel-wortaufrufe in CLIST gewohnt waren, dürften nur noch Parameteraufrufe mit genau definierter Reihenfolge verwenden. Außerdem müßten Sie alle Prozeduren, in denen die ursprüngliche CLIST verschiedenartig aufgerufen wurde, auf einen einheitlichen Aufruf umstellen.

Diese für Sie negativen Konsequenzen können Sie über eine PARSE-Technik vermeiden, mit deren Hilfe der Aufruf mit Schlüsselwortparametern simuliert wird, so daß Sie in der Praxis denselben Funktionsumfang einer CLIST auch in REXX realisieren können.

Ein erster Lösungsansatz zur Übernahme der beiden Dateinamen als Schlüsselwörter könnte so lauten:

```
PARSE UPPER ARG . 'DA(' dsname ')' . 1 . 'F(' ddname ')' .
```

Die beim Aufruf übergebene Zeichenfolge wird also nach einer Schablone zerlegt, die folgende Bedeutung hat:

"Setze die übergebene Zeichenfolge zunächst in Großbuchstaben um, suche dann in dieser Zeichenfolge nach 'DA(' und weise die folgenden Zeichenketten der Variable *dsname* zu bis die Zeichenfolge ')' gefunden wird. Beginne mit der Zerlegung von vorne und suche nach entsprechend nach 'F(' und ')', wobei die dazwischenliegenden Zeichenketten der Variable *ddname* zugewiesen werden."

Damit haben wir erreicht, daß unsere Prozedur "ZUORDNE" bei folgenden Aufrufen mit Parametern "versorgt" werden kann, wobei bei der Angabe des physischen Dateinamens sowohl das Komfortformat als auch die vollqualifizierte Version möglich sind:

```
ZUORDNE DA(REXX.EXEC) F(SYSEXEC)
```

```
ZUORDNE F(SYSEXEC) DA(REXX.EXEC)

ZUORDNE DA('#00PF.REXX.EXEC') F(SYSEXEC)
```

Übrigens könnten neben diesen beiden Dateinamen auch noch weitere Parameter übergeben werden, die bei der derzeitigen Zerlegeschablone einfach ignoriert werden. Eine mögliche andere (eigentlich fehlerhafte oder "unsinnige") Aufrufversion, die dennoch die richtigen Dateinamen in der Prozedur liefert, wäre also:

```
ZUORDNE LRECL(80) DA(REXX.EXEC) RECFM(F B) F(SYSEXEC)
```

Falls Sie sich unsere derzeit gewählte PARSE-Instruktion etwas genauer ansehen, so werden Sie die ein oder andere Schwäche bzw. Fehlerquelle entdecken, da die Zerlegung der übergebenen Parameter falsche Werte für die beiden Dateinamen liefern wird, wenn bestimmte Konstellationen erfüllt sind. Ein solcher Aufruf, der zu einer fehlerhaften Zerlegung führt, könnte so lauten:

```
ZUORDNE DA(TEST.#00PF(MEMBER1)) F(EINGABE)
```

In diesem Falle sollte eigentlich das Member "Member1" der Bibliothek "TEST.#00PF" unter dem logischen Namen "EINGABE" zugeordnet werden (z.B. um den Inhalt dieses Members über den Befehl EXECIO in REXX-Variablen einzulesen).

Was steht jedoch wirklich in den Variablen *dsname* und *ddname*, wenn wir weiterhin die folgende PARSE-Instruktion verwenden?

```
PARSE UPPER ARG . 'DA(' dsname ')' . 1 . 'F(' ddname ')' .
```

Bevor Sie weiterlesen, sollten Sie vielleicht als kleine Übung zunächst selbst die Parameterzeichenkette zerlegen und herausfinden, was in den einzelnen Variablen als Inhalt zur Verfügung steht bzw. wo bei der angegebenen Schablone die Fehlerquellen liegen.

Was steht also in den Variablen *dsname* und *ddname*?

Wenn Sie sich die Zeichenkette dieses speziellen Beispiels ansehen, so erkennen Sie, daß "zufälligerweise" der letzte Qualifier des Dateinamens mit "F" endet und zusammen mit der Klammer des nachfolgenden Membernamens ebenfalls die Zeichenfolge "F(" bildet; außerdem wird der Membername ebenfalls mit einer Klammer ")" abgeschlossen, genau wie der Schlüsselwortparameter "DA"! Dies führt bei der Zerlegung zu folgenden Inhalten:

Inhalt von *dsname*: TEST.00PF(MEMBER1
Inhalt von *ddname*: MEMBER1

Im Inhalt der Variablen *dsname* fehlt die abschließende Klammer des Membernamens, während in *ddname* der völlig falsche Wert "MEMBER1" und nicht
etwa "EINGABE" steht. Diese Variableninhalte führen zu Verarbeitungsfehlern, falls Sie im weiteren Prozedurverlauf diese Variablen benutzen.

Wie muß die richtige Schablone lauten, damit wir unsere Prozedur auch bei
solch "unglücklichen" Kombinationen im Aufruf fehlerfrei benutzen können?

Wie Sie sicherlich schon erkannt haben, müssen wir nicht nach "Klammer zu"
alleine, sondern nach "Klammer zu und Leerzeichen" und ebenso nicht nach
"F(", sondern nach "Leerzeichen und F(" als Trennzeichen suchen. Damit die
Parameter auch weiterhin vertauscht werden können, erzeugen wir einfach am
Anfang und Ende der übergebenen Zeichenfolge ein zusätzliches Leerzeichen.
Dies funktioniert nicht mehr alleine mit der Instruktion PARSE ARG, sondern
entweder über eine Kombination aus PARSE ARG und PARSE VALUE oder
noch besser mit PARSE VALUE und der ARG-Funktion (siehe Kapitel 5). Die
beiden fehlerfreien und "wasserdichten" Varianten unserer Zeichenkettenzerlegung lauten:

```
PARSE UPPER ARG kette  /* Umsetzung in Großbuchstaben */
                       /* und Zuweisung in kette */
PARSE VALUE ' 'kette' ' WITH   . ' DA(' dsname ') ' ,
                             1 ' F(' ddname ') ' .
```

oder

```
PARSE VALUE ' 'ARG(1)' ' WITH   . ' DA(' dsname ') ' ,
                              1 ' F(' ddname ') ' .
```

Die Funktion ARG(1) enthält beim Aufruf einer Prozedur aus der Umgebung
TSO (auch aus CMS und anderen Umgebungen) die vollständige Parameter-
kette. Nur beim Aufruf von Routinen und Funktionen können Sie mehrere
Argumentzeichenfolgen übergeben und mit ARG(n) auf das entsprechende
Argument zugreifen.

Dieses letzte Beispiel verdeutlicht nocheinmal die besonderen Möglichkeiten
der Instruktion PARSE VALUE. Natürlich erfordert eine Verwendung und
Codierung solcher komplexer Zerlegungen entsprechende Übung und
Erfahrung Ihrerseits. Falls Sie solche Zerlegungen verwenden, sollten Sie
unbedingt kommentieren, warum Sie gerade diese Version der Zerlegung
gewählt haben, und was bei der Zerlegung eigentlicht passiert. Ansonsten
werden Sie oder Ihre Kollegen große Schwierigkeiten haben, falls solche
Instruktionen bei Programmanpassungen geändert werden müssen.

Verketten von Zeichenfolgen

Zwei oder mehrere Zeichenfolgen können in REXX mit Hilfe von Verkettungsoperationen zu einer Zeichenfolge verbunden werden. Eine der einfachsten und häufigsten Anwendungen dieser Verkettung ist die Ausgabe von Bildschirmzeilen über die Instruktion SAY, in der z.b. Literale, Variableninhalte oder auch Funktionswerte als gemeinsame Zeichenfolge ausgegeben werden können.

Beispiel:

```
SAY 'Die Datei' dateiname 'wurde gedruckt'
```

In diesem Beispiel werden zwei Literale mit einem Variableninhalt verkettet. Grundsätzlich stehen in REXX drei Verkettungsoperationen zur Verfügung.

- Verkettung mit Leerzeichen,
- Verkettung aneinander, ohne Verkettungsoperator,
- Verkettung aneinander, mit Verkettungsoperator !!.

Bei der Verkettung mit Hilfe von Leerzeichen können Sie beliebige Zeichenketten verknüpfen, indem Sie die einzelnen Zeichenfolgen durch Leerstellen trennen. Mehrfache Leerstellen als Trennung ergeben nach der Verknüpfung nur eine Leerstelle in der Ergebniszeichenfolge. Diese einfachste Art der Verkettung ist praktisch bei allen Instruktionen einer REXX-Prozedur erlaubt.

Im nächsten Beispiel wird der Name einer CMS-Datei aus drei Variableninhalten zusammengesetzt:

```
/*REXX-Prozedur mit Verkettung*/
fn='PROG1'
ft='EXEC'
fm='A'
dateiname = fn ft fm        /* Ergebnis: PROG1 EXEC A */
```

Falls Sie mehr als eine Leerstelle zwischen den einzelnen Zeichenfolgen erzeugen wollen, so müssen Sie diese Leerzeichen in das Literal einstellen und in Hochkommata einschließen.

Bei der Verkettung *unmittelbar aneinander* können Sie entweder zwei Literale (was jedoch wenig Sinn macht) oder Literale und Ausdrücke verketten. Um einen TSO-Datenbestandsnamen zu erzeugen, der aus drei Qualifiern besteht und dessen erster Qualifier Ihrer Benutzernummer entspricht, können Sie eine Verkettung von drei Variablen einsetzen, die mit den jeweiligen Trennzeichen (Punkt oder Klammer) beim Membernamen verkettet werden.

```
/*REXX: Verkettung aneinander              */
quali2='REXX'
quali3='EXEC'
dateiname=USERID()'.'quali2'.'quali3
/* Ergebnis z.B.: #00PF.REXX.EXEC */
```

Diese Art von Verkettung haben wir bereits bei einigen Beispielen zur PARSE VALUE-Instruktion angewendet, wo wir z.B. an die Parameterkette jeweils vorne und hinten eine Leerstelle angehängt und diese Zeichenfolge dann nach einer beliebigen Schablone zerlegt haben. Die Instruktion dazu lautete:

```
PARSE UPPER VALUE ' 'ARG(1)' ' WITH schablone
```

Diese Verkettung ohne Leerstellen ist nur möglich, falls Literale mit Ausdrücken verkettet werden. Sollen Ausdrücke oder Variableninhalte ohne Literale unmittelbar ohne Leerzeichen verkettet werden, so können Sie dies nur mit Hilfe des Verkettungsoperators "!!" erreichen (in der Literatur ist statt "!!" meist "||" angegeben).
Beispiel:

```
a='Haus'
b='bau'
c=a!!b             /* Ergebnis: Hausbau */
```

Mit dem Verkettungsoperator "!!" können Sie also eine Verkettung von Ausdrücken ohne Leerstellen erzwingen. Für o.g. Beispiel können Sie keine der beiden anderen Verkettungsmöglichkeiten anwenden, da diese andere Ergebnisse liefern würden.

Was liefern die folgenden Verkettungen eigentlich?

```
a='Haus'
b='bau'
c=a b
d=ab
```

Nach der Verkettung mit Leerzeichen lautet der Inhalt der Variable c eben "Haus bau" durch Leerzeichen getrennt, während im zweiten Fall in der Variable d der Wert "AB" (in Großbuchstaben) steht, da hier keine Verkettung, sondern die Zuweisung des Variableninhalts von ab erfolgt.

3.4 Zusammengesetzte Variablen

Neben den einfachen REXX-Variablen, die wir bisher eingesetzt haben, können Sie zusätzlich sog. "zusammengesetzte" Variablen ("Compound-variablen") verwenden. Diese Variablen bieten den Vorteil, daß Sie damit Anwendungen realisieren können, für die in anderen Sprachen Bereiche (arrays) eingesetzt werden. Dazu dienen in REXX zwar einzelne Variablen (es gibt strenggenommen keine Bereiche), die Namen dieser einzelnen Variablen können jedoch mit Hilfe von Variablen wieder generiert werden.

Der vollständige Name einer einzelnen Compoundvariable setzt sich aus einem für alle Variablen gleichen *Stammnamen* und einer für alle Variablen verschiedenen *Ausdehnung* zusammen, wobei die einzelnen Namensteile durch einen Punkt voneinander getrennt werden.

Als Beispiel wollen wir uns eine zusammengesetzte Variable aus vier Elementen ansehen. Diese vier Elemente können wir uns zunächst wie vier Zeilen vorstellen, die einzelne Werte (z.B. Zahlen) enthalten. Die einzelnen Elemente sollen dabei den gemeinsamen Stammnamen *zeile* und die Ausdehnungen von 1 bis 4 besitzen.

Folgendes Schaubild soll unsere Vorstellung etwas unterstützen:

Zusammengesetzte Variable zeile.	
Inhalt	**Variable**
wert1	zeile.1
wert2	zeile.2
wert3	zeile.3
wert4	zeile.4

Die vier Variablen lauten *zeile.1* bis *zeile.4* und enthalten als Inhalt beliebige Werte (Zahlen oder Literale). Wie können Sie nun auf diese Inhalte zugreifen und sie beispielsweise am Bildschirm ausgeben? Zunächst können Sie die Variablen einzeln mit Hilfe des SAY-Befehls ausgeben (wie bei einfachen Variablen). Um vier Bildschirmzeilen zu erhalten, müßten Sie folgende Befehlsfolge verwenden:

```
SAY zeile.1
SAY zeile.2
SAY zeile.3
SAY zeile.4
```

Wie Sie sehen, würde die Ausgabe dieser Elemente relativ viel Schreibarbeit erfordern; es geht jedoch auch einfacher und vor allem für eine große Anzahl von Elementen auch flexibler mit Hilfe einer Schleife. Bei zusammengesetzten Variablen gilt nämlich, daß die Ausdehnung selbst wieder durch eine Variable dargestellt werden kann. Diese Variable in der Ausdehnung wird zunächst durch ihren Wert ersetzt und erst dann wird der nach der Ersetzung entstandene Variablenname verarbeitet.

Falls Sie die Variable

zeile.n

am Bildschirm ausgeben, so wird dem Inhalt der Variablen *n* entsprechend ein Element der zusammengesetzten Variable *zeile.* ausgegeben; enthält *n* also den Wert 2, so wird die Variable *zeile.2* angesprochen.

Für unsere Bildschirmausgabe von 4 Zeilen können wir somit eine Schleife mit der Laufvariable *n* benutzen, um alle vier Elemente auszugeben.

```
DO n = 1 TO 4
      SAY zeile.n
END
```

In unserem Beispiel ergibt sich zwar nur eine Ersparnis von einer Befehlszeile; stellen Sie sich jedoch vor, Sie müßten 100 Zeilen bzw. Elemente ausgeben! Bei der Verwendung einer zusammengesetzten Variable und der entsprechenden Schleifentechnik muß dann nur die Obergrenze für die Laufvariable auf 100 gesetzt werden, alle anderen Befehle bleiben unverändert. Falls Sie einzelne (nicht zusammengesetzte) Variablen verwendet hätten, so bliebe nur die Codierung von 100 SAY-Befehlen, was natürlich die denkbar schlechteste Lösung wäre.

Der Vorteil der zusammengesetzten Variablen liegt also darin, daß der Variablenname selbst wieder variabel angesprochen werden kann. Dabei müssen Sie folgende Regel beachten:

Wenn Sie eine zusammengesetzte Variable ansprechen, so ersetzt REXX eine in der Ausdehnung vorkommende Variable *einmal* durch deren Inhalt und verarbeitet den Inhalt dieser Ergebnisvariable dann; eine Ersetzung im Stammnamen oder eine mehrfache Ersetzung in der Ausdehnung erfolgen jedoch nicht!

Die Anzahl der Ausdehnungen und der Typ und die Länge eines Elements einer zusammengesetzten Variable können in REXX nicht festgelegt werden (wie bei einfachen Variablen auch). Es existieren nur diejenigen Elemente, denen explizit ein Wert zugewiesen wurde. Falls Sie also eine Variable *zeile.3* ansprechen, so müssen nicht unbedingt *zeile.1* und *zeile.2* existieren. Würden Sie eine dieser unbekannten Ausdehnungen ansprechen, so wird der Name der angesprochenen Variable in Großbuchstaben ausgegeben. Falls Sie alle Elemente einer zusammengesetzten Variable ansprechen wollen, so können Sie der Stammvariablen einen Wert zuweisen.

Der Befehl

```
zeile. = 0
```

bewirkt, daß alle evtl. schon vorhandenen Elemente dieses Variablenstamms *zeile.* den Wert 0 erhalten und bei der Verwendung eines bisher unbekannten Elements der Inhalt der Stammvariablen ausgegeben wird (also 0 statt ZEILE.1). Folgendes "konstruierte" Beispiel soll die Arbeitsweise des REXX-Interpreters mit Compoundvariablen nochmals verdeutlichen:

```
/*    REXX-Prozedur mit Compound-Variablen           */

zeile.1 = 50          /*Zeile.1 wird auf 50 gesetzt   */
a = 1                 /*a wird auf 1 gesetzt          */
SAY zeile.a           /*a wird durch 1 ersetzt und    */
                      /*zeile.1, also 50 ausgegeben   */
SAY zeile.2           /*ZEILE.2 wird ausgegeben       */
zeile. = 0            /*Stammvarible auf 0 gesetzt    */
SAY zeile.1 zeile.2   /*Es erscheinen die Werte 0 0   */
```

Zum Abschluß der syntaktischen Möglichkeiten der zusammengesetzten Variablen sollen an dieser Stelle noch einige Besonderheiten angesprochen werden.

In den bisher dargestellten Beispielen wurden jeweils nur Variablen mit einer Ausdehnung benutzt (in der Vorstellung also ein eindimensionaler Bereich). Sie können in REXX jedoch auch mehrere Ausdehnungen verwenden, indem Sie einzelne Ausdehnungen durch Punkt voneinander trennen. Damit können Sie sich also mehrere Dimensionen schaffen und zwar beliebig viele, solange der Name der entstehenden Compound-Variable maximal 250 Zeichen beträgt. Bei mehr als drei Dimensionen werden Sie jedoch schon Mühe haben, die Bedeutung und Anwendung der jeweiligen Dimension zu überblicken.

Beispiel für eine Variable mit 3 Ausdehnungen:

```
wert.1.3.2
```

Diese Variable können Sie dann wieder variabel ansprechen, z.B. über

```
SAY wert.a.b.c
```

wobei in den Variablen *a*, *b* und *c* die entsprechenden Inhalte stehen müssen. Im Gegensatz zu Bereichen in anderen Sprachen können Sie in REXX nicht eine Gruppe von Variablen (z.B. eine ganze Dimension) ansprechen; eine Angabe wie "wert.1.*.3" für alle Elemente der "zweiten Dimension" ist nicht möglich. Sie können nur *eine konkrete* Variable oder den *ganzen Stamm* ansprechen und z.B. dessen Inhalt verändern oder ausgeben.

Gültige Beispiele sind:

```
wert.=0         /* Stammvariable wird auf 0 gesetzt      */
wert.1.2.3=28   /* Eine konkrete Variable ansprechen     */
wert.a.b.c=28   /* Variable über Ausdehnung ansprechen   */
```

Falls Sie eine ganze Gruppe von Variablen ansprechen wollen, so können Sie dies nur sinnvoll über eine Schleife mit Laufvariable tun. Die Befehlsfolge lautet dann z.B.:

```
DO I = 1 TO 10
      wert.1.i.3 = formel
END
```

Eine weitere Restriktion muß beim Arbeiten mit Compound-Variablen beachtet werden: Bei der Angabe der Ausdehnung sind nur einfache Variablen und keinerlei Ausdrücke oder Funktionsaufrufe erlaubt. Sie können also nicht codieren

```
SAY zeile.i-1
```

sondern Sie müssen z.B. durch eine vorangestellte Zuweisung dafür sorgen, daß die Ausdehnung in einer einfachen Variablen zur Verfügung steht. Die richtige Befehlsfolge lautet also:

```
k=i-1
SAY zeile.k
```

In der Praxis werden eine Reihe von Anwendungen mit Hilfe der Compound-variablen eine realisiert und vor allem im Zusammenhang mit Schleifen "elegante" Lösungen erstellt. Die häufigsten Anwendungen von Compound-variablen treten bei der Verarbeitung von umgeleiteten Bildschirmausgaben (siehe Kapitel 6.3) und bei der Dateiverarbeitung mittels EXECIO (siehe Kapitel 6.2) auf, wo Sie z.B. eine Datei vollständig in eine Compoundvariable übertragen können und diese Daten dann auf einfache Weise verarbeiten können.

3.5 Fehlerbehandlung und Fehlerroutinen

Beim Ablauf einer REXX-Prozedur können ganz verschiedene Arten von Fehlern auftreten. In der ersten Testphase der Prozedur werden Sie wohl meist mit syntaktischen Fehlern "zu kämpfen" haben, die durch Fehler beim Codieren entstehen und zu einem Abbruch der Prozedur führen. Auf Dauer wesentlich "schlimmer" sind jedoch Fehler, die beim Testen der Prozedur nicht erkannt werden. Dazu zählen zum einen logische Fehler, bei denen die

Prozedur zwar ordnungsgemäß beendet wird, das Ergebnis dieser Prozedur jedoch falsch ist. Genauso negativ können die Auswirkungen von situations-abhängigen Fehlern sein, die z.b. dann aufteten, wenn eine für die Ver-arbeitung benötigte Datei nicht mehr vorhanden ist, was zu einem Abbruch der Prozedur führen wird.

Grundsätzlich sollte das Auftreten von Fehlern in Programmen von vorne herein vermieden werden. Da dies nicht in allen Fällen möglich ist, sollte die Prozedur beim Auftreten von Fehlern zumindest auf diese Fehler reagieren können und einen unkontrollierten Abbruch vermeiden. Sinnvolle Verarbei-tungen wären z.b. die Sicherung einer Datei oder die Rückkehr zum Menü.

Vermeiden von Prozedurfehlern
In verschiedenen Testläufen sollten Sie die syntaktischen Fehler, die beim Codieren entstanden sind, beheben und darüberhinaus die Prozedur auf evtl. logische Fehler hin untersuchen. Zur Behebung dieser Fehler verwenden Sie am sinnvollsten die umfangreichen Debuggingmöglichkeiten von REXX, z.B. die Instruktion TRACE mit ihren Optionen (siehe Kapitel 2). Diese Testeinrichtungen können Sie auch zur Behebung von logischen Fehlern verwenden, indem Sie alle Zweige Ihrer Prozedur mit geeigneten Testdaten durchlaufen lassen und deren Ablauf verfolgen.

Eine ganz andere Fehlerquelle stellen Benutzereingaben dar; falls Sie eine Zahl als Eingabe erwarten, der Benutzer jedoch einen Buchstaben eingibt, so wird die REXX-Prozedur bei der Verwendung dieses falschen Wertes einen Fehler anzeigen und abbrechen. Diesen Programmabbruch gilt es möglichst früh zu verhindern, indem die Eingabe des Benutzers auf ihre Plausibilität hin geprüft wird. Dazu stehen innerhalb von REXX eine Reihe von Funktionen zur Verfügung, über die Sie z.B. den Datentyp (DATATYPE) oder die Länge (LENGTH) einer Eingabe überprüfen können. Diese Funktionen finden Sie genauer im Kapitel 4 beschrieben.

Mit entsprechenden Schleifentechniken können Sie den Benutzer solange zu einer Eingabe auffordern, bis die Eingabe alle Ihre Plausibilitätsprüfungen besteht. Falls Sie auf Ihrer REXX-Implementierung ein Dialogsystem (z.B. ISPF unter MVS/TSO oder unter VM/CMS) zur Verfügung haben, so können Sie dort Benutzereingaben über eigene Bildschirmmasken (Panels´s) abfragen und diese Eingaben direkt auf diesen Bildschirmmasken auch prüfen. Dies hat den Vorteil, daß Sie die Prüfung nur einmalig bei der Definition des Panels durchführen müssen und nicht in jeder REXX-Prozedur, die diese Benutzereingaben benötigt. Falls Sie kein solches Dialogsystem zur Verfügung haben, so sollten Sie versuchen, mit Hilfe von Unterprogrammtechniken (siehe Kapitel 5) zu arbeiten, um gleichartige Prüfungen nur einmal zu codieren.

Aktionen beim Auftreten von Fehlern

Nicht immer kann das Auftreten von Fehlern verhindert werden. Am deutlichsten wird dies bei Fehlern, die nur bei einer bestimmten Konstellation auftreten, z.B. falls eine benötigte Datei oder ein Unterprogramm, die bisher immer vorhanden waren, eben nicht mehr verfügbar ist. In solchen Fällen können Sie mit Hilfe von geeigneten REXX-Instruktionen verschiedene Fehlerfälle unterscheiden und auf diese reagieren, so daß ein unkontrollierter Abbruch der Prozedur verhindert wird.

● Die Variable RC

Jeder "Nicht-REXX-Befehl" liefert automatisch in der Variable RC einen Returncode, der anzeigt, ob der Befehl ordnungsgemäß ausgeführt wurde bzw. welcher Fehler aufgetreten ist. Von ganz wenigen Ausnahmen abgesehen, liefern diese Host-Befehle bei erfolgreicher Beendigung den Returncode "0". Welche Bedeutung die anderen Returncodes besitzen, müssen Sie für jeden Host-Befehl Ihrer Umgebung im Einzelfall nachlesen; meist genügt jedoch eine Abfrage auf "gleich 0" oder "ungleich 0". Im folgenden Beispiel wird mit einer REXX-Prozedur unter CMS eine Verbindung zu einer anderen Platte hergestellt und deren Inhaltsverzeichnis angezeigt. Die Returncodes der benötigten Host-Befehle werden jeweils überprüft, wobei im Fehlerfalle eine entsprechende Meldung erzeugt wird.

```
/* REXX-Prozedur LINKE unter CMS */
                         /* CP-Zugriff schaffen    */
'CP LINK USER1 191 198 RR'
IF rc = 0
     THEN DO
                         /* Platte im CMS zuordnen  */
          'ACCess 198 B'
          IF rc = 0
               THEN DO
                         /* Inhaltsverzeichnis      */
                    'FILELIST * * B'
                    IF rc <> 0 THEN
                         SAY 'FILELIST nicht möglich'
                              ELSE NOP
               END
               ELSE SAY 'Fehler bei ACCESS mit RC =' rc
     END
     ELSE SAY   'Kein Link möglich, Plattenadresse',
                'schon vergeben?'
```

Bei der Verwendung der Variable *rc* müssen Sie besonders beachten, daß diese von *jedem* Host-Befehl gesetzt wird. Falls Sie also den Returncode eines Hostbefehls länger verfügbar halten wollen, so müssen Sie dies z.B. über eine Zuweisung selbst veranlassen. Eine Variable wie *maxcc* unter CLIST, in der

der höchste bisher aufgetretene Returncode zur Verfügung steht, existiert in REXX nicht. Leider!

Außerdem kann es in Ausnahmefällen vorkommen, daß ein Hostbefehl einen Returncode ungleich Null liefert, obwohl der Befehl ordnungsgemäß ausgeführt wurde. Der Befehl "MAKEBUF" liefert z.b. die Nummer des neu erzeugten Puffers, also den Wert "3", falls Sie gerade den dritten Puffer neu erzeugt haben.

Eine Prüfung des Returncodes ist nur für "Nicht-REXX-Befehle" möglich; es bleibt deshalb die Frage, welche Möglichkeiten zur Verfügung stehen, um auftretende Fehler bei REXX-Instruktionen erkennen und darauf reagieren zu können?

Im Allgemeinen kann man zunächst sagen, daß Fehler in REXX-Instruktionen vor allem syntaktische Fehler sein werden, die meist beim Testen der Prozedur behoben werden. Falls Ihre Prozedur dennoch auf auftretende Fehler in REXX-Instruktionen reagieren soll, so können Sie zu diesem Zweck die Instruktionen SIGNAL bzw. CALL (nicht unter VM/CMS) einsetzen.

Allgemeine Fehlerausgänge mit SIGNAL bzw. CALL definieren

Mit den Instruktionen SIGNAL bzw. CALL können Sie beim Auftreten eines bestimmten Fehlers zu einer Marke in Ihrer Prozedur verzweigen (SIGNAL) bzw. eine Routine aufrufen (CALL), in der eine entsprechende Fehlerbehandlung durchgeführt wird. Die Instruktion SIGNAL existiert in allen REXX-Implementierungen, während die für die Fehlerbehandlung meist günstigere Instruktion CALL in dieser Form nur in ganz bestimmten Implementierungen (z.B. unter MVS/TSO) zur Verfügung steht.

In der Instruktion SIGNAL können Sie bestimmen, daß beim Auftreten einer vordefinierten Fehlersituation automatisch eine entsprechende Marke (Label) angesprungen werden soll; dort haben Sie dann die Möglichkeit, eine Fehlerbehandlung durchzuführen. Mit der Instruktion

```
SIGNAL ON ERROR
```

geben Sie an, daß beim Auftreten eines Returncodes "ungleich 0" an die Marke ERROR der REXX-Prozedur verzweigt werden soll.

Dieser Fehlerausgang wird üblicherweise am Beginn der REXX-Prozedur festgelegt und bleibt innerhalb dieser REXX-Prozedur (nicht für andere Prozeduren oder Routinen) solange gültig, bis er explizit mit

```
SIGNAL OFF ERROR
```

99

wieder ausschaltet wird. Falls Sie also in Ihrer REXX-Prozedur sehr viele Nicht-REXX-Befehle benötigen und nicht jeden einzelnen Returncode abfragen wollen, so können Sie einen allgemeinen Fehlerausgang vorsehen, der ein kontrolliertes Ende Ihrer Prozedur und entsprechende Hinweise zur Fehlerursache liefert. Die vereinfachte Version unserer Prozedur LINKE unter CMS sieht dann so aus:

```
/* REXX-Prozedur LINKE unter CMS mit SIGNAL*/
SIGNAL ON ERROR        /* Allg. Fehlerausgang setzen  */
                       /* CP-Zugriff schaffen         */
'CP LINK USER1 191 198 RR'
                       /* Platte im CMS zuordnen      */
'ACCess 198 B'
                       /* Inhaltsverzeichnis          */
'FILELIST * * B'
EXIT                   /* Normales Prozedurende       */
ERROR:                 /* Sprungmarke ERROR           */
SAY 'Fehler aufgetreten in Zeile' sigl
SAY SOURCELINE(SIGL)
EXIT
```

Die einzelnen CP- und CMS-Befehle werden also nicht mehr auf ihren Returncode hin überprüft; falls ein Fehler auftritt, so wird zur Marke ERROR verzweigt und dort ausgegeben, in welcher Zeile der Fehler auftrat. Zu diesem Zweck können Sie die reservierte Variable *sigl* verwenden, in der ja die Zeilennummer steht, aus der eine Verzweigung erfolgte. Mit Hilfe der Funktion SOURCELINE können Sie zusätzlich noch die fehlerhafte Befehlszeile am Schirm ausgeben. Die Variable *sigl* kann jedoch nicht zum Rücksprung auf die ursprüngliche Zeile verwendet werden, da mit der Instruktion SIGNAL nur zu Marken und nicht zu bestimmten Zeilennummern verzweigt werden kann!

In der REXX-Implementierung unter MVS/TSO wurden die Einsatzmöglichkeiten von allgemeinen Fehlerausgängen verbessert. So kann z.B. der Markenname bei SIGNAL ON frei bestimmt werden. Damit können Sie verschiedene Fehlerausgänge für einzelne Prozedurabschnitte vorsehen, wobei jedoch nur ein Fehlerausgang aktiv sein kann. Die Instruktion lautet dann z.B.:

```
SIGNAL ON ERROR FEHLER1 /*Verzweigt zur Marke FEHLER1 */
SIGNAL ON ERROR FEHLER2 /*Verzweigt zur Marke FEHLER2 */
```

Zusätzlich zu SIGNAL wurde unter MVS/TSO eine Steuerung mit CALL implementiert. Mit

```
CALL ON ERROR name
```

wird beim Auftreten eines Fehlers eine Routine mit dem entsprechenden Namen aufgerufen; diese Routine muß mit RETURN beendet werden. Ist die Fehlerroutine abgearbeitet worden, so wird - wie bei Routinen üblich (siehe Kapitel 5) - die Kontrolle an die Instruktion übergeben, die dem Routineaufruf folgt; im Falle eines Fehlers würde die Prozedur also unmittelbar nach dem fehlerhaften Befehl wieder fortgesetzt.

Neben dem Ereignis ERROR ("Returncode ungleich 0") können mit SIGNAL bzw. CALL auch noch andere Ereignisse abgefangen werden, wobei für diese Fehlerausgänge dieselben syntaktischen Regeln gelten wie für das Ereignis ERROR. Von den verschiedenen Ereignissen bzw. Fehlerausgängen können auch mehrere gleichzeitig aktiv sein, von einem Ereignis jedoch nur die zuletzt ausgeführte Instruktion.

Mit SIGNAL können folgende Ereignisse abgefangen werden, wobei Sie unter MVS/TSO auch die Instruktion CALL einsetzen können:

Instruktion	Wirkung bzw. Einsatz
SIGNAL ON SYNTAX	Dieses Ereignis ist dann erfüllt, wenn der Interpreter einen Fehler in REXX-Instruktionen findet. Üblicherweise werden diese syntaktischen Fehler bereits in der Testphase be-hoben. Falls Sie jedoch Befehle erst während des Prozedurablaufs generieren (INTERPRET-Instruktion), so können Sie einen Fehlerausgang vorsehen, falls z.B. durch falsche Eingaben eines Anwenders fehlerhafte Befehle entstehen.
SIGNAL ON ERROR	Verzweigung nach Returncodes "ungleich 0" eines Nicht-REXX-Befehls.
SIGNAL ON FAILURE	Dieses Ereignis ist dann erfüllt, wenn ein Nicht-REXX-Befehl nicht ausgeführt werden konnte (Abbruch). Der Unterschied zu ERROR besteht darin, daß es Befehle gibt, die Returncodes "ungleich 0" liefern, obwohl diese ordnungsgemäß ausgeführt werden konnten. So liefert der Befehl MAKEBUF die Nummer eines neu erzeugten Puffers oder der CMS-Befehl STATE einen Returncode, der anzeigt, ob eine Datei existiert oder nicht; beide Befehle sind jedoch ausgeführt worden. Wenn Sie in einem Editormakro mit dem Befehl FIND eine Zeichenkette suchen und diese nicht existiert, wäre das Ereignis ERROR erfüllt, das Ereignis FAILURE jedoch nicht. Sie müssen also von Fall zu Fall entscheiden, welchen Fehlerausgang Sie vorsehen wollen.

SIGNAL ON HALT	Das Ereignis HALT tritt ein, falls der Benutzer versucht, die Prozedur von außen zu unterbrechen. Dies kann z.B. geschehen, indem nach Drücken der PA1-Taste der Befehl HI (Halt Interpretation) eingegeben wird. Sie können also mit SIGNAL ON HALT z.B. den Benutzer nach einem Abbruch automatisch wieder zur Menüsteuerung führen.
SIGNAL ON NOVALUE	Hier können Sie einen Fehlerausgang für den Fall vorsehen, daß der Interpreter in Ausdrücken eine Variable vorfindet, die nicht initialisiert wurde. Damit können Sie z.B. abfangen, daß Sie sich bei Variablennamen verschreiben (y statt x) und die REXX-Prozedur mit dieser unbekannten Variable weiterarbeitet, ohne eine Fehlermeldung zu erzeugen.

Für jedes dieser Ereignisse müssen Sie eine eigene Marke definieren, die entweder dem Ereignis selbst entspricht (z.B. HALT:) bzw. deren Name Sie je nach Implementierung selbst festlegen können. Beispiel:

```
SIGNAL ON HALT ABBRUCH
      :
ABBRUCH:
```

Hinweis:
Falls Sie den interakiven Testmodus verwenden, werden alle definierten Fehlerausgänge automatisch auf "OFF" geschaltet.

3.6 Dynamische Befehlsgenerierung mit INTERPRET

Die Instruktion INTERPRET können Sie einsetzen, um Anweisungen zu erzeugen und auszuführen, die dynamisch durch Auswertung eines Ausdrucks entstehen. Die REXX-Instruktion wird also nicht "fertig" codiert, sondern Sie entsteht erst während des Prozedurablaufs. Einen möglichen Einsatzfall dieser Technik wollen wir uns zunächst wieder an einem kleinen Beispiel genauer ansehen.

In unserem Beispiel wollen wir mit Hilfe einer PARSE-Technik eine Zeichenkette (z.B. einen Variableninhalt) nach einer Positionsschablone in zwei Teile zerlegen. Wenn wir den Variableninhalt an Position 10 trennen wollen, so erreichen wir dies mit folgender PARSE-Instruktion:

```
PARSE VALUE variable WITH teil1 10 teil2
```

Die Variable *teil1* enthält nach der Zeichenkettenzerlegung - wie bekannt - die Positionen 1 bis 9 und die Variable *teil2* die Restzeichenfolge. Nichts neues für uns, oder? Was aber nun, wenn die Trennposition nicht von vorne herein festliegt, sondern sich erst während des Prozedurablaufs z.B. durch eine Benutzereingabe ergibt?

Ein erster Lösungsversuch für diese Aufgabe könnte so aussehen, daß wir statt der festen Position eine Variable in der Zerlegeschablone verwenden und diese Variable vorher abfragen. Die PARSE-Instruktion würde dann z.B. so lauten:

```
PARSE VALUE variable WITH teil1 pos teil2
```

Welche Zerlegung würde in diesem Falle stattfinden, wenn wir der Variable *pos* über eine Benutzereingabe den Wert 10 zugewiesen haben?

Nun, es erfolgt hier keineswegs eine Zerlegung aufgrund von Positionsangaben, sondern eine Zerlegung nach der von uns häufig verwendeten Leerzeichentrennung, da die Schablone eine Aneinanderreihung von Variablen enthält, die durch Leerzeichen voneinander getrennt sind. In der Variablen *teil1* würde also das erste "Wort" und in *pos* das zweite "Wort" der ursprünglichen Zeichenkette stehen. Es findet in REXX eben keine mehrfache Substitution von Variablen statt!

Die von uns benötigte Zerlegung aufgrund von Trennpositionen findet nur dann statt, wenn tatsächlich der Befehl

```
PARSE VALUE variable WITH teil1 10 teil2
```

ausgeführt wird. Um die Trennposition variabel zu gestalten, müssen wir den Befehl mit der INTERPRET-Instruktion generieren. Zu diesem Zweck stellen wir die feststehenden Teile der späteren REXX-Instruktion als Literal und die variablen Teile (also unsere Position) durch Variablen dar:

```
INTERPRET 'PARSE VALUE variable WITH teil1' pos 'teil2'
```

Der in der INTERPRET-Instruktion angegebene Ausdruck (in unserem Falle eine Verkettung von Zeichenfolgen mit einem Variableninhalt) wird ausgewertet und dann als Befehl ausgeführt. Wenn wir dafür sorgen, daß zum Zeitpunkt der Auswertung in der Variablen *pos* der Wert 10 steht, so wird die von uns benötigte Trennung aufgrund einer Positionsschablone ausgeführt. Die vollständige Befehlsfolge könnte etwa so lauten:

```
/* REXX: Zerlegen von Zeichen mit INTERPRET */
SAY 'Geben Sie die Trennposition ein'
PARSE PULL pos .
INTERPRET 'PARSE VALUE variable WITH teil1' pos 'teil2'
```

An diesem Beispiel sollte die Wirkungsweise der Instruktion INTERPRET deutlich geworden sein. Grundsätzlich gilt, daß Sie jede Instruktion bzw. Befehl mit INTERPRET generieren können, wobei Sie zur Erzeugung des Befehls beliebige REXX-Ausdrücke verwenden können. Falls Sie jedoch unter CMS mit dem REXX-Compiler arbeiten, so müssen Sie beim Einsatz von INTERPRET beachten, daß diese Instruktion nicht vom REXX-Compiler umgesetzt werden kann! Sie sollten die INTERPRET-Instruktion also nur dann verwenden, wenn keine andere Alternative zur Verfügung steht.

Im folgenden Abschnitt finden Sie noch einige Beispiele, bei denen jeweils alternativ mit oder ohne INTERPRET gearbeitet wird; welche Lösung Sie später bevorzugen, bleibt Ihnen überlassen.

Beispiel 1:
Erzeugen einer variablen TRACE-Instruktion, um beim Prozedurauf den TRACE-Modus bestimmen zu können; der Aufruf sollte etwa so lauten:

```
PROZ1 ?R
```

Lösung 1a (mit INTERPRET):

```
/* REXX-Prozedur mit variablem TRACE-Modus          */
ARG modus          /* Übernehmen der Parameterkette */
INTERPRET 'TRACE' modus
    :
    :              /* Weitere Prozedurbefehle        */
```

Lösung 1b (ohne INTERPRET):

```
/* REXX-Prozedur mit variablem TRACE-Modus          */
ARG modus          /* Übernehmen der Parameterkette */
TRACE VALUE modus
    :
    :              /* Weitere Prozedurbefehle        */
```

Beispiel 2:
Die Ausdehnung einer zusammengesetzten Variablen soll errechnet werden (z.B. die Zeile "I plus zwei" soll ausgegeben werden); in der Ausdehnung selbst können jedoch keine Ausdrücke oder Formeln verwendet werden.

Lösung 2a (mit INTERPRET):

```
/*    REXX-Prozedur mit variabler Ausdehnung         */
    :
    :              /* Bestimmung der Variablen I      */
                   /*                                 */
INTERPRET 'SAY ZEILE.'i+2
         :         /* Ausdehnung generieren           */
                   /* und Variable ausgeben           */
```

Lösung 2b (ohne INTERPRET):

```
/*    REXX-Prozedur mit variabler Ausdehnung      */
      :              /* Bestimmung der Variablen I */
      :
k = i +2             /* Variable für Ausdehnung setzen */
SAY zeile.k          /* Compound-Variable ausgeben    */
```

3.7 Änderung der Befehlsumgebung mit ADDRESS

In der Praxis werden REXX-Prozeduren eingesetzt, um den Ablauf von Umgebungsbefehlen zu steuern und Teile dieser Nicht-REXX-Befehle variabel zu halten. Bisher haben wir diese Befehle bzw. die "feststehenden" Teile dieser Befehle einfach in Hochkommata gesetzt; in diesem Falle werden die Befehle vom Interpreter an die gerade aktive Umgebung weitergeleitet.

Diese Standardumgebung hängt davon ab, in welcher Umgebung die REXX-Prozedur aufgerufen wurde. Für die REXX-Prozeduren unter CMS ist die Standardumgebung "CMS", für Editormakros unter CMS die Umgebung des Editors "XEDIT". Jede dieser Umgebungen erkennt nur Befehle aus ihrem eigenen abgeschlossenen Befehlsumfang; falls Sie also Befehle anderer Umgebungen absetzen wollen, so müssen Sie zusätzlich zum Umgebungsbefehl in der ADDRESS-Instruktion die Umgebung angeben, an die der jeweilige Befehl weitergeleitet werden soll.

In der folgenden Darstellung sind die wichtigsten Befehlsumgebungen für die REXX-Implementierung unter VM/CMS zusammengestellt:

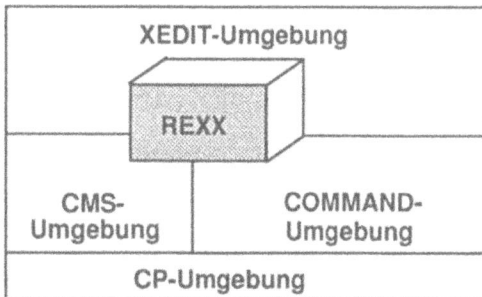

Eine REXX-Prozedur, die unter der CMS-Ready-Umgebung oder aus der sog. FILELIST-Umgebung aufgerufen wurde, leitet Nicht-REXX-Befehle standardmäßig an die Umgebung CMS um. Zunächst können Sie also alle CMS-Befehle in einer solchen REXX-Prozedur verwenden. Da die Komponente CMS innerhalb des Betriebssystems VM unter Kontrolle des CP (Control Program) läuft, werden alle Befehle, die nicht als CMS-Befehle erkannt werden, automatisch an CP weitergeleitet. Deshalb können in einer REXX-

Prozedur unter CMS auch alle CP-Befehle benutzt werden. Die genaue Suchfolge, die bei der Verwendung von Nicht-REXX-Befehlen innerhalb des Betriebssystems VM/CMS abläuft, ist noch etwas komplexer.

Wir wollen diese komplexe Suchfolge am Beispiel des CP-Befehls LINK betrachten, der zum Zugriff auf Daten fremder Minidisks benötigt wird. Der Ausschnitt aus einer REXX-Prozedur könnte so lauten:

```
/* REXX-Prozedur LINKE unter CMS                  */
                    /* CP-Zugriff schaffen        */
'LINK USER1 191 198 RR'
    :
    :
```

Der REXX-Interpreter gibt den Befehl an die Standardumgebung CMS weiter, wo folgende Suchfolge abläuft:

- Gibt es im virtuellen Speicher oder auf einer der verfügbaren Platten eine Prozedur (Filetype EXEC) mit dem Namen LINK EXEC? Falls ja, so wird diese Prozedur gestartet und die nach "LINK" folgenden Zeichen werden als Parameterkette an diese Prozedur übertragen.

- Wurde keine Prozedur mit dem entsprechenden Namen gefunden, so wird innerhalb der CMS-Befehle nach dem Befehl (also LINK) gesucht und dieser dann ausgeführt.

- Wurde auch kein solcher CMS-Befehl gefunden (LINK ist ja ein CP-Befehl), so wird - zunächst wieder im virtuellen Speicher und dann auf allen verfügbaren Platten - nach einem ausführbaren Programm (Filetype MODULE) mit dem Namen LINK MODULE gesucht und dieses ausgeführt.

- Sind diese ersten drei Suchvorgänge fehlgeschlagen, so leitet das CMS die Befehle an CP weiter; es wird nach dem CP-Befehl LINK gesucht und dieser ausgeführt.

- Falls keine dieser o.g. Suchfolgen Erfolg hatte, so erhalten Sie eine Fehlermeldung.

Aus diesem relativ komplexen Suchalgorithmus unter der Standardumgebung CMS ergeben sich einige Konsequenzen, die Sie bei der Erstellung von REXX-Prozeduren unter CMS beachten müssen: ie können jeden CMS- bzw. CP-Befehl außer Kraft setzen, indem Sie eine Prozedur mit dem entsprechenden Befehlsnamen schreiben. Dies kann von Vorteil sein, weil Sie mit Hilfe Ihrer Prozedur z.B. mehr Komfort oder bessere Fehlermeldungen erzeugen können als der Standardbefehl. Manchmal geschieht dieses Ausschalten von CMS- und CP-Befehlen durch eine gleichnamige Prozedur jedoch auch ungewollt (man kennt ja nicht alle CMS- und CP-Befehle), was dazu führt, daß dieser "Standardbefehl" in Ihrer Umgebung völlig andere Aktionen auslöst, als Sie dies bisher gewohnt waren. Umso unglücklicher wird dies, falls Sie oder Ihre Kollegen sich an eine Platte anhängen, auf der solche namensgleichen Prozeduren stehen, ohne sich dessen bewußt zu sein.

Neben diesem "Risiko" der befehlsgleichen Prozedurnamen kommt bei der Verwendung von CMS- oder CP-Befehlen mit der Standardumgebung CMS noch der weitere Nachteil dazu, daß zunächst immer die Suchfolge nach Prozeduren auf allen Platten abläuft, was zu unnötigen Laufzeitverlusten führt.

Um diese beiden Probleme der Standardumgebung CMS zu umgehen, wurde eine eigene Umgebung mit dem Namen COMMAND eingerichtet, in der die Suchfolgen nach Prozeduren und ausführbaren Modulen ausgeschaltet sind und nur nach CMS-Befehlen gesucht wird. Um CP-Befehle abzusetzen, muß das Prefix "CP" vorangestellt werden, und um Prozeduren aufzurufen, muß explizit mit dem CMS-Befehl "EXEC" gearbeitet oder die Befehlsumgebung wieder auf "CMS" umgestellt werden. Falls wir also CMS- oder CP-Befehle aus REXX-Prozeduren absetzen wollen, so funktioniert dies mit der Umgebung COMMAND sicherer und etwas schneller als mit der Standardumgebung CMS.

ADDRESS-Instruktion

Wie können wir nun Befehle an eine andere Umgebung absetzen?
In REXX wird mit der Instruktion ADDRESS entweder ein einzelner Befehl oder eine ganze Folge von Befehlen an eine bestimmte Umgebung weitergeben. Die REXX-Instruktion

```
        ADDRESS umgebungsname      also z.B.   ADDRESS COMMAND
```

stellt für alle nachfolgenden Nicht-REXX-Befehle explizit die Umgebung ein; um mehrere Befehle an diese Umgebung zu richten, lautet die Befehlsfolge:

```
/* REXX-Prozedur mit COMMAND-Umgebung        */
                /* Umgebung explizit umstellen  */
ADDRESS COMMAND
                /* CP-Zugriff für andere Platte */
"CP LINK USER1 191 198 RR"
                /* CMS-Zugriff                  */
"ACCess 198 B"
                /* Prüfen, ob Datei existiert   */
"STATE" dateiname
    :
    :
```

107

Die mit ADDRESS eingestellte Umgebung gilt nur für Befehle innerhalb der einen Prozedur (nicht für mit PROCEDURE gekennzeichneten internen Routinen - siehe Kapitel 5) bzw. bis zur nächsten ADDRESS-Instruktion, in der eine Umgebungsänderung erfolgt. Soll nur ein einziger Befehl an eine andere Umgebung gerichtet sein, so wird dieser Befehl in der ADDRESS-Instruktion direkt angegeben:

```
ADDRESS COMMAND "STATE" dateiname
```

Alle nachfolgenden Befehle bleiben weiterhin an die vorher aktive Umgebung gerichtet. Häufig muß nach einer expliziten Umgebungsänderung die ursprüngliche Befehlsumgebung wiederhergestellt werden. Dies kann auf zwei Arten geschehen:

Wurde die Umgebung nur *einmalig* explizit geändert, so kann mit der Instruktion ADDRESS ohne Umgebungsname die vorhergehende Umgebung wieder aktiviert werden:

```
/* REXX-Proz. mit Umgebungsänderung und        */
/* -wiederherstellung                           */
ADDRESS COMMAND
                    /* CP-Zugriff für andere Platte */
"CP LINK USER1 191 198 RR"
"ACCess 198 B"      /* CMS-Zugriff                  */
"STATE" dateiname   /* Prüfen, ob Datei existiert   */
    :
    :
ADDRESS
```

Natürlich könnte in diesem Beispiel auch mit "ADDRESS CMS" die vorher wahrscheinlich aktive Umgebung "CMS" wieder aktiviert werden, mit ADDRESS ohne explizite Angabe der Umgebung wird jedoch ganz sicher die ursprüngliche Umgebung wiederhergestellt.

ADDRESS-Funktion

Sollten Sie in einer Prozedur *mehrmals* explizit die Umgebung ändern, so können Sie die ADDRESS-Funktion einsetzen, um die jeweils aktive Befehlsumgebung abzufragen bzw. den Namen dieser Befehlsumgebung in einer Variablen abzuspeichern, um am Ende Ihrer Prozedur die ursprüngliche Umgebung wieder zu aktivieren. Die ADDRESS-Funktion liefert den Namen der aktiven Befehlsumgebung und kann in allen REXX-Instruktionen verwendet werden. Beispiele:

```
SAY ADDRESS()           Ausgeben der Umgebung z.B. CMS
IF ADDRESS()<>'CMS'     Prüfen der Umgebung
umgebung=ADDRESS()      Speichern der Umgebung
```

Um nach mehreren expliziten Umgebungsänderungen die ürsprüngliche Umgebung wiederherzustellen, wird vor der ersten Umgebungsänderung der Name der Umgebung einer Variablen zugewiesen und diese am Ende der Prozedur wiederverwendet. Ein Ausschnitt aus dieser Befehlsfolge lautet:

```
/*    REXX-Prozedur mit mehreren Umgebungsänderungen   */
umgebung = ADDRESS()
ADDRESS COMMAND
     :
ADDRESS XEDIT
     :
     :
ADDRESS umgebung
```

In der Umgebung XEDIT können Sie alle Befehle des CMS-Editors XEDIT verwenden, um z.B. eine Datei zu durchsuchen oder Änderungen in dieser Datei vorzunehmen. Genauere Informationen finden Sie dazu im Kapitel 6.4 zum Thema XEDIT-Makros.

Befehlsumgebungen unter MVS/TSO

Die Standardumgebung für REXX-Prozeduren unter MVS/TSO ist zunächst TSO, auch dann, wenn diese Prozeduren aus einer ISPF/PDF-Maske aufgerufen werden. Solange wir also nichts anderes bestimmen, werden die Nicht-REXX-Befehle als TSO-Befehle "interpretiert". Unter MVS/TSO stehen Ihnen jedoch noch eine ganze Reihe von anderen Ausführungsumgebungen zur Verfügung; die Änderung der Umgebung bzw. Weitergabe eines Befehls an eine andere Umgebung erfolgt wie unter VM/CMS mit der REXX-Instruktion ADDRESS:

Umgebung bzw. Verfügbarkeit	Bedeutung
ISPEXEC verfügbar nur, wenn ISPF gestartet ist.	In dieser Umgebung stehen alle Befehle des Dialog Managers ISPF zur Verfügung. Wenn Sie z.B. zur Eingabe und Prüfung von Benutzerdaten eine eigene Bildschirmmaske anzeigen wollen, so müssen Sie den Befehl `ADDRESS ISPEXEC DISPLAY PANEL(panelname)` an die Umgebung ISPEXEC absetzen bzw. die Umgebung vorher explizit einstellen. Die Möglichkeiten dieser Umgebung reichen von der Erstellung von Full-Screen-Anwendungen über die Verkettung von Bibliotheken bis zur Verwaltung von Bibliotheken (Library Management). Eine genauere Beschreibung dieser Möglichkeiten finden Sie im Kapitel 8.

ISREDIT, verfügbar nur, wenn ISPF gestartet ist.	Hier können Sie alle Befehle des ISPF-Editors verwenden, also z.B. die Befehle "FIND", "CHANGE" oder auch "SAVE".
TSO, verfügbar nur, wenn unter TSO ausgeführt.	Dies ist zunächst die Standardumgebung für alle unter TSO bzw. ISPF/PDF aufgerufenen Prozeduren. Hier stehen alle TSO-Befehle (z.B. ALLOC) und alle TSO-external Kommandos zur Verfügung.

LINK bzw. **ATTACH,** verfügbar sowohl unter TSO als auch in anderen Adreßräumen.	Diese beiden Umgebungen dienen zum Aufruf von Programmen, wobei das aufgerufene Programm bei LINK in derselben Task abläuft, während bei ATTACH ein eigener Adreßraum aufgebaut wird. Der Aufruf des Dienstprogramms IEBGENER (z.B. zum Kopieren von Dateien) lautet dann:
	
	`            ADDRESS LINK "IEBGENER"`
	`bzw.  ADDRESS ATTACH "IEBGENER"`

MVS, verfügbar in allen Adreßräumen, auch ohne TSO.	Hier erreichen Sie alle sog. TSO external Kommandos, auch dann, wenn die REXX-Prozedur nicht unter TSO läuft (z.B. unter NETVIEW). Zu diesem Befehlsumfang gehören z.B. die Befehle, die den Stack betreffen (MAKEBUF oder NEWSTACK), oder der Befehl EXECUTIL, mit dem die Suchfolge nach den unter SYSEXEC allocierten Bibliotheken eingeschaltet werden kann.

Die neben der Standardumgebung "TSO" wohl am häufigsten benötigte Befehlsumgebung unter MVS/TSO ist "ISPEXEC"; mit den Befehlen (sog. "Services") dieser Umgebung können z.B. Auswahlmasken oder Dateneingabemasken mit Prüfungen aufgerufen werden. Da diese Umgebung nur dann verfügbar ist, wenn ISPF gestartet ist, sollte dies vorher geprüft werden. Zu diesem Zweck wurde das TSO-external Kommando SUBCOM geschaffen, das einen Returncode ungleich Null liefert, wenn die angegebene Umgebung nicht verfügbar ist.

Als Beispiel soll eine Datei unter dem logischen Namen SYSUT1 zugeordnet werden (um sie z.B. später zu drucken), deren tatsächlicher Name über eine Bildschirmmaske eingegeben werden soll. Die Qualifier sollen in einzelnen Feldern erfaßt werden, so wie Sie dies von den Standardmasken des ISPF/PDF gewohnt sind.

Die Bildschirmmaske EINGABE wird so erstellt, wie für den Dialog Manager ISPF vorgeschrieben (genaueres im Kapitel 8) und könnte etwa so aussehen:

```
                    Eingabemaske für Dateinamen
        Befehl ====>

                1.Qualifier ====> #00PF

                2.Qualifier ====> TEST

                3.Qualifier ====> DATEN
```

Die Befehlsfolge zum Aufruf dieser Maske (EINGABE) lautet dann:

```
/* TSO-REXX-Prozedur mit verschiedenen Umgebungen   */
"SUBCOM ISPEXEC"        /* Prüfen, ob ISPF aktiv      */
                        /* falls nicht, dann Fehlermeld.*/
IF rc <> 0 THEN DO
                SAY 'Prozedur läuft nicht unter ISPF'
                EXIT
                END
         ELSE NOP
                        /* Panel aufrufen             */
ADDRESS ISPEXEC "DISPLAY PANEL(EINGABE)"
                        /* vollqualifizierten Dateinamen*/
                        /* zusammensetzen             */
dateiname = "'"quali1"."quali2"."quali3"'"
                        /* Datei zuordnen             */
"ALLOC F(SYSUT1) DA("dateiname")"
```

Weitere Hinweise und Beispiele zur Verwendung der Dialog Manager Services finden Sie im Kapitel 8.

3.8 Übungen

Übung 3.01
Mit Hilfe einer kleinen REXX-Prozedur sollen zunächst einfache Rechen-operationen mit zwei Zahlen durchgeführt werden können (alle sieben in REXX gültigen Operationen). Zu diesem Zweck sollen die Parameter (1.Zahl, Rechenzeichen, zweite Zahl) durch Leerzeichen getrennt beim Aufruf übergeben werden:

```
BERECHNE 55 * 45
```

Falls einer der Parameter fehlt, soll der Wert über eine Schleife abgefragt werden, bis "etwas" eingegeben wurde (eine Prüfung der Zahlen erfolgt zu-nächst nicht). Lösen Sie die Aufgabenstellung mit Hilfe einer SELECT-

Konstruktion, in der Sie abhängig vom Rechenzeichen das Ergebnis errechnen lassen.

Übung 3.02

Wenn Sie sich die Lösung der Übung 3.01 ansehen, so stellen Sie fest, daß die Berechnung mit Hilfe einer SELECT-Konstruktion ziemlich umständlich ist, obwohl wir nur eine Operation aus zwei Zahlen vornehmen. Mit einer verbesserten Version von BERECHNE sollen beliebige Rechenvorgänge möglich sein, die in REXX gültig sind. Die Rechenformel soll beim Aufruf übergeben werden können.

Der Aufruf könnte etwa so lauten:

```
BERECHNE (5*6**4)-(15/4)
```

Damit bei der Eingabe von syntaktisch falschen Formeln kein unkontrollierter Abbruch erfolgt, soll dies mit einem Fehlerausgang abgefangen werden.

Lösungshinweis:
Stellen Sie die gesamte übergebene Zeichenkette in einer einzigen Variable ab und ermitteln Sie das Ergebnis mit INTERPRET.

4 REXX-Funktionen

REXX enthält eine große Anzahl von eingebauten Funktionen (ca. 80) zur Zeichenkettenbearbeitung, zur Prüfung und Konvertierung von Daten oder auch zur Abfrage von Systemwerten wie Benutzernummer oder Datum. Neben diesen vorgefertigten Funktionen können Sie zusätzlich eigene Routinen erstellen, die Sie als Funktion einsetzen können (siehe Kapitel 5, "Benutzerdefinierte Funktionen").

4.1 Syntax von Funktionen

Sowohl für die Standardfunktionen von REXX als auch für die benutzerdefinierten Funktionen gelten ganz bestimmte syntaktische Reglen, die Sie in diesem Abschnitt finden.

REXX-Funktionen können in beliebige Ausdrücke eingeschlossen werden, wobei Sie besonders auf folgende Funktionssyntax achten müssen:

```
funktionsname(parameterliste)
```

Eine Funktionssyntax wird vom REXX-Interpreter immer dann erkannt, wenn auf eine Zeichenfolge unmittelbar "Klammer auf - Klammer zu" folgt, wobei innerhalb der Klammern Parameter an die Funktion übergeben werden können. Der REXX-Interpreter sucht in folgender Reihenfolge nach Funktionen:

- interne benutzerdefinierte Funktion,
- Standardfunktion (Built-In-Function),
- externe benutzerdefinierte Funktion.

Führt keine dieser drei Suchfolgen zum Erfolg, so erhalten Sie eine entsprechende Fehlermeldung und die Prozedur wird abgebrochen. Sie müssen daher bei der Codierung von Nicht-REXX-Befehlen, in denen eine funktionsähnliche Syntax vorkommt, besonders auf die Hochkommata achten.

Wenn Sie den TSO-Befehl

```
"ALLOC F(SYSEXEC) DA(REXX.EXEC) SHR REUSE"
```

ohne diese Hochkommata schreiben, so wird nach den beiden Funktionen "F" und "DA" gesucht. Da diese "Funktionen" nicht zu den Standardfunktionen gehören und Sie wahrscheinlich auch keine eigenen Funktionen mit diesem Namen geschrieben haben, würde die Prozedur mit einer Fehlermeldung abbrechen.

Neben der Funktionssyntax "Funktion-Klammer auf-Klammer zu" müssen Sie bei Funktionen darauf achten, daß diese immer einen Wert ("Funktionswert") liefern und sich nach Ersetzen des Funktionsaufrufs durch den Funktionswert eine gültige REXX-Instruktion bzw. ein syntaktisch korrekter Nicht-REXX-Befehl ergeben muß.

Diese Regel wollen wir uns etwas genauer anhand der Funktion USERID() ansehen, die als Funktionswert die jeweilige Benutzernummer liefert, z.B. die Benutzernummer "#00PF".

Folgende Beispiele sind für den Einsatz einer Funktion typisch:

• Ausgabe des Funktionswertes am Bildschirm:

```
SAY USERID()
```

• Verwendung innerhalb einer Bedingung bzw. Prüfung:

```
IF USERID() <> '#00PF'
```

• Abspeichern des Funktionswertes in einer Variable:

```
benutzer = USERID()
```

• Verwendung innerhalb eines Nicht-REXX-Befehls zur Generierung eines vollqualifizierten Dateinamens:

```
"ALLOC F(SYSEXEC) DA("USERID()".REXX.EXEC) SHR"
```

Beim letzten Beispiel sollten Sie vor allem beachten, daß die REXX-Funktion selbst nicht in Hochkommata eingeschlossen werden darf; ansonsten würde keine Ersetzung des Funktionsaufrufs durch den Funktionswert erfolgen.

Auf keinen Fall dürfen Sie in REXX den Funktionsaufruf alleine oder auf der linken Seite einer Zuweisung verwenden; die folgendenen Beispiele sind also falsch:

• Die Einbindung der Funktion in eine gültige Syntax fehlt.

```
USERID()                        Falsch!
```

• Einer Funktion kann kein Wert zugewiesen werden.

```
USERID() = "#00PF"        Falsch!
```

Parameterliste

Innerhalb der Funktionsklammern können abhängig von der jeweiligen Funktion Parameter übergeben werden oder auch nicht. Es gibt Funktionen, an die

• keinerlei Parameter übergeben werden können, z.b. USERID(),

• ein oder mehrere Parameter übergeben werden *können*, z.b. die Datumsfunktion DATE() bzw. DATE('S'),

• an die genau vorgeschriebene Parameterketten übergeben werden *müssen*, z.b. die Funktion COPIES('*',80).

Falls keine Parameter übergeben werden, so müssen Sie dennoch die Klammern setzen, da ohne Klammern keine Funktionssyntax erkannt wird. Werden wahlfreie Parameter weggelassen, so gilt jeweils ein Standardwert, der in der Syntaxbeschreibung üblicherweise unterstrichen ist.

Wenn Sie jedoch Parameter an die Funktion übergeben, so sind dies jeweils genau festgelegte Positionsparameter, bei denen die Reihenfolge eine entscheidende Rolle spielt. Es gibt in REXX Funktionen, deren Leistungsumfang exact gleich ist, deren Parameterreihenfolge sich jedoch unterscheidet bzw. sogar genau vertauscht ist!

In der Suchfunktion INDEX muß als erster Parameter die zu durchsuchende Zeichenfolge und dann das gesuchte Zeichen angegeben werden, während bei der Funktion POS die Reihenfolge dieser beiden Parameter genau vertauscht ist; beide liefern jedoch die Position, an der die gesuchte Zeichenkette gefunden wurde, bzw. den Wert "0", wenn die Zeichenkette nicht gefunden wurde. Beispiel:

```
/* REXX-Prozedur mit Suchfunktionen und vertauschten */
/* Parameterreihenfolgen                             */
kette ='abcdef'
SAY INDEX(kette,'c')      /* Liefert den Wert 3      */
SAY POS('c',kette)        /* Liefert auch den Wert 3 */
```

Wie an diesem Beispiel zu sehen ist, können die einzelnen Parameter sowohl feste Zeichenketten als auch Variablen sein; jeder einzelne Parameter kann sich jeweils aus einem gültigen REXX-Ausdruck ergeben, in dem Sie z.B. "rechnen" oder wieder eine Funktion einsetzen können (geschachtelte Funktionen).

Mit Hilfe des Funktionsaufrufs

```
SAY SUBSTR(dateiname,1,POS('.',dateiname)-1)
```

wird der Teil eines Dateinamens ausgegeben, der vor dem ersten Punkt in diesem Dateinamen steht; zu diesem Zweck wird zunächst die Position des ersten Punktes im Variableninhalt von *dateiname* bestimmt und dann die entsprechende Zeichenkette extrahiert.

Im nächsten Beispiel wird mit den REXX-Funktionen POS und SUBSTR der dreiteilige Name eines TSO-Datenbestandes in die einzelnen Qualifier zerlegt. In der SUBSTR-Funktion werden dazu jeweils die zu zerlegende Zeichenkette, die Startposition und die Länge (Standard: Restlänge) und in der POS-Funktion die Zeichenfolge ".", die Variable *dateiname* und die Startposition (Standard: 1) übergeben. Um die Syntax nicht zu unübersichtlich werden zu lassen und gleichartige Funktionsaufrufe nur einmal einzusetzen (Performanceverbesserung), werden die Positionen der trennenden Punkte in Variablen abgespeichert.

```
/* REXX-Prozedur zur Zerlegung eines TSO-Dateinamens  */
/* mit geschachtelten Funktionen                      */
dateiname = '#00PF.REXX.EXEC'
p1 = POS('.',dateiname)           /* Wert in p1: 6     */
p2 = POS('.',dateiname,p1+1)      /* Wert in p2: 11    */
                                  /*                   */
                       /* Bestimmung der Qualifier     */
quali1 = SUBSTR(dateiname,1,p1-1)
                       /* in quali1 steht nun #00PF    */
quali2 = SUBSTR(dateiname,p1+1,p2-p1-1)
                       /* in quali2 steht nun REXX     */
quali3 = SUBSTR(dateiname,p2+1)
                       /* in quali3 steht nun EXEC     */
```

Das letzte Beispiel soll vor allem die syntaktischen Möglichkeiten der REXX-Funktionen zeigen. Falls Ihnen die Zerlegung dieser Zeichenkette etwas umständlich erscheint, so sollten Sie sich daran erinnern, daß wir zur Zerlegung von Zeichenfolgen eine eigene Technik - das "Parsing" - zur Verfügung haben (siehe Kapitel 3.3), mit deren Hilfe diese Art der Zerlegung wesentlich eleganter möglich wäre. Die PARSE-Instruktionen, die jeweils dasselbe Ergebnis wie die o.g. Folge von Funktionen liefern, lauten:

```
PARSE VALUE dateiname WITH quali1 '.' quali2 '.' quali3
```

oder

```
PARSE VAR dateiname quali1 '.' quali2 '.' quali3
```

Kennbuchstaben in der Parameterliste
Falls bei einer Funktion Kennbuchstaben als Parameter übergeben werden sollen, so müssen diese unbedingt als Literale angegeben werden, da ansonsten

bei gleichlautenden Variablennamen eine Ersetzung durch deren Inhalt erfolgt. Um die Tageanzahl seit Jahresbeginn zu erzeugen, müssen Sie bei der DATE-Funktion den Kennbuchstaben "D" übergeben. So liefert also

```
SAY DATE('D')
```

die Tagenummer am Bildschirm, während die Instruktion

```
SAY DATE(D)
```

nur dann die Tagenummer liefert, wenn die Variable D derzeit nicht mit einem anderen Wert als "D" gefüllt ist.

Funktionswert einer Funktion
Jede Funktion liefert genau einen Wert, der zusammen mit seiner um-schließenden Syntax einen gültigen Befehl ergeben muß. Bei der Überlegung, welche Funktion für Ihre Zwecke am günstigsten ist, müssen Sie jeweils darauf achten, was die Funktion eigentlich genau leisten bzw. als Funktionswert liefern soll. Wenn Sie eine numerische Benutzereingabe entsprechend prüfen wollen, so haben Sie dazu verschiedene Möglichkeiten, die sich nur um Nuancen unterscheiden:

Eine erste Lösungsmöglichkeit für diese Aufgabe besteht darin, die Standard-funktion DATATYPE einzusetzen; wenn Sie dieser Funktion als Parameter nur den zu überprüfenden Wert übergeben, so liefert DATATYPE als Funktions-wert entweder "NUM", falls es sich um eine Zahl im Sinne von REXX handelt, bzw. den Wert "CHAR", falls dies nicht der Fall ist. Unsere Befehlsfolge zur Abfrage und Prüfung einer Eingabe könnte also so lauten:

```
/* REXX-Prozedur mit DATATYPE-Prüfung       */
DO UNTIL DATATYPE(zahl) = 'NUM'
        SAY 'Geben Sie bitte einen numerischen Wert ein'
        PULL zahl
END
```

Bei dieser Art der Prüfung ist jede im Sinne von REXX gültige Zahl erlaubt; folgende Eingaben sind also gültig:

- Ganze Zahl: 100
- Dezimalzahl: 10.5
- negative Zahl: -15.5
- Gleitpunktzahl: 1.5E3

Abhängig von der Verwendung dieser Benutzereingabe im nachfolgenden Prozedurablauf können wir vielleicht nicht alle dieser Eingaben zulassen. Wenn Sie z.B. Werte für eine Satzlänge abfragen, so dürfen für diese Satzlänge

117

nur ganze positive Zahlen verwendet werden. Wir müssen in diesem Fall also unsere Prüfung etwas enger fassen!

Die Funktion DATATYPE bietet die Möglichkeit, den Typ der zu prüfenden Zeichenkette noch etwas genauer zu spezifizieren, indem als zweiter Parameter ein Kennbuchstabe übergeben wird. Der Kennbuchstabe für "ganze Zahl" lautet "W" (für Whole number). Wenn Sie in der DATATYPE-Funktion einen Kennbuchstaben für den Prüftypen angeben, erhalten Sie als Funktionswert nicht mehr "NUM" oder "CHAR", sondern den Wert "1", wenn die Prüfung den Wert "gültig" liefert, bzw. den Wert "0", falls die Prüfung "ungültig" ergibt. Mit der DATATYPE-Funktion alleine können wir jedoch nicht prüfen, ob eine Zahl positiv ist oder nicht; deshalb müssen wir unsere DATATYPE-Funktion mit einer zusätzlichen Bedingung verknüpfen, in der wir die Eingabe auf "positiv" prüfen. Die Befehlsfolge lautet dann:

```
/* REXX-Prozedur mit "Ganzzahl"-Prüfung        */
DO UNTIL DATATYPE(zahl,'W') = 1 & zahl > 0
        SAY 'Geben Sie einen ganzen positiven Wert ein'
        PULL zahl
END
```

Von unseren bisher genannten vier gültigen Beispielwerten bleiben nun nur noch die folgenden Werte gültig:

- Ganze Zahl: 100
- Gleitpunktzahl: 1.5E3   entspricht ja dem Wert 1500!

Wenn Sie keine Gleitkommadarstellung zulassen wollen, so reichen die Möglichkeiten der DATATYPE-Funktion dazu nicht mehr aus. Eine andere REXX-Standardfunktion bietet jedoch auch diesen Leistungsumfang. Die Funktion VERIFY prüft, ob eine Zeichenkette nur aus Zeichen einer sog. Referenzzeichenkette besteht. Damit können wir also prüfen, ob die Benutzereingabe nur aus Ziffern von "0" bis "9" besteht. Die Funktion VERIFY liefert als Funktionswert die Position des ersten "ungültigen" Zeichens bzw. den Wert "0", falls nur gültige Zeichen gefunden wurden (die Funktionswerte der DATATYPE-Funktion waren genau umgekehrt!). Da sich bei einer Leereingabe immer der Funktionswert "0" ergibt, müssen wir diese Möglichkeit in einer eigenen Bedingung abfangen. Unsere Lösung mit Hilfe der VERIFY-Funktion lautet dann:

```
/* REXX-Prozedur mit VERIFY-Prüfung       */
/*                                        */
DO UNTIL VERIFY(zahl,'0123456789') = 0 & zahl <> ' '
        SAY 'Geben Sie einen ganzen positiven Wert ein'
        PULL zahl
END
```

Da nur Ziffern zugelassen sind, kann kein Minuszeichen mehr eingegeben werden; wir müssen deshalb nicht mehr eigens auf "positive Zahl" prüfen.

Diese Betrachtungen des Leistungsumfangs und der verschiedenen Funktionswerte der DATATYPE- und der VERIFY-Funktion zeigen, daß wir uns in jedem Einzelfall genau mit der Syntax, der Arbeitsweise und auch den Funktionswerten einer Funktion vertraut machen müssen, um diese richtig einzusetzen. Außerdem sollten Sie gerade bei Prüfungen die genauen Kriterien festlegen und die einzelnen Funktionen daraufhin prüfen, ob diese Prüfkriterien von einer Funktion alleine oder nur zusammen mit anderen Funktionen und Bedingungen realisiert werden können.

In den folgenden Abschnitten dieses Kapitels finden Sie eine Auswahl der wichtigsten Standardfunktionen nach Gruppen geordnet; eine vollständige Aufstellung aller Standardfunktionen finden Sie im jeweiligen REXX-Referenzhandbuch Ihrer Implementierung, wobei die Funktionen meist in einem eigenen Kapitel zusammengefaßt sind.

4.2 Prüffunktionen

Eine wichtige Gruppe der REXX-Standardfunktionen sind Funktionen, die zur Prüfung von Werten (meist Benutzereingaben) dienen. Dazu gehören Funktionen wie LENGTH, DATATYPE, VERIFY oder COMPARE, die in diesem Abschnitt dargestellt werden.

DATATYPE
Die Funktion DATATYPE dient zur Prüfung des Datentypen einer Zeichenfolge bzw. eines Variableninhalts. Die Syntax lautet:

```
DATATYPE(zeichenfolge[,typ])
```

zeichenfolge   In *zeichenfolge* wird die zu überprüfende Zeichenkette angegeben.

typ   Hier kann ein Kennbuchstabe angegeben werden, um die Prüfung genauer spezifizieren zu können. Meist wird dieser Prüftyp als festes Literal angegeben, es kann jedoch auch eine Variable eingesetzt werden, in der der Prüftyp als Inhalt steht.

Der Funktionswert, den die DATATYPE-Funktion liefert, ist zunächst abhängig vom jeweiligen Funktionsaufruf: Wird kein Prüftyp übergeben, so lautet der Funktionswert "NUM" bei allen numerischen Werten (allen gültigen REXX-Zahlen) bzw. "CHAR" bei allen anderen Werten.

Wenn jedoch ein Prüftyp angegeben wird, so liefert DATATYPE den Wert "1", wenn die Zeichenkette dem angegebenen Prüftypen entspricht, bzw. "0", falls dies nicht der Fall ist.

Folgende Prüftypen (jeweils nur ein Zeichen) können angegeben werden:

Alphanumeric   gibt 1 zurück, falls nur Zeichen von a-z, A-Z und die Ziffern von 0 bis 9 enthalten sind.

Lowercase   gilt, wenn nur Kleinbuchstaben von a-z enthalten sind.

Uppercase   gilt, wenn nur Großbuchstaben von A-Z enthalten sind.

Mixed case   gilt, wenn nur Buchstaben (a-z oder A-Z) enthalten sind.
Number   ist erfüllt, wenn eine beliebige REXX-Zahl vorliegt.

Whole number   ist erfüllt, wenn eine ganze REXX-Zahl vorliegt.

he**X**adecimal   liefert 1, wenn nur Ziffern von 0-9, die Zeichen a-f bzw. A-F und Leerzeichen vorkommen oder eine Nullzeichenfolge vorliegt. Dies wird z.B. benötigt, um im CMS hexadezimale Adressen angeben zu können.

Bits   liefert 1, wenn nur die Zeichen 0 oder 1 vorkommen.

Symbol   gibt 1 zurück, wenn die Zeichenfolge einen syntaktisch gültigen Variablennamen enthält. Falls Sie sich also unsicher sind, ob eine bestimmte Zeichenfolge als Variablenname zulässig ist, so können Sie dies hiermit überprüfen.

Die folgenden Beispiele zeigen einige Funktionswerte der verschiedenen Anwendungsformen von DATATYPE, wobei die Zeichenfolge jeweils als Literal angegeben ist:

```
DATATYPE(' 10.5')        --> NUM
DATATYPE(' 1E5')         --> NUM
DATATYPE(' 1  5')        --> CHAR
DATATYPE(' 10.5','N')    --> 1
DATATYPE(' 10.5','W')    --> 0
DATATYPE('ZAHL2','S')    --> 1   (gültiger Variablenname)
```

Häufig wird die DATATYPE-Funktion zur Prüfung einer Benutzereingabe eingesetzt, um mit einer DO-WHILE- bzw. DO-UNTIL-Schleife diese solange anzufordern, bis eine gültige Eingabe erfolgt.

Die Befehlsfolge zur Prüfung einer Eingabe aus beliebigen Buchstaben lautet dann:

```
/* REXX-Prozedur mit "Buchstaben"-Prüfung        */
DO UNTIL DATATYPE(eingabe,'M') = 1
     SAY 'Geben Sie bitte Folge von Buchstaben ein'
     PULL eingabe
END
```

LENGTH

Die Funktion LENGTH ermittelt die Länge einer Zeichenfolge bzw. eines Variableninhalts; bei einer Nullzeichenfolge wird die Länge 0 angezeigt. Die Syntax lautet:

```
LENGTH(zeichenfolge)
```

VERIFY

In der VERIFY-Funktion können Sie prüfen, ob eine Zeichenkette nur aus bestimmten Zeichen einer Referenzzeichenkette besteht oder auch andere ("falsche") Zeichen vorkommen. Die genaue Parameterangabe lautet:

VERIFY(zeichenfolge,referenz,[vergleich],[start])

Die Positionsparameter haben folgende Bedeutung:

zeichenfolge   In *zeichenfolge* wird die zu überprüfende Zeichenkette angegeben.

referenz   Hier wird die sog. Referenzzeichenfolge angegeben; abhängig von der Angabe unter *vergleich* enthält diese Referenzzeichenfolge entweder die "gültigen" bzw. die "falschen" Zeichen.

vergleich   Der Parameter *vergleich* (optional) bestimmt, wie die beiden Zeichenfolgen miteinander verglichen werden sollen. Wird "N" ("Nomatch") angegeben, so liefert VERIFY die Position des ersten Zeichens aus *zeichenfolge*, das nicht in *referenz* angegeben ist; werden keine solche "falschen" Zeichen gefunden, so lautet der Funktionswert "0". Falls "M" ("Match") angegeben wird, so liefert VERIFY die erste Position eines Zeichens in *zeichenfolge*, das in *referenz* angegeben ist. Fehlt der Parameter *vergleich*, so wird eine Nomatchprüfung durchgeführt.

start   Soll *zeichenfolge* nicht ab der ersten Position nach Zeichen aus *referenz* durchsucht werden, so kann im letzten Parameter eine Startposition für die Suche bestimmt werden (ganze positive Zahl). Sie müssen jedoch darauf achten, daß sich die im Funktionswert gelieferte Position eines Zeichens immer auf den Anfang der Zeichenfolge bezieht und nicht auf den Wert von *start*.

Die VERIFY-Funktion eignet sich besonders zur Prüfung, ob eine Zeichenfolge bestimmte Zeichen enthält bzw. nicht enthält. Die Art des Vergleichs (Match oder Nomatch) hängt im Einzelfall davon ab, ob Sie einfacher die gültigen Zeichen bzw. die ungültigen Zeichen in der Referenzzeichenfolge angeben können. Besonders zu beachten ist, daß bei einer Nullzeichenfolge immer der Wert "0" geliefert wird.

Die Befehlsfolge zur Prüfung einer Eingabe, in der nur die Zeichen "A", "B" und "C" erlaubt sind, lautet also:

```
/* REXX-Befehlsfolge mit VERIFY-Prüfung */
DO UNTIL eingabe<>' ' & VERIFY(eingabe,'ABC')=0
     SAY 'Zeichenkette eingeben, nur A,B,C erlaubt'
     PULL eingabe
END
```

Weitere Beispiele und deren Funktionswerte:

```
VERIFY('678','1234567890')               --> 0
VERIFY('678','1234567890','N')           --> 0
VERIFY('6.8','1234567890')               --> 2
VERIFY('ABC3EFG','1234567890','M')       --> 4
VERIFY('ABC3E9G','1234567890','M',5)     --> 6
```

COMPARE

Mit der COMPARE-Funktion können Sie prüfen, ob zwei Zeichenketten identisch sind bzw. ab welcher Position unterschiedliche Zeichen auftreten. Als Parameter müssen zwei Zeichenfolgen (beliebige Reihenfolge) und evtl. ein Füllzeichen übergeben werden:

```
COMPARE(zeichenfolge1,zeichenfolge2,[füllzeichen])
```

Die Funktion gibt den Wert "0" zurück, wenn die beiden Zeichenfolgen identisch sind; sind die Zeichenfolgen nicht identisch, so wird die Position geliefert, ab der unterschiedliche Zeichen vorkommen. Falls die Zeichenfolgen unterschiedlich lang sind, so wird die kürzere um das angegebene Füllzeichen ergänzt. Als Standardwert für das Füllzeichen gilt das Leerzeichen.

Beispiele:

```
COMPARE('678','678')        --> 0
COMPARE('678','6.8')        --> 2
```

ABBREV

Mit der ABBREV-Funktion können Sie zwei Zeichenfolgen ähnlich wie mit der COMPARE-Funktion vergleichen. Dabei wird jedoch geprüft, ob eine Zeichenfolge auf einer bestimmten Länge mit einer anderen Zeichenfolgen übereinstimmt; in der Praxis wird damit meist geprüft, ob eine Zeichenfolge die gültige Abkürzung einer anderen Zeichenfolge ist. Die Funktion liefert dabei *keine* Position wie COMPARE sondern nur die beiden logischen Werte "1" ("gültige Abkürzung") bzw. "0" ("ungültige Abkürzung"). Die Syntax lautet:

```
ABBREV(zeichenfolge1,zeichenfolge2,[länge])
```

Bei der Angabe der beiden Zeichenfolgen müssen Sie beachten, daß zunächst die ausführliche Form und erst im zweiten Parameter die Abkürzung der Zeichenfolgen angegeben werden muß. Wird keine Länge angegeben, so müssen die beiden Zeichenketten in der Länge von *zeichenfolge2* übereinstimmen; dabei muß jedoch beachtet werden, daß dann eben auch eine Nullzeichenfolge in jedem Falle gültig ist. In den meisten Fällen muß deshalb als Länge mindestens "1" angegeben werden.

Falls Sie also eine Anwort eines Benutzers erwarten und dort jede mindestens zweistellige Abkürzung von "NEIN" zulassen wollen, so können Sie folgende Bedingung formulieren:

```
IF ABBREV('NEIN',eingabe,2) = 1
```

Hinweis:
In o.g. Beispiel erfüllen natürlich alle Eingaben die Bedingung, die in den ersten beiden Stellen die Zeichenkette "NE" enthalten, also z.B. auch eine Eingabe wie "NERZ"; falls Sie dies nicht zulassen wollen, so geben Sie keine Länge an und überprüfen in einer zusätzlichen Bedingung, daß keine Leereingabe erfolgte:

```
IF ABBREV('NEIN',eingabe) = 1 & eingabe <>"
```

Weitere Beispiele:

```
ABBREV('xyz','')           --> 1
ABBREV('xyz','xyu',2)      --> 1
ABBREV('xyz','xyu')        --> 0
```

INDEX und POS

Mit den Funktionen INDEX bzw. POS können Sie überprüfen, ob eine gesuchte Zeichenfolge in einer anderen Zeichenfolge vorkommt. Die Funktion liefert dabei die Position, an der die gesuchte Zeichenfolge zum erstenmal gefunden wurde bzw. den Wert "0", falls die Suchfolge nicht gefunden wurde. Die Reihenfolge der Parameter ist bei den beiden Funktionen genau vertauscht, der Funktionswert und der Leistungsumfang der Funktionen sind jedoch identisch. Die Parameterreihenfolge lautet:

```
INDEX(heuhaufen,stecknadel,[start])
```
bzw.
```
POS(stecknadel,heuhaufen,[start])
```

In *heuhaufen* wird jeweils die zu durchsuchende Zeichenfolge angegeben, während in *stecknadel* die gesuchte Zeichenkette steht. Soll die Zeichenfolge nicht ab der ersten Position durchsucht werden, so können Sie im Parameter *start* eine andere Position bestimmen; die als Funktionswert gelieferte Position bezieht sich jedoch immer auf den Anfang der Zeichenfolge *heuhaufen* und nicht auf eine evtl. Startposition.

Beispiele:

```
INDEX('xyz','y')           --> 2
POS('y','xyz')             --> 2
INDEX('xyz','u')           --> 0
POS('u','xyz')             --> 0
INDEX('xyzxyz','y',3)      --> 5
```

FIND

Die Funktion FIND sucht auf Wortebene nach dem Vorkommen einer bestimmten Wortfolge in einer anderen Wortfolge und liefert als Funktionswert die Wortnummer, an der die gesuchte Wortfolge gefunden wurde, bzw. den Wert "0", falls diese nicht gefunden wurde; die Arbeitsweise ist also mit den Funktionen INDEX oder POS zu vergleichen, die jedoch auf Zeichenbasis arbeiten. Zunächst müssen die zu durchsuchende Wortfolge und dann die gesuchte Wortfolge angegeben werden:

```
FIND(wortfolge1,wortfolge2)
```

Beispiel:

```
FIND('REXX macht Spass','macht Spass')   --> 2
```

4.3 Funktionen zur Ermittlung von Systemwerten

Mit Hilfe spezieller REXX-Funktionen können Sie auf Systemwerte wie Datum, Uhrzeit oder auch Benutzernummer zugreifen und sich auf diese Werte beziehen. Die weitaus größere Anzahl von Systemwerten und Umgebungsparametern erreichen Sie jedoch meist nicht über REXX-Funktionen, sondern über Funktionen bzw. Befehle der REXX-Umgebung. Besonders deutlich ist dies in der Implementierung unter MVS/TSO, wo eine ganze Reihe von externen TSO-Funktionen zur Verfügung stehen; teilweise können bestimmte Systemwerte sowohl mit REXX-Funktionen als auch mit Nicht-REXX-Funktionen ermittelt werden. Ein Beispiel dafür sind die REXX-Funktion USERID() bzw. die externe TSO-Funktion SYSVAR('SYSUID'), mit deren Hilfe Sie Ihre Benutzernummer abgreifen können. Üblicherweise wird in solchen Fällen die REXX-Funktion bevorzugt, da diese Funktion auch auf anderen REXX-Plattformen (z.B. unter VM/CMS) existiert, die Nicht-REXX-Funktionen jedoch nicht. Im folgenden Abschnitt finden Sie nun die wichtigsten REXX-Funktionen, die Systemwerte liefern.

DATE
Die Funktion DATE liefert das aktuelle Tagesdatum, wobei Sie durch die Angabe einer Option das Format der Datumsdarstellung bestimmen können. Die Grundform der DATE-Funktion lautet:

```
DATE([option])
```

Als Optionen stehen folgende Möglichkeiten zur Verfügung, wobei nur der jeweilige Kennbuchstabe (als Literal in Hochkommata!) angegeben werden muß:

Normal — Die Normalform des Datums lautet tt Mmm jjjj, also z.B.: 24 Apr 1993. Die Normalform gilt als Standardwert, falls keine Option angegeben wurde.

Basedate — Hier wird die Tageanzahl seit dem Jahr 1 angezeigt; mit dieser Funktion und dem entsprechenden Algorithmus kann der Name des Wochentags in beliebiger Sprache ermittelt werden.

Century — Liefert die Anzahl Tage seit Beginn des Jahrhunderts.

Days — Liefert die Tagenummer des laufenden Jahres.

European — Liefert das Tagesdatum in der Form tt/mm/jj also z.B. 27/04/93.

Month — Zeigt den Namen des aktuellen Monats.

Ordererd   Zeigt das Tagesdatum in der Form jj/mm/tt also z.B. 93/04/27.

Sorted   Liefert ein sortierfähiges Datum in der Form jjjjmmdd, z.B. 19930427.

Weekday   Zeigt den Namen des Wochentags an.

Wie Sie sehen, können Sie sich das Tagesdatum in sehr vielen verschiedenen Varianten verfügbar machen. Sie sollten jedoch bedenken, daß diese Varianten sich jeweils nur auf das Tagesdatum beziehen. Es gibt in REXX keine Datumsumwandlungsfunktionen, um z.B. relativ einfach von einem beliebigen Datum eine Woche abzuziehen und das neue Datum zu errechnen. Für solche Fälle bleibt leider nur die Möglichkeit, eine eigene benutzerdefinierte Funktion zu erstellen, die dann evtl. unternehmensweit zur Verfügung gestellt wird.

TIME

Die Funktion TIME gibt die aktuelle Uhrzeit als Funktionswert zurück; mit Hilfe einer Option kann zwischen verschiedenen Darstellungsformen gewählt werden. Die Funktion lautet:

```
TIME([option])
```

Die wichtigsten Darstellungsformen der Uhrzeit sind:

Normal   Gibt die Uhrzeit im Normalformat hh:mm:ss zurück. Beispiel: 14:22:34. Diese Form gilt als Standardformat und wird erzeugt, falls keinerlei Option angegeben wurde.

Hours   Liefert die Anzahl der vergangenen Stunden dieses Tages.

Minutes   Zeigt die Anzahl der vergangenen Minuten dieses Tages.

Seconds   Liefert die Anzahl der vergangenen Sekunden dieses Tages.

Reset   Liefert die bisher aufgelaufene bzw. seit dem letzten Reset verstrichene Zeit in Sekunden und setzt diese "Stoppuhr" wieder auf den Wert "0" zurück.

Elapsed   Liefert die bisher aufgelaufene bzw. seit dem letzten Reset verstrichene Zeit in Sekunden; die "Stoppuhr" wird nicht zurückgesetzt, sondern läuft weiter.

Die beiden letzten Formen der TIME-Funktion können Sie verwenden, um die reale Zeit zu messen, die während des Ablaufs Ihrer Prozedur verstrichen ist.

Zu diesem Zweck setzen Sie die Uhr zunächst zurück und geben am Ende der Prozedur die aufgelaufene Zeit aus.

Die beiden Befehle dazu lauten:

```
X=TIME('R')
   :
   :
SAY TIME('E')
```

Bitte beachten Sie, daß der Funktionswert in eine gültige Funktionssyntax eingebunden werden muß, auch wenn der von TIME('R') gelieferte Funktionswert nicht interessiert. In diesem Beispiel wird der Funktionswert einfach einer Variablen zugewiesen, die nicht weiter benutzt wird.

USERID
Die Standardfunktion USERID liefert die jeweilige Benutzernummer, auf der Ihre REXX-Prozedur aktiv ist. Obwohl im Funktionsaufruf keine Parameter übergeben werden können, müssen die Funktionsklammern gesetzt werden:

```
USERID()
```

Die Funktion kann in beliebigen REXX-Ausdrücken oder Nicht-REXX-Befehlen eingesetzt werden. Um einen Dateinamen zu erzeugen, dessen erster Namensteil der Benutzernummer entspricht, sind folgende Zuweisungen nötig:

```
        dateiname = USERID() 'DATEN A'    unter VM/CMS
bzw.
        dateiname = USERID()'REXX.DATEN'   unter MVS/TSO
```

4.4 Funktionen zur Zeichenkettenverarbeitung

Eine große Stärke von REXX im Vergleich zu den beiden Prozedursprachen EXEC2 (unter VM/CMS) und CLIST (unter MVS/TSO) sind die umfangreichen und mächtigen Standardfunktionen zur Zeichenkettenverarbeitung. Es stehen nicht nur Funktionen zum Extrahieren von Zeichenfolgen, sondern auch zum Löschen, Einfügen oder Überlagern zur Verfügung. Aufgrund dieser Funktionen wird REXX u.a. auch zur Erstellung von Editormakros zur automatischen Ersetzung von Zeichenketten (z.B. Dateinamen) oder auch zur Erstellung von Konvertierungsprogrammen (z.B. CLIST in REXX) eingesetzt.

SUBSTR
Die Funktion SUBSTR extrahiert aus einer Zeichenfolge eine beliebige Zeichenfolge, indem deren Startposition und evtl. deren Länge angegeben werden.

Die genaue Syntax lautet:

```
SUBSTR(zeichenfolge,start,[länge],[füllzeichen])
```

Die Parameter haben folgende Bedeutung:

zeichenfolge   In *zeichenfolge* wird die Ursprungszeichenkette angegeben, aus der ein bestimmter Umfang von Zeichen extrahiert werden soll.

start   Hier muß die Position angegeben werden, ab der die Extraktion beginnen soll.

länge   Gibt die Länge der zu extrahierenden Zeichenfolge an; fehlt der Parameter, so wird die gesamte Restzeichenfolge abgegriffen (Achtung: in anderen Sprachen (CLIST) wird dann häufig nur ein Zeichen abgegriffen!). Ist die Länge größer als die Restzeichenfolge, so werden entsprechend viele Füllzeichen ergänzt.

füllzeichen   Das angegebene Füllzeichen wird in der Ergebniszeichenfolge ergänzt, falls die Länge größer als die Restzeichenfolge ist. Als Standardwert für das Füllzeichen gilt das Leerzeichen.

Die Einsatzmöglichkeiten der SUBSTR-Funktion sind vielfältig, meist werden jedoch Bedingungen oder Zuweisungen formuliert:

```
      IF SUBSTR(dateiname,1,4) = 'REXX'
oder
      vorname = SUBSTR(name,1,10)
```

Falls Sie aus einer Zeichenfolge mehrere Zeichenketten extrahieren müssen, so ist eine Zerlegung über eine PARSE-Technik mit Positionsschablone meist günstiger (siehe Kapitel 3.3) als mehrere Zuweisungsinstruktionen mit der SUBSTR-Funktion. Die Funktion SUBSTR liefert mit verschiedenen Parameterangaben folgende Funktionswerte:

```
      SUBSTR('ABCD',2)           --> 'BCD'
      SUBSTR('ABCD',2,5)         --> 'BCD '
      SUBSTR('ABCD',2,5,'-')     --> 'BCD--'
```

Die Funktion SUBSTR in einer Zuweisung verändert zunächst keineswegs die Originalzeichenfolge. Nach der Instruktion

```
      vorname = SUBSTR(name,1,10)
```

steht in der Variable *name* weiterhin die ursprüngliche Zeichenfolge. Soll jedoch der Variableninhalt von *name* geändert werden, so lautet die Instruktion:

```
name = SUBSTR(name,1,10)
```

LEFT bzw. RIGHT

Eine andere Form der Extraktion von Zeichenketten bieten die Funktionen LEFT bzw. RIGHT, wo eine bestimmte Anzahl von Zeichen vom Anfang bzw. vom Ende der Zeichenkette abgegriffen werden. Die Parameter haben dieselbe Bedeutung wie bei der SUBSTR-Funktion und werden in folgender Weise angegeben:

```
LEFT(zeichenfolge,länge,[füllzeichen])
```
bzw.
```
RIGHT(zeichenfolge,länge,[füllzeichen])
```

STRIP

Mit der STRIP-Funktion können führende oder/und nachfolgende Zeichen (z.B. Leerzeichen oder Nullen) entfernt werden (strip = abgestreifen). Zu diesem Zweck können bis zu drei Parameter angegeben werden:

```
STRIP(zeichenfolge,[option],[zeichen])
```

In *zeichenfolge* wird angegeben, wovon Zeichen abgeschnitten werden sollen. Im Parameter *option* kann angegeben werden, ob das Abstreifen für den Anfang, das Ende oder für beide Enden der Zeichenkette gelten soll. Als Möglichkeiten für *option* sind gültig:

Both   Führende und nachfolgende Zeichen werden entfernt; Both gilt als Standardwert.

Leading   Entfernt nur führende Zeichen.

Trailing   Entfernt nur nachfolgende Zeichen.

Im Parameter *zeichen* kann ein einziges Zeichen (keine Zeichenfolge!) angegeben werden, das entsprechend der Angabe in *option* "abgestreift" werden soll; als Standardzeichen gilt das Leerzeichen.

Typische Beispiele für den Einsatz der STRIP-Funktion sind das Abschneiden von führenden bzw. nachfolgenden Leerzeichen und Nullen. Dabei müssen Sie beachten, daß das Zeichen nur am Anfang bzw. am Ende abgeschnitten wird, in der Mitte einer Zeichenfolge oder Zahl jedoch erhalten bleibt. Außerdem darf nur ein einziges Zeichen angegeben werden, das sowohl für das Abschneiden am Anfang als auch am Ende gilt:

```
STRIP('  ab  cd  ')            -->  'ab cd'
STRIP('  ab  cd  ','L')        -->  'ab cd '
STRIP('0015.500','L',0)        -->  '15.500'
```

DELSTR

Mit dieser Funktion kann eine beliebige Anzahl von Zeichen aus einer Zeichenfolge gelöscht werden. In vielen anderen Sprachen steht keine solche Funktion zur Verfügung; dort müssen Sie dann erst umständlich die übrigbleibenden Zeichenketten extrahieren und wieder "zusammenkleben". In der REXX-Funktion DELSTR werden einfach die Ursprungszeichenfolge und die Startposition übergeben, ab der gelöscht werden soll. Der Parameter *länge* bestimmt die Anzahl der zu löschenden Zeichen, wobei als Standardwert die gesamte Restzeichenfolge gelöscht wird. Also Vorsicht!

```
DELSTR(zeichenfolge,start,[länge])
```

INSERT bzw. OVERLAY

Die INSERT-Funktion fügt eine Zeichenkette in eine bestehende Zeichenkette ein, während mit der OVERLAY-Funktion die entsprechenden Zeichen ersetzt werden. Die Parameterreihenfolge ist für beide Funktionen gleich:

```
     INSERT(neu,alt,[position],[länge],[füllzeichen])
bzw. OVERLAY(neu,alt,[position],[länge],[füllzeichen])
```

Die übergebenen Parameter haben folgende Bedeutung:

neu　　　　Gibt die einzufügende Zeichenfolge an.

alt　　　　Gibt die ursprüngliche Zeichenfolge an.

position　　Hier wird die Position der Ursprungszeichenfolge angegeben, **nach** der die neue Zeichenfolge eingefügt werden soll bzw. ab der eine Ersetzung stattfinden soll. Wird keine Position angegeben, so wird die neue Zeichenfolge am Anfang eingefügt bzw. die ursprüngliche Zeichenfolge ab der ersten Stelle überschrieben.

länge　　　Die Länge der einzufügenden Zeichenkette kann angegeben werden, falls diese um Füllzeichen ergänzt werden soll.

füllzeichen　Falls mit Füllzeichen gearbeitet werden soll, so kann dieses hier festgelegt werden; als Standardfüllzeichen gilt das Leerzeichen.

Beispiele:

```
INSERT(' ','abcd',2)          --> 'ab cd'
INSERT(' ','abcd')            --> ' abcd'
INSERT('--','abcd',2,4)       --> 'ab -- cd'
OVERLAY(' ','abcd',2)         --> 'a d'
OVERLAY(' ','abcd')           --> ' d'
OVERLAY('--','abcd',2,4)      --> ' -- '
```

4.5 Funktionen zur Wortkettenverarbeitung

Zum Sprachumfang von REXX gehören eine Reihe von Funktionen, die eine Zeichenkettenverarbeitung aufgrund der Wortgrenzen ermöglichen, ohne daß die Positionen dieser Wortgrenzen vorher umständlich ermittelt werden müssen. Als Abgrenzung der einzelnen "Wörter" gilt jeweils das Leerzeichen, wobei mehrere zusammenhängende Leerzeichen eine gemeinsame Wortgrenze bilden. Die Arbeitsweise dieser Wortkettenfunktionen ist im Wesentlichen identisch mit den Zeichenkettenfunktionen, nur eben auf einzelne "Worte" (oder besser Parameter) und nicht auf einzelne Zeichen bezogen.

WORDS

Die WORDS-Funktion bestimmt die Anzahl der Worte einer Zeichenfolge (vergleichbar mit LENGTH), wobei diese Zeichenfolge übergeben werden muß:

```
WORDS(zeichenfolge)
```

Mit dieser Funktion kann z.B. die Anzahl der beim Prozeduraufruf übergebenen Parameter bestimmt werden, wenn diese durch Leerzeichen getrennt sind:

```
/*    REXX-Aufruf:    BEISP1 wert1 wert2 wert3    */
SAY WORDS(ARG(1))    /* Liefert den Wert "3"    */
```

WORD und SUBWORD

Die WORD-Funktion extrahiert genau ein Wort einer Zeichenfolge, während mit der SUBWORD-Funktion mehrere aufeinanderfolgende Worte extrahiert werden können (vergleichbar mit SUBSTR). Die Syntax der beiden Funktionen lautet:

```
WORD(zeichenfolge,n)
```

bzw.

```
SUBWORD(zeichenfolge,n,[anzahl])
```

Wird bei SUBWORD keine *anzahl* angegeben, so wird die gesamte Restzeichenfolge extrahiert; in der Praxis wird jedoch meist die WORD-Funktion
benötigt, z.B. um folgende Aufgabe zu realisieren: In Kombination mit der
WORDS-Funktion und einer Schleife werden alle einzelnen Worte bzw.
Parameter einer Zeichenfolge extrahiert und anschließend verarbeitet. Sind
diese Parameter z.B. Zahlen, die beim Prozeduraufruf übergeben werden, so
kann damit die Summe beliebig vieler Zahlen errechnet werden:

```
/* Aufruf der REXX-Prozedur: SUMME 5 44 35 23        */
ARG kette                   /* Zuweisung der Parameter */
summe = 0
DO i=1 TO WORDS(ARG(1))     /* Anzahl Werte bestimmen  */
      wert=WORD(kette,i)    /* einen Wert extrahieren  */

    IF DATATYPE(wert,'N')= 1
         THEN summe = summe + wert
         ELSE SAY wert 'ist keine Zahl'
END
SAY 'Die Summe der Zahlen lautet:' summe
```

DELWORD
Mit dieser Funktion kann eine beliebige Anzahl von Worten aus einer Zeichenfolge gelöscht werden. Zu diesem Zweck werden die Ursprungszeichenfolge
und die Startposition übergeben, ab der gelöscht werden soll. Der Parameter
länge bestimmt die Anzahl der zu löschenden Worte, wobei als Standardwert
die gesamte Restzeichenfolge gelöscht wird:

```
DELWORD(zeichenfolge,start,[länge])
```

4.6 Formatierungsfunktionen

Zur Formatierung von Bildschirmausgaben oder Dateizeilen stehen in REXX
eine Reihe von Funktionen zur Verfügung. Die meisten dieser Funktionen
dienen zur Formatierung von Zeichenfolgen (CENTER, JUSTIFY), einige auch
zur Formatierung von Zahlenwerten (FORMAT,TRUNC).

CENTER/CENTRE
Mit diesen Funktionen, die sich nur im Namen unterscheiden, kann eine
Zeichenfolge innerhalb einer bestimmten Länge zentriert werden, wobei die
Restzeichen vorher oder nachher mit einem Füllzeichen ergänzt werden
können. Die Syntax lautet:

```
CENTER(zeichenfolge,länge,[füllzeichen])
```
bzw.
```
CENTRE(zeichenfolge,länge,[füllzeichen])
```

Die folgende REXX-Instruktion erzeugt eine Bildschirmausgabe, die auf einer Breite von 80 Zeichen zentriert wird:

```
SAY CENTER(ausgabe,80)
```

COPIES

Die COPIES-Funktion erzeugt eine bestimmte Anzahl von zusammenhängenden Kopien einer Zeichenfolge; als Parameter müssen die zu kopierende Zeichenfolge und die Anzahl der Kopien angegeben werden:

```
COPIES(zeichenfolge,anzahl)
```

Beispiele:

```
COPIES('*',5)                --> '*****'
COPIES('ab',3)               --> 'ababab'
```

FORMAT

Mit den Parametern der FORMAT-Funktion kann die Darstellungsform von REXX-Zahlen, also z.B. die Zahl der Dezimalstellen oder das Format der Exponentialdarstellung, bestimmt werden. Als Parameter sind gültig:

```
FORMAT(zahl,[vor],[nach],[exp1],[exp2])
```

zahl   Gibt die zu formatierende Zahl an.

vor   Bestimmt die Anzahl der Stellen vor dem Dezimalpunkt. Ist der Wert in *vor* zu klein, so führt dies zu einem Fehler; falls mehr Stellen als benötigt angegeben werden, so wird mit führenden Leerzeichen aufgefüllt.

nach   Bestimmt die Anzahl der Dezimalstellen; hat *nach* nicht dieselbe Größe wie der dezimale Teil der Zahl, so wird gerundet bzw. mit nachfolgenden Nullen aufgefüllt.

exp1   Bestimmt die Anzahl der Stellen, die für den exponentiellen Teil angegeben werden. Der Wert "0" gibt an, daß die Zahl in einfacher Form dargestellt werden soll.

exp2   Überschreitet die Anzahl der Stellen des ganzzahligen Zahlenteils den Wert in *exp2*, so wird die exponentielle Schreibweise verwendet. Als Standard gilt die aktuelle Einstellung von NUMERIC DIGITS; wird "0" angegeben, so wird immer die exponentielle Darstellung verwendet.

Beispiele:

```
FORMAT(4,3)              -->' 4'
FORMAT(4.75,,1)          -->'4.8'
FORMAT(4567.89,,,2,2)    -->'4.56789E+3'
FORMAT(4E5,,,0)          -->'400000'
```

TRUNC

Mit der TRUNC-Funktion wird eine Zahl auf die angegebene Anzahl von Dezimalstellen gekürzt; die restlichen Stellen werden abgeschnitten. Als Parameter werden die jeweilige Zahl und die Anzahl der gewünschten Dezimalstellen (Standard: 0) übergeben:

```
TRUNC(zahl,[anzahl])
```

Beispiele:

```
TRUNC(15.7)        --> 15
TRUNC(15.782,2)    --> 15.78
TRUNC(15.7,2)      --> 15.70
```

4.7 Mathematische Funktionen

Die Verarbeitung von Zahlen ist in REXX wesentlich einfacher als in den Sprachen EXEC2 oder CLIST, die vorher in den jeweiligen Implementierungen existierten. REXX erlaubt verschiedene Darstellungen von Zahlen, ein ganze Reihe von arithmetischen Rechenoperationen (z.B. "Restdivision") und enthält einige mathematische Funktionen. Diese werden z.B. zur Errechnung von Dateiparametern wie Satzlänge oder Blockung oder auch zur Dateneingabeprüfung eingesetzt.

ABS

Die ABS-Funktion liefert den absoluten Wert einer Zahl, die nach den aktuellen Einstellungen von NUMERIC DIGITS formatiert wird.

```
ABS(zahl)   Beispiel:   ABS(-5)   --> 5
```

MAX und MIN

Mit den Funktionen MAX bzw. MIN läßt sich das Maximum bzw. Minimum von numerischen Werten bestimmen, wobei maximal zehn Werte angegeben werden können:

```
MAX(zahl1,[zahl2],[zahl3],..,[zahl10])
MIN(zahl1,[zahl2],[zahl3],..,[zahl10])
```

Beispiele:

```
MAX(13,-5,13.5)          --> 13.5
MIN(13,-5,13.5)          --> -5
```

RANDOM

Die RANDOM-Funktion erzeugt eine nicht negative Zufallszahl. Falls diese Zufallszahl innerhalb bestimmter Grenzen liegen soll (z.B. beim "Würfeln" zwischen 1 und 6), so können diese Grenzwerte angegeben werden; als Standardwert für die Untergrenze gilt der Wert "0", für die Obergrenze "999":

```
RANDOM([min],[max],[ausgangszahl])
```

Im Parameter *ausgangszahl* kann ein Wert angegeben werden, um in mehreren Programmläufen jeweils dieselbe Reihenfolge der Zufallszahlen zu erhalten.

4.8 Umwandlungsfunktionen

Zum Sprachumfang von REXX gehören Ersetzungsfunktionen für Zeichen (TRANSLATE) sowie Konvertierungsfunktionen, die z.B. Dezimalwerte in Hexadezimalwerte umwandeln und umgekehrt.

TRANSLATE

In der TRANSLATE-Funktion lassen sich verschiedene einzelne Zeichen einer Zeichenfolge in einem Schritt durch neue Zeichen ersetzen. Die Syntax lautet:

```
TRANSLATE(zeichenfolge,[neu],[alt],[füllzeichen])
```

Die Parameter haben folgende Bedeutung:

zeichenfolge Hier wird die Ursprungszeichenfolge angegeben.

neu Hier werden die "neuen" Zeichen angegeben. Jedes Zeichen in *neu* ersetzt das in der jeweiligen Position in *alt* angegebene Zeichen innerhalb *zeichenfolge*.

alt Gibt die Zeichen an, die innerhalb *zeichenfolge* ersetzt werden.

füllzeichen Falls die Zeichenfolge *neu* weniger Zeichen enthält als *alt*, so wird mit *füllzeichen* aufgefüllt; als Standard gilt das Leerzeichen.

Bei der Verwendung der TRANSLATE-Funktion muß besonders darauf geachtet werden, daß für die Ersetzung der einzelnen Zeichen die Reihenfolge in *neu* und *alt* Zeichen für Zeichen übereinstimmen muß. Im folgenden Beispiel wird jedes "a" in *zeichenfolge* durch "A" und jedes "b" durch "B" ersetzt.

```
TRANSLATE(zeichenfolge,'AB','ab')
```

Weitere Beispiele:

```
TRANSLATE('1,234.55',',.','.,')       --> '1.234,55'
TRANSLATE('12345','89','234','-')     --> '189-5'
```

Konvertierungsfunktionen C2D, C2X, D2C, D2X, X2C, X2D

Diese Konvertierungsfunktionen bieten die Möglichkeit, Zeichenfolgen in verschiedene Darstellungsformen, z.B. dezimal oder hexadezimal zu konvertieren; als Darstellungsformen sind Zeichen (Character), Dezimale oder heXadezimale Darstellung möglich, wobei der erste Buchstabe des Funktionsnamens jeweils das Ausgangsformat und der letzte Buchstabe das Zielformat angibt. Beispiele:

```
D2X(129)           --> '81'
X2D('81')          --> 129
X2C('F7F2A2')      --> '72s'
C2X('72s')         --> 'F7F2A2'
D2C('129')         --> 'a'
C2D('a')           --> '129'
```

In der Funktion C2D wird die Binärdarstellung einer Zeichenfolge in deren Dezimalwert umgesetzt, bei D2C umgekehrt; im letzten Beispiel wird also die Binärdarstellung von "a" in den entsprechenden Dezimalwert umgesetzt.

4.9   Sonstige Funktionen

In den folgenden Abschnitten finden Sie aus der breiten Palette von REXX-Funktionen, die nicht eindeutig einer der vorher beschriebenen Gruppen zuzuordnen sind, die wichtigsten zusammengestellt.

ERRORTEXT

Die Funktion ERRORTEXT liefert die Fehlernachricht einer bestimmten REXX-Fehlernummer; diese Fehlernummer muß zwischen 0 und 99 liegen, für REXX-Syntaxfehler liegt sie üblicherweise zwischen 3 und 49. Als Parameter muß die Fehlernummer übergeben werden:

```
ERRORTEXT(nr)
```

Meist wird die ERRORTEXT-Funktion in allgemeinen Fehlerroutinen einge-setzt, die mit SIGNAL ON SYNTAX bzw. CALL ON SYNTAX aufgerufen wurden (oft mit SOURCELINE-Funktion kombiniert); die jeweilige Fehler-nummer ist dann in der Variable *rc* verfügbar, die als Parameter angegeben wird, um die entsprechende Fehlermeldung zu erzeugen:

```
/* REXX-Prozedur mit Fehlerausgang und ERRORTEXT */
SIGNAL ON SYNTAX
    :
    :
SYNTAX:
    SAY ERRORTEXT(rc)
```

SOURCELINE

In der SOURCELINE-Funktion kann eine beliebige Quellzeile der REXX-Prozedur ausgegeben werden, wobei die Nummer der Quellzeile übergeben werden kann:

```
SOURCELINE([zeile])
```

Wird keine Zeilennummer angegeben, so wird die letzte Zeile der Quelldatei ausgegeben. In der Praxis wird die SOURCELINE-Funktion jedoch in allge-meinen Fehlerausgängen eingesetzt (oft zusammen mit ERRORTEXT), um eine Prozedurzeile am Schirm auszugeben, in der ein Fehler auftrat. Die Nummer dieser Zeile steht nach einem Aufruf mit SIGNAL bzw. CALL in der REXX-Variable *sigl* zur Verfügung:

```
/* REXX-Prozedur mit Fehlerausgang und SOURCELINE*/
SIGNAL ON SYNTAX
    :
    :
SYNTAX:
    SAY SOUCELINE(sigl)
```

VALUE

Die Funktion VALUE erlaubt einen dynamischen Aufbau von REXX-Variablen. In REXX findet ja normalerweise nur eine einfache Ersetzung von Variablennamen statt; folgendes Beispiel soll dies nocheinmal verdeutlichen:

```
/* REXX-Variablen mit einfacher Ersetzung */
j=1
a='j'
SAY a      /*   Liefert "j"              */
```

Mit der VALUE-Funktion kann eine mehrfache Ersetzung realisiert werden, indem in der VALUE-Funktion ein Variablenname angegeben wird, dessen Inhalt einen weiteren Variablennamen enthält:

```
/* REXX-Variablen mit VALUE-Funktion           */
j=1
a='j'
SAY VALUE(a)            /*    Liefert jetzt "1"    */
```

4.10 Übungen

Übung 4.01

Erstellen Sie eine Prozedur, die die korrekte Eingabe eines Dateinamens überprüft. In diesem Beispiel werden wir uns an die Namenskonventionen unter TSO/ISPF halten, wo wir einzelne Qualifier anhand folgender Regeln überprüfen wollen:

- Der Qualifier muß mindestens einstellig sein.
- Der Qualifier darf maximal 8 Stellen lang sein
- Gültig sind alle Buchstaben, Ziffern und die Sonderzeichen #, §,$.
- Ziffern dürfen nicht an der ersten Stelle stehen.

Die Prozedur soll solange nach einem Qualifier fragen, bis dieser richtig eingegeben wird.

Lösungshinweis:
Um die Übersichtlichkeit der Prüfungen zu verbessern, sollen die Prüfungen in einer SELECT-Konstruktion ablaufen, in der bei Fehlern ein Kennzeichen gesetzt wird. Damit der Benutzer einen Hinweis auf den Fehler erhält, sollen Meldungen erzeugt werden, die in einer Compoundvariable abgelegt werden.

5 Unterprogrammtechniken

Die Unterprogrammtechniken einer Sprache sind eine wichtige Komponente zur Strukturierung und leichteren Handhabung von Programmen. Mit dem Einsatz von Unterprogrammen können Sie einmal entwickelte Lösungen aus verschiedenen Prozeduren oder sogar von verschiedenen Benutzern aus aufrufen, wobei nach Änderungen eines Unterprogramms diese sofort in allen aufrufenden Prozeduren zur Verfügung stehen. In REXX können Sie folgende Unterprogrammtechniken zur Realisierung Ihrer Anwendungen einsetzen:

- interne und externe Routinen,
- interne und externe Funktionen,
- externe Prozeduren

Bei allen Unterprogrammtechniken muß dabei beachtet werden, wie ein Unterprogramm definiert wird, auf welche Weise es aufgerufen wird und welche Möglichkeiten bestehen, im Unterprogramm auf Werte des Hauptprogramms zurückzugreifen und umgekehrt. Auf diese Punkte soll in diesem Kapitel besonders eingegangen werden.

5.1 Interne Routinen

Eine interne Routine muß in derselben Prozedur verfügbar sein, in der ihr Aufruf erfolgt, und kann nur innerhalb dieser einen Prozedur benutzt werden. Sie steht üblicherweise am Ende der jeweiligen Prozedur und wird durch eine entsprechende Marke (Label) gekennzeichnet ("Routinenname"). Die interne Routine wird mit der Instruktion RETURN beendet und kann mit der Instruktion CALL an jeder beliebigen Stelle der Prozedur (sogar aus der Routine selbst wieder) aufgerufen werden, wobei die entsprechende Marke angegeben werden muß.

Bei internen Routinen müssen Sie besonders darauf achten, daß das Hauptprogramm mit der Instruktion EXIT beendet wird, da ansonsten die Routine durchlaufen wird, sobald die entsprechende Marke bei der sequentiellen Ausführung der einzelnen Instruktionen erreicht wird, was üblicherweise nicht erwünscht ist. Der Beginn einer internen Routine unterscheidet sich nämlich nicht von einer "normalen" Marke, die z.B. durch die Instruktion SIGNAL angesprungen werden kann.

Den Aufbau einer Prozedur mit einer internen Routine soll folgendes Beispiel verdeutlichen:

```
/*   Addieren zweier Zahlen in einer Routine        */
SAY 'Bitte geben Sie zwei Zahlen ein'
PULL zahl1 zahl2 .
CALL berechnung        /*  Routinenaufruf            */
SAY summe
EXIT                   /*  Beenden des Hauptprogramms */
BERECHNUNG:            /*  Beginn der Routine        */
     summe= zahl1 + zahl2
RETURN                 /*  Ende der Routine          */
```

Nachdem wir die Definition und den Aufruf einer Routine geklärt haben, stellt sich nun die Frage, wie wir im Hauptprogramm auf Werte des Unterprogramms zugreifen können und umgekehrt. Wie Sie an o.g. Beispiel sehen können, funktioniert dies bei internen Routinen denkbar einfach: Die Variablen des Hauptprogramms sind auch im Unterprogramm verfügbar und umgekehrt, so daß wir von "gemeinsamen" Variablen sprechen. Deshalb können Sie im Unterprogramm auf die Variablen *ZAHL1* und *ZAHL2* zugreifen, ohne daß dazu irgend eine Vereinbarung oder eine Übergabe notwendig ist. Die Variable *SUMME*, die zum erstenmal im Unterprogramm angesprochen wird, behält auch für das Hauptprogramm ihren Wert, der dann dort z.B. am Bildschirm ausgegeben werden kann.

Die Verwendung von gemeinsamen Variablen bietet zunächst eine sehr leicht zu handhabende Möglichkeit, mit Routinen zu arbeiten. In der Praxis zeigt sich jedoch bei komplexeren Prozeduren mit mehreren bzw. umfangreicheren Routinen häufig, daß eine Beschränkung des Gültigkeitsbereichs von Variablen auf die jeweiligen Programmteile übersichtlicher und weniger fehleranfällig ist als die Benutzung von "gemeinsamen" Variablen.

Mit der Instruktion PROCEDURE haben Sie die Möglichkeit, für die jeweilige Routine einen eigenen Variablenpool zu definieren, so daß sich gleichnamige Variablen aus verschiedenen Routinen bzw. dem Hauptprogramm nicht "ins Gehege kommen". Die PROCEDURE-Anweisung muß dabei die erste Anweisung hinter der Marke des Unterprogramms sein, in der Praxis wird sie meist folgendermaßen codiert:

```
BERECHNUNG: PROCEDURE
```

Sollen trotz dieser Variablentrennung Werte aus dem anderen Programmteil verfügbar sein, so müssen diese jeweils explizit übergeben werden. Sie werden nun vielleicht sagen: "Wozu erstelle ich zunächst getrennte Prozedurteile und übertrage dann wieder Werte, falls ich doch welche brauche?"

Ein Grund dafür ist die oben angesprochene Übersichtlichkeit bei komplexeren Prozeduren mit mehreren Routinen. Ein zweiter - aus meiner Sicht noch wichtigerer - Grund ist die Möglichkeit, aus der internen Routine sehr einfach eine externe zu machen, indem die Routinenbefehle in eine eigene Datei gestellt werden, ohne daß dazu Programmänderungen in der Routine oder im Hauptprogramm notwendig werden. Bei externen Routinen, die von verschiedenen Prozeduren oder Benutzern aufzurufen sind, müssen nämlich benötigte Werte explizit übertragen werden. Es ist also durchaus auch bei internen Routinen zu empfehlen, eine Variablentrennung mit expliziter Übergabe einzusetzen. Im folgenden Abschnitt soll nun genauer auf diese Übergabe eingegangen werden.

Übergabe von Werten an eine Routine
Sollen Werte an die Routine übergeben werden, so muß dies beim Aufruf in der Instruktion CALL geschehen, wobei maximal 20 Parameter durch Komma getrennt übergeben werden können.

```
CALL BERECHNUNG 7,8
```

Jedes mit einer CALL-Anweisung übergebene Argument kann ein formal zulässiger REXX-Ausdruck (Konstante, Variable oder zusammengesetzter Ausdruck) sein, so daß die Beschränkung auf 20 Argumente keinesfalls eine Beschränkung auf 20 Werte bedeutet. Die beiden Zahlen aus o.g. Beispiel könnten auch als ein einziger Parameter übergeben werden, sie müssen dann nur im Unterprogramm auch entsprechend verarbeitet werden. Der Aufruf könnte also auch so lauten:

```
CALL BERECHNUNG 7 8
```

Die übergebenen Parameter können im Unterprogramm mit den Instruktionen PARSE ARG oder ARG verarbeitet werden, wie beim Aufruf einer REXX-Prozedur mit Parameterübergabe (siehe Kapitel 1), wobei in der Schablone die Form des Aufrufs berücksichtigt werden muß. Zu den o.g. Aufrufen könnten also folgende Routinen gehören, die sich nur in der Schablone der ARG-Instruktion unterscheiden.

```
BERECHNUNG: PROCEDURE
    ARG zahl1,zahl1
    summe=zahl1+zahl2
RETURN
```

oder

```
BERECHNUNG: PROCEDURE
    ARG zahl1 zahl1
    summe=zahl1+zahl2
RETURN
```

Neben den REXX-Instruktionen PARSE ARG und ARG kann auch die REXX-Funktion ARG() zur Verarbeitung der übergebenen Parameter verwendet werden. Die Funktion ARG() liefert die Anzahl der durch Kommata getrennt übergebenen Parameter, was z.B. zur Prüfung der Vollständigkeit verwendet werden kann. Mit Hilfe einer Nummer kann auch direkt auf den entsprechenden Parameter zugegriffen werden, z.B. ARG(1) oder ARG(2). Eine Routine mit Vollständigkeitsprüfung könnte so lauten:

```
BERECHNUNG: PROCEDURE
        IF ARG() < 2
                THEN SAY 'Zu wenige Parameter übergeben'
                ELSE summe=ARG(1)+ARG(2)
        RETURN
```

Die ARG-Funktion bietet also im Vergleich zur ARG-Instruktion zusätzliche Möglichkeiten, andererseits sollten Sie bei ihrer Verwendung jedoch folgendes beachten:

Bei Prozeduren mit mehreren verschiedenartigen Parametern führt die Verwendung der ARG-Funktion zu wenig "sprechenden" Befehlen. Stellen Sie sich eine Routine vor, die eine Datei an einen anderen Benutzer sendet, wobei Dateiname und Benutzer als Parameter übergeben werden sollen, so lautet die Routine bei der Verwendung der ARG-Funktion (der Befehl SENDFILE steht unter dem Betriebssystem CMS zur Verfügung):

```
SENDEN: PROCEDURE
        "SENDFILE" ARG(1) ARG(2)
        RETURN
```

Mit dem Einsatz der ARG-Instruktion kann Ihre REXX-Prozedur "sprechender" gestaltet werden:

```
SENDEN: PROCEDURE
        ARG datei,user
        "SENDFILE" datei user
        RETURN
```

Nach all den genannten Möglichkeiten der Übergabe und der Verarbeitung von Parametern können wir folgendes Resümee ziehen: Es ist von Vorteil, benötigte Werte einzeln als Parameter zu übergeben, da dann alle Möglichkeiten zur Verarbeitung der Verarbeitung offen stehen, wobei bei komplexeren Prozeduren ein Einsatz der ARG-Instruktion zu leichter lesbaren Programmen führt.

Rückgabe von Werten an das Hauptprogramm
Häufig sollen auch nach Ablauf der Routine und Rückkehr zum aufrufenden Programm dort Werte aus der Routine verfügbar sein. Eine explizite Rückgabe

ist in der Instruktion RETURN möglich, wobei streng genommen nur genau
ein Wert zurückgegeben werden kann. Dieser mit RETURN zurückgegebene
Wert ist im Hauptprogramm unter der reservierten Variable RESULT verfügbar. Das bisher verwendete Beispiel der Summenberechnung in einer
Routine könnte also mit expliziter Übergabe folgendermaßen aussehen:

```
/* Addieren zweier Zahlen */
SAY 'Bitte geben Sie zwei Zahlen ein'
PULL zahl1 zahl2 .
CALL BERECHNUNG zahl1,zahl2
SAY 'Die Summe lautet:' result
EXIT
/*                      */
BERECHNUNG: PROCEDURE
      ARG z1,z2
      summe = z1 + z2
RETURN summe
```

In der RETURN-Instruktion kann ein beliebiger REXX-Ausdruck übergeben
werden, der vom REXX-Interpreter zunächst ausgewertet und dann der
Variablen RESULT zugewiesen wird. Der Wert der Summe in o.g. Beispiel
könnte auch ohne vorhergehende Zuweisung direkt zurückgegeben werden:

```
BERECHNUNG: PROCEDURE
      ARG z1,z2
RETURN z1 + z2
```

oder sogar noch ohne ARG-Instruktion:

```
BERECHNUNG: PROCEDURE
RETURN ARG(1) + ARG(2)
```

Der nach RETURN folgende Ausdruck kann auch ein Text (in der Praxis z.B.
eine Fehlermeldung) sein. Nach der Instruktion

```
RETURN 'REXX macht Spaß'
```

steht dieses Literal in der Variablen RESULT zur Verfügung. Diese Möglichkeit können Sie als geübter REXX-Benutzer einsetzen, um mehrere Werte über
die Variable RESULT ans Hauptprogramm zurückzugeben, indem diese dort
mit dem Befehl PARSE VALUE oder PARSE VAR wieder auf einzelne Variablen zerlegt wird (eine genauere Beschreibung dieser Anweisungen finden Sie
im Kapitel 3).

Im folgenden Beispiel wird in der Routine neben der Summe zweier Zahlen
auch deren Differenz berechnet und beide Ergebnisse zurückgegeben:

```
/* Addieren und Subtrahieren zweier Zahlen */
SAY 'Bitte geben Sie zwei Zahlen ein'
PULL zahl1 zahl2 .
CALL BERECHNUNG zahl1,zahl2
PARSE VALUE result WITH erg1 erg2 .
SAY 'Die Summe lautet:' erg1
SAY 'Die Differenz lautet:' erg2
EXIT
/*                        */
BERECHNUNG: PROCEDURE
       ARG z1,z2
       summe = z1 + z2
       diff= z1 - z2
RETURN summe diff
```

PROCEDURE EXPOSE

Mit der Option EXPOSE in der PROCEDURE-Instruktion können trotz verein-
barter Variablentrennung bestimmte Variablen doch wieder gemeinsam ohne
Übergabe benutzt werden. Im folgenden Beispiel wird grundsätzlich eine Trennung der Variablen vereinbart, wobei die Variable *diff* gemeinsam benutzt
wird. Beispiel:

```
BERECHNUNG: PROCEDURE EXPOSE diff
       ARG z1,z2
       summe = z1 + z2
       diff= z1 - z2
RETURN summe
```

In der Praxis wird diese Technik jedoch nur selten eingesetzt, da es mit
zunehmender Komplexität der Prozeduren immer schwerer fällt, den Überblick
zu behalten, welche Variablen nun gemeinsam benutzt werden und welche
Werte explizit übergeben werden.

5.2   Externe Routinen

Der Einsatz von externen Routinen bietet zunächst gegenüber internen
Routinen den Vorteil, daß diese von verschiedenen Prozeduren aus aufgerufen
werden können und somit auch anderen Benutzern zur Verfügung stehen, falls
diese zugriffsberechtigt sind.

Die externe Routine ist eine eigenständige Datei nach den Konventionen der
jeweiligen Implementierung, also ein Member in einer REXX-Bibliothek unter
TSO oder eine EXEC unter CMS. Die externe Routine beginnt wie alle REXX-
Prozeduren mit einem REXX-Kommentar und endet mit der Instruktion
RETURN. Ebenso wie bei internen Routinen werden externe Routinen mit der
Instruktion CALL aufgerufen, wobei der Dateiname der externen Routine
angegeben wird. Dabei muß darauf geachtet werden, daß eine evtl. gleich-
lautende interne Routine in der Suchfolge Vorrang besitzt. Dies gilt übrigens

ebenso, falls Sie eine der vielen REXX-Funktionen als externen Routinennamen verwenden, da diese Funktionen nichts anderes sind als vorgefertigte externe Routinen, die in der Praxis nur meist als Funktion aufgerufen werden.

Um Werte aus dem Hauptprogramm auch in der Routine verwenden zu können
und umgekehrt, stehen dieselben Möglichkeiten der <u>expliziten</u> Übergabe zur
Verfügung wie bei den internen Routinen; deshalb kann aus internen Routinen,
die mit expliziter Übergabe arbeiten, sehr einfach eine externe Routine erstellt
werden, indem die Befehle in eine eigene Datei mit dem entsprechenden
Routinennamen gestellt werden und statt des Markennamens ein beliebiger
REXX-Kommentar in die erste Zeile gestellt wird.

Da der Name einer REXX-Prozedur in den verschiedenen Betriebssystemen
meist nur maximal 8 Zeichen lang sein darf, sollte schon bei der Erstellung von
internen Routinen auf entsprechend kurze Namen geachtet werden (möglich
sind bei internen Routinen bis 31 Zeichen), da ansonsten nach Umstellungen
entsprechende Änderungen im Aufruf notwendig werden.

Das folgende Beispiel zeigt die schon bekannte Addition zweier Zahlen mit
Hilfe einer externen Routine:

```
/* Addieren   zweier Zahlen */
/*  Hauptprogramm          */
SAY 'Bitte geben Sie zwei Zahlen ein'
PULL zahl1 zahl2 .
CALL RECHNEN zahl1,zahl2
SAY 'Die Summe lautet:' result
EXIT
```

Eigene REXX-Prozedur RECHNEN

```
/* Routine RECHNEN         */
ARG z1,z2
summe = z1 + z2
RETURN summe
```

Routinen mit Nicht-REXX-Befehlen
Die bisher verwendeten Beispiele für Routinen dienten uns zur Veranschau-
lichung der REXX-Unterprogrammtechniken; in der Praxis jedoch werden Sie
REXX-Prozeduren meist einsetzen, um bestimmte Aktionen in Ihrer
Betriebssystemumgebung zu steuern. Im folgenden Abschnitt soll jeweils ein
Beispiel für den Einsatz von Routinen aus dem Bereich MVS/TSO und
VM/CMS dargestellt werden; dabei werden bestimmte Kenntnisse der
Betriebssystembefehle vorausgesetzt.

Für das System MVS/TSO soll eine Routine erstellt werden, die mit Hilfe des Dienstprogramms IEBGENER einen Datenbestand ausdruckt. Der Name des Datenbestands und die entsprechende Kopiezahl sollen dazu in beliebigen anderen Prozeduren z.B. durch Abfrage ermittelt und übergeben werden. Die Routine soll den Returncode von IEBGENER an die jeweilige Hauptprozedur zurückgeben. Der Einfachheit halber wollen wir uns hier auf einfache Prüfungen beschränken. Eine mögliche Lösung für o.g. Aufgabe könnte so lauten:

```
/*   REXX-Hauptprozedur   */
DO UNTIL datenbestand<>" "
     SAY "Welcher Datenbestand soll gedruckt werden"
     PULL datenbestand .
END
SAY "Wieviele Kopien möchten Sie? (Standard:1)"
PULL anzahl
IF anzahl = " " THEN anzahl = 1
                    ELSE NOP
/*      Aufruf der Routine mit Parameterübergabe    */
CALL DRUCKEN datenbestand,anzahl
IF result = 0   THEN
                    SAY "Datei wurde gedruckt"
                ELSE
                    SAY "Fehler beim Drucken" result
EXIT
```

Routine DRUCKEN:

```
/*   REXX-Routine Drucken   */
ARG dsname,kopien
"ALLOC DD(SYSUT1) DSN("dsname") SHR REUSE"
"ALLOC DD(SYSUT2) SYSOUT(S) COPIES("kopien") REUSE"
"ALLOC DD(SYSIN) DUMMY REUSE"
"ALLOC DD(SYSPRINT) SYSOUT(S) REUSE"
"CALL 'SYS1.LINKLIB(IEBGENER)' "
RETURN rc
```

Für das Betriebssystem VM/CMS soll eine Routine erstellt werden, mit deren Hilfe ein Job an einen anderen User (z.B. VSE-Maschine) gesendet werden soll. Der Jobname und die empfangende Maschine sollen von einer anderen Prozedur ermittelt und übergeben werden.

Mögliche Lösung:

```
/*   REXX-Hauptprozedur   */
DO UNTIL jobname<>" "
     SAY "Welcher Job soll gesendet werden?"
```

```
        PULL jobname .
END
DO UNTIL user<>" "
      SAY "Wohin soll der Job gesendet werden?"
PULL user .
END
/* Aufruf der Routine und Parameterübergabe */
CALL SENDEN jobname,user
IF result = 0   THEN SAY "Job erfolgreich abgesendet"
                ELSE SAY "Job nicht abgesendet"
EXIT
```

Routine SENDEN:

```
/* REXX-Routine Senden */
ARG dateiname,user
"CP SPOOL PUNCH TO" user "(NOHEADER"
"PUNCH " dateiname
punchrc=rc
"CP SPOOL PUNCH TO *"
RETURN punchrc
```

5.3 Benutzerdefinierte Funktionen

Die in diesem Kapitel bisher behandelten Unterprogramme können nicht nur mit CALL aufgerufen, sondern auch mit Hilfe eines Funktionsaufrufs aktiviert werden. Dazu wird der Name des internen bzw. externen Unterprogramms wie eine Built-In-REXX-Funktion verwendet, an die Parameter übergeben werden können und die einen Funktionswert liefert.

Der REXX-Interpreter erkennt - wie im Kapitel 4 dargestellt - einen Funktionsaufruf an einer beliebigen Zeichenfolge mit sofort folgender Klammer, z.B. SUMME(), wobei innerhalb der Klammer Parameter übergeben werden können. Dabei müssen Sie darauf achten, daß eine Funktion immer einen Wert liefern muß und dieser Funktionswert in eine gültige REXX-Syntax eingebunden wird. Typische Befehlsfolgen für Funktionsaufrufe sind:

- Ausgabe des Funktionswertes: `SAY SUMME(z1,z2)`

- Formulierung einer Bedingung: `IF SUMME(z1,z2) > 100`

- Wertzuweisung :   `ergebnis = SUMME(z1,z2)`

Der Funktionsaufruf ersetzt den Aufruf einer Routine und die anschließende Verarbeitung der reservierten Variable RESULT. Dies führt vor allem bei Unterprogrammen, die zur Ermittlung eines Wertes oder zur Gültigkeitsprüfung verwendet werden, zu einer kürzeren und vor allem "sprechenderen"

Syntax. So lautet der Aufruf einer Routine SUMME mit anschließender Prüfung des zurückgegebenen Wertes

```
CALL SUMME z1,z2
IF result >100
```

während der Funktionsaufruf die Befehlsfolge so zusammenschmelzen läßt:

```
IF SUMME(z1,z2) > 100
```

Interessant ist vor allem die Tatsache, daß in beiden Fällen ein und dasselbe Unterprogramm aufgerufen werden kann, wobei nur der Unterschied besteht, daß eine Routine einen Wert an das Hauptprogramm zurückgeben *kann*, während eine Funktion in der Instruktion RETURN einen Wert (den Funktionswert) zurückgeben *muß*.

Als vollständiges Beispiel für den Einsatz einer benutzerdefinierten Funktion wollen wir uns die schon bekannte Addition zweier Zahlen ansehen, wobei der Name des Unterprogramms "sprechend" gewählt wurde.

```
/* Addieren zweier Zahlen */
SAY 'Bitte geben Sie zwei Zahlen ein'
PULL zahl1 zahl2 .
SAY 'Die Summe lautet:' SUMME(zahl1,zahl2)   /* Aufruf */
EXIT
```

REXX-Prozedur SUMME:

```
/*    REXX-Prozedur SUMME        */
ARG z1,z2
erg = z1 + z2
RETURN erg
```

Zum Abschluß dieses Abschnitts sollen Ihnen noch einige Hinweise das Arbeiten mit Routinen und eigenen Funktionen erleichtern:

- Die Suchfolge bei Funktionsaufrufen lautet: Interne Funktion, REXX-Built-In-Funktion, externe Funktion. Sie müssen also darauf achten, daß Sie bei der Wahl Ihrer eigenen Funktionsnamen nicht in Konflikt mit vorgefertigten REXX-Funktionen kommen. Ein kleiner Tip: Verwenden Sie deutsche Funktionsnamen!

- Routinen werden üblicherweise verwendet, falls dort ein Ablauf wie z.B. das Löschen oder Kopieren einer Datei erfolgt (CALL LOESCHEN statt SAY LOESCHEN()), während der Funktionsaufruf meist dann eingesetzt wird, wenn im Unterprogramm ein Wert oder ein Prüfkennzeichen ermittelt wird.

- Das beste Beispiel für den Einsatz von benutzerdefinierten Funktionen liefern die REXX-Funktionen selbst, denn Sie könnten auch diese als Routinen aufrufen; in der Praxis werden Sie dies jedoch kaum einsetzen, weil sich dann folgende umständliche Konstruktion ergeben würde.

Beispiel: Mit der SUBSTR-Funktion soll geprüft werden, ob an der zweiten Stelle einer Eingabe eine "1" steht.

üblicher Funktionsaufruf: `IF`   `SUBSTR(eingabe,2,1)="1"`

oder als Routine: `CALL`   `SUBSTR`   `eingabe,2,1`
                  `IF result="1"`

5.4 Externe Prozeduren

Neben den Unterprogrammtechniken des Routine- bzw. Funktionsaufrufs können Sie aus einer REXX-Prozedur natürlich auch beliebige andere Prozeduren aufrufen, die ansonsten eigenständig sind und auch direkt von der Befehlsebene des Benutzers aufrufbar sind. Diese Prozeduren können sowohl in REXX als auch in anderen im jeweiligen Betriebssystem unterstützten Spachen vorliegen.

Externe Prozeduren werden von einer REXX-Prozedur aus mit den im jeweiligen Betriebssystem gültigen Aufrufbefehlen aktiviert, genau so wie Sie auch die aufrufende Prozedur aktivieren. Dazu sollten Sie beachten, daß die Aufrufbefehle als Nicht-REXX-Befehle in Hochkommata eingeschlossen werden. Wie beim Aufruf aus der Befehlsumgebung unterscheidet man den expliziten und den impliziten Aufruf (siehe Kapitel 1), wobei Parameter übergeben werden können.

Im Betriebssystem VM/CMS stehen folgende Aufrufmöglichkeiten für eine externe REXX-Prozedur zur Verfügung:

- explizit: `"EXEC PROG2 EXEC A parameter1,parameter2"`

- implizit: `"PROG2 parameter1,parameter2"`

Für das Betriebssystem MVS/TSO gelten folgende Befehle:

- explizit: `"EXEC REXX(PROG2) 'parameter1,parameter2'"`

- implizit: `"PROG2 parameter1,parameter2"`

149

Die beim Aufruf übergebenen Parameter können in der externen Prozedur mit den in der jeweiligen Sprache gültigen Befehlen verarbeitet werden. Wir wollen uns im weiteren Verlauf dieses Abschnitts auf die Verwendung von externen REXX-Prozeduren beschränken. Hier erfolgt die Verarbeitung der übergebenen Parameter wie im Abschnitt Routinen besprochen mit den Instruktionen PARSE ARG bzw. ARG oder der ARG-Funktion.

Im Gegensatz zu Routinen werden externe Prozeduren nicht mit RETURN beendet, sondern wie jede andere REXX-Prozedur mit EXIT. Damit stellt sich die Frage, ob und - wenn ja - wie wir gegebenenfalls Werte an die aufrufende Prozedur zurückgeben können. Für externe Prozeduren gilt dabei:

In der Instruktion EXIT kann <u>ein</u> numerischer Wert oder ein Ausdruck, der einen numerischen Wert liefert, angegeben werden; dieser numerische Wert ist in der aufrufenden Prozedur in der reservierten Variable RC verfügbar. Der Unterschied zur Verwendung von Routinen oder Funktionen besteht also darin, daß nur eine einzige Zahl (meist ein von Ihnen gesetzter Returncode) zurückgegeben werden kann, der in der Variablen RC und nicht etwa unter RESULT zur Verfügung steht.

Ein praktisches Beispiel aus dem Betriebssystem VM/CMS soll den Einsatz einer externen Prozedur verdeutlichen.

Aufgabenstellung:
In einer Prozedur TEMP soll dem Benutzer temporär zusätzlicher Plattenplatz zur Verfügung gestellt werden, um z.B. große Arbeitsdateien dort abzulegen. Die Prozedur soll sowohl aus der Befehlsumgebung aufgerufen werden können als auch aus der REXX-Prozedur PROFILE EXEC, die bei jedem Einstieg automatisch aufgerufen wird. Die Adresse der Platte und deren Größe in Zylinder werden beim Aufruf übergeben.

Lösungsvorschlag für die Prozedur TEMP:

```
/* REXX-Prozedur zum Definieren temporärer Platten    */
/* Verarbeiten bzw. Abfrage der Parameter             */
ARG adresse,groesse
DO WHILE adresse=" "
     SAY "Welche Adresse soll die Platte erhalten?"
     PARSE PULL adresse .
END
DO WHILE groesse=" "
     SAY "Wieviele Zylinder?"
     PARSE PULL groesse .
END
/*  CP- und CMS-Befehle zur Definition der Platte     */
"CP DEFINE T3390" adresse groesse
IF RC=0    THEN DO
```

```
"FORMAT" adresse "T"
IF RC<>0   THEN DO
                 SAY "Platte nicht formatiert"
                 EXIT 8
                 END
           ELSE NOP
      END
      ELSE DO
           SAY "Keine Platte definiert"
           EXIT 16
           END
EXIT 0
```

Die o.g. Prozedur liefert an eine aufrufende Prozedur bei ordnungsgemäßem Ende den Returncode 0 bzw. bei Auftreten eines Fehlers die Werte 8 bzw. 16. Der Aufruf könnte entweder aus der Befehlsumgebung mit

```
TEMP 161,5
```

erfolgen oder aus einer Prozedur, z.B. der PROFILE EXEC; die Prozedur legt dann unter der Adresse 161 eine temporäre Platte mit 5 Zylindern an.

Lösungsvorschlag für PROFILE EXEC:

```
/* PROFILE-Prozedur                               */
/*                                                */
SAY "Benötigen Sie eine temporäre Platte?"
PULL antwort .
IF antwort="J"   THEN DO
                 /* Aufruf der externen Prozedur TEMP */
                 "TEMP 161,5"
                 /*                                */
                 IF RC=0   THEN SAY "Platte definiert"
                           ELSE SAY "Fehler aufgetreten"
                 END
                 ELSE NOP
```

5.5 Besondere Techniken der Werteübergabe

Einer der Schwerpunkte bei allen besprochenen Unterprogrammtechniken war die Frage, wie Sie auf Werte des Hauptprogrammes auch im Unterprogramm zugreifen können und umgekehrt. Bisher hatten wir dazu meist eine Übergabe von Parametern bzw. bei internen Routinen und Funktionen auch "gemeinsame" Variablen verwendet. Neben diesen Techniken stehen jedoch noch weitere zur Verfügung (z.B. Austausch über den Puffer oder "Globale Variablen), die Ihre Anwendungsmöglichkeiten für REXX-Prozeduren noch ergänzen.

Werteaustausch über den Puffer

Im Betriebssystem VM/CMS steht jedem Benutzer ein sogenannter Programmpuffer (Stack) zur Verfügung, in dem Datenwerte bzw. Datenzeilen mit Hilfe
von REXX-Befehlen abgelegt und wieder ausgelesen werden können. Um
diese Techniken auch in anderen Betriebssystemen einsetzen zu können, wurde
z.B. auch unter MVS/TSO ein solcher Stack realisiert, wobei ursprüngliche
CMS-Kommandos zur Stackverarbeitung als "externe TSO-Kommandos"
implementiert wurden (z.B. MAKEBUF).

Reichen die Möglichkeiten der Parameterübergabe beim Einsatz von Unterprogrammen nicht aus (bei der Rückgabe an die Hauptprozedur ist ja eigentlich
nur ein Wert möglich), so können Sie die benötigten Werte im Programmpuffer
zwischenspeichern und bei Bedarf wieder benutzen. Dabei können Sie sowohl
numerische als auch alphanumerische Werte ablegen, deren Anzahl nur durch
den Ihnen zur Verfügung stehenden virtuellen Speicher begrenzt ist, was
jedoch in der Praxis kaum eine Einschränkung bedeutet. Eine ausführliche
Behandlung des Programmpuffers und seine weiteren Anwendungsfälle finden
Sie im Kapitel 6, einige Hinweise zum Einsatz in Unterprogrammtechniken
sollen jedoch bereits hier erfolgen.

Stellen Sie sich den Programmpuffer als einen Stapel von Datenelementen vor,
wobei Sie ein Element entweder an den Anfang oder das Ende des Stapels
stellen können. Das Ablegen und Auslesen von Werten erfolgt mit folgenden
REXX-Befehlen, die jeweils eine Zeile im Puffer erzeugen bzw. aus dem
Puffer entfernen:

PUSH wert   Stellt ein Datenelement an den Anfang des Stapels
              (LIFO-Prinzip).

QUEUE wert   Stellt ein Datenelement an das Ende des Stapels (FIFO-
              Prinzip).

PULL zeile   Liest das oberste Datenelement und weist es der
              Variablen *zeile* zu. Falls der Datenstapel leer ist, wird ein
              Wert vom Bildschirm gelesen (siehe Kapitel 3).

Damit können Sie also Informationen am Anfang oder am Ende des Stapels
ablegen, jedoch nur das erste Element wieder verarbeiten. Die Instruktion
PUSH bietet somit den Vorteil, daß Elemente, die zuletzt abgelegt wurden,
sofort wieder ausgelesen werden können. Falls Sie jedoch mehrere Werte in
einer bestimmten Reihenfolge benötigen, besteht der Nachteil, daß Sie die
Werte mit PUSH in umgekehrter Reihenfolge ablegen müssen. Der Vorteil von
QUEUE liegt darin, daß die abgelegten Werte ihre Reihenfolge behalten,
jedoch müssen Sie mit Hilfe von Nicht-REXX-Befehlen wie z.B. MAKEBUF

sicherstellen, daß nicht alte Werte vor den von Ihnen abgelegten Werten stehen und beim Auslesen verarbeitet werden.

Im folgenden Beispiel soll der Puffer zur Werteübergabe benutzt werden, wobei in der Routine wieder die Summe und die Differenz zweier Zahlen berechnet werden soll. Um verschiedene Möglichkeiten der Pufferverwendung zu zeigen, werden die beiden Zahlen aus dem Hauptprogramm gemeinsam in eine Pufferzeile gestellt, während die Ergebnisse jeweils einzeln abgelegt werden:

```
/* Addieren und Subtrahieren zweier Zahlen          */
SAY 'Bitte geben Sie zwei Zahlen ein'
/* Eingabe des Benutzers,anfordern, z.B. 10 6        */
PULL zahl1 zahl2
/* Ablegen beider Zahlen in einer Zeile, z.B. 10 6   */
PUSH zahl1 zahl2
/* Aufruf der Routine, ohne Parameterübergabe        */
CALL RECHNEN
PULL erg1  /* Auslesen der abgestellten Summe 16     */
PULL erg2  /* Auslesen der Differenz 4               */
SAY 'Die Summe lautet:' erg1
SAY 'Die Differenz lautet:' erg2
EXIT
```

Externe Routine RECHNEN:

```
/* Externe Routine RECHNEN                */
/* Auslesen der beiden Zahlenwerte        */
PULL z1 z2
summe = z1 + z2
diff= z1 - z2
/* Zunächst Differenz abstellen           */
PUSH diff
/* Summenwert oben auf Stapel abstellen   */
PUSH summe
RETURN
/* Routine-Ende ohne Parameterrückgabe    */
```

Die beiden Ergebnisse hätten auch direkt in der PUSH-Instruktion errechnet und in den Puffer gestellt werden können. Die Syntax lautet dann:

```
PUSH z1 + z2    bzw.  PUSH z1 - z2
```

Gegenüber einer direkten Übergabe von Parametern bietet der Einsatz des Programmpuffers zusätzlich die Möglichkeit, beliebig viele bzw. eine variable Anzahl von Parametern zu übergeben. Mit Hilfe der REXX-Funktion QUEUED() kann nämlich die Anzahl der Elemente des Puffers bestimmt werden, so daß diese über eine DO-Schleife wieder ausgelesen werden können.

Im nächsten Beispiel können vom Benutzer beliebig viele Zahlen eingegeben werden, die dann in einer Routine addiert werden. Dabei ist vor allem darauf zu achten, daß die Bildschirmabfrage mit PARSE EXTERNAL und nicht mit PULL erfolgen muß, da innerhalb der Schleife Werte in den Puffer gestellt werden und diese sonst sofort wieder ausgelesen werden (Endlosschleife!):

```
/* Addieren  beliebig vieler  Zahlen            */
DO UNTIL zahl=" "
        /* Eingabe des Benutzers anfordern, z.B. 10     */
        SAY 'Bitte geben Sie eine Zahl ein, Ende mit Leer'
        PARSE EXTERNAL zahl .
        /* Ablegen der jeweiligen Eingabe               */
        PUSH zahl1
END
/* Aufruf der Routine, ohne Parameterübergabe           */
CALL RECHNEN
/* Auslesen der abgestellten Summe                      */
PULL erg1
SAY 'Die Summe aller Zahlen lautet:' erg1
EXIT
```

Nach der Eingabe beliebig vieler Werte (z.B. 10, 15, 5) stehen diese jeweils in eigenen Pufferzeilen und können in der Routine wieder verarbeitet werden.

Externe Routine RECHNEN:

```
/*  REXX-Prozedur RECHNEN     */
summe=0            /* Initialisierung der Variable       */
/* QUEUED() liefert die Anzahl der Pufferelemente   */
DO QUEUED()
        PULL z1    /* Auslesen eines Elements            */
        summe = summe + z1    /* Aufaddieren             */
END
/* Summenwert auf jetzt leeren Stapel stellen       */
PUSH summe
RETURN
/* Routine-Ende ohne Parameterrückgabe              */
```

Globale Variablen im VM/CMS

Der Werteaustausch über den Puffer wird in der Praxis häufig verwendet und ist in allen REXX-Implementierungen möglich. Im Betriebssystem VM/CMS steht Ihnen neben all den genannten Verfahren noch eine weitere Technik zur Verfügung, die nicht mit dem Puffer arbeitet, so daß sie den Puffer für andere Zwecke (z.B. Dateiverarbeitung) verwenden können. Im CMS können Sie neben den REXX-Variablen auch globale CMS-Variablen einsetzen, die über Prozedurgrenzen hinweg Gültigkeit besitzen. In besonderen Fällen können die Werte sogar über eine CMS-Sitzung (also über den IPL CMS) oder die VM-Sitzung (über den LOGOFF) gespeichert werden. Sie müssen jedoch bedenken, daß Ihnen GLOBALV nur unter CMS zur Verfügung steht und Sie die

Prozedur ändern müssen, falls diese auf einem anderen Betriebssystem eingesetzt werden soll, was bei allen anderen SAA-konformen Techniken nicht der Fall ist.

Das Ansprechen der globalen CMS-Variablen erfolgt im CMS-Befehl GLOBALV, mit dessen Hilfe Sie Werte zwischen REXX-Variablen und *gleichnamigen* globalen Variablen austauschen können. Folgende Optionen sind bei GLOBALV wichtig (die vollständige Syntax können Sie bei Bedarf einem CMS-Handbuch entnehmen):

GLOBALV PUT x y   Die Werte der REXX-Variablen x und y werden unter denselben Variablennamen im CMS-Variablenpool erzeugt und bleiben maximal bis zum Neustart von CMS (IPL CMS) erhalten.

GLOBALV PUTS x y   Die Werte der beiden Variablen werden abgelegt wie bei GLOBALV PUT. Sie bleiben über einen CMS-Neustart hinaus erhalten, nicht jedoch über das Abmelden der virtuellen Maschine (LOGOFF) hinaus (PUTS=PUT SESSION).

GLOBALV PUTP x y   Die globalen Variablen werden gefüllt und behalten auch über das Abmelden hinaus ihre Gültigkeit (PUTP=PUT PERMANENT).

GLOBALV GET x y   Die Werte der globalen Variablen x und y werden wieder den gleichnamigen REXX-Variablen zugewiesen.

Um die Arbeitsweise mit GLOBALV zu verdeutlichen, soll unser bekanntes Beispiel entsprechend modifiziert werden. Dabei sollten Sie beachten, daß der GLOBALV-Befehl und dessen Variablennamen in Hochkommata stehen müssen, da ansonsten der REXX-Interpreter eine Ersetzung der Variablennamen durch deren Wert vornehmen würde.

```
/* Addieren und Subtrahieren zweier Zahlen     */
SAY 'Bitte geben Sie zwei Zahlen ein'
/* Eingabe des Benutzers anfordern, z.B. 10 6  */
PULL zahl1 zahl2
/* Ablegen beider Datenwerte im CMS-Pool       */
"GLOBALV PUT zahl1 zahl2"
/* Aufruf der Routine, ohne Parameterübergabe  */
CALL RECHNEN
/* Holen der Ergebnisse aus CMS-Pool           */
"GLOBALV GET summe diff"
SAY 'Die Summe lautet:' summe
SAY 'Die Differenz lautet:' diff
EXIT
```

Externe Routine RECHNEN:

```
/*REXX-Routine RECHNEN                           */
/* Holen der Zahlen aus CMS-Pool                 */
"GLOBALV GET zahl1 zahl2"
summe = zahl1 + zahl2
diff= zahl1 - zahl2
/* Summe und Differenz abstellen                 */
"GLOBALV PUT summe diff"
RETURN
/* Routine-Ende ohne Parameterrückgabe           */
```

5.5 Übungen

Übung 5.01
In der Übung 4.01 haben wir eine Prozedur erstellt, mit deren Hilfe wir die Qualifier eines TSO-Dateinamens auf ihre Gültigkeit hin prüfen können. Diese Prüfung soll nun so variiert werden, daß die Prüfung in einer eigenen Routine durchgeführt wird, damit diese auch von anderen Prozeduren aus aufgerufen werden kann. Die Eingabe des Qualifiers soll also im "Hauptprogramm" erfolgen, bis die Prüfroutine keinerlei Fehler mehr entdeckt.

Übung 5.02
Modifizieren Sie die Lösung von Übung 5.01 so, daß Sie die Prüfung des Qualifiers als Funktion aufrufen können.

6 REXX in der VM/CMS-Umgebung

Die Sprache REXX wurde als Nachfolger der Prozedurensprachen EXEC bzw. EXEC2 für das IBM-Betriebssystem VM/CMS entwickelt, um Abläufe innerhalb dieser Umgebung durch Prozeduren zu automatisieren. Wie in den vorhergehenden Kapitel dargestellt wurde, stehen in REXX eigentlich nur Steuerungsinstruktionen (z.B. Schleifen oder Verzweigungen) zur Verfügung, jedoch keine Befehle, die tatsächlich eine Aktion in der jeweiligen Umgebung auslösen (z.B. Senden oder Löschen einer Datei). Diese Aufgabe erfüllen weiterhin die Befehle der Umgebung, die von REXX-Befehlen gesteuert und mit Hilfe von REXX-Variablen und deren Verarbeitung variabel gestaltet werden können.

In diesem Kapitel soll nun besonders auf Einrichtungen und Befehle der Betriebssystemumgebung VM/CMS eingegangen werden, die in REXX-Prozeduren häufig benötigt werden. Auch wenn Sie REXX unter einer anderen Implementierung einsetzen, ist es sinnvoll, sich in diesem Kapitel mit der ursprünglichen Umgebung von REXX vertraut zu machen. In den anderen Umgebungen sind diese CMS-Befehle nämlich als zusätzliche Kommandos implementiert worden, so daß die Kenntnis der Zusammenhänge im VM/CMS sicherlich zu einem besseren Verständnis der externen Befehle Ihrer Umgebung führt.

6.1 Arbeiten mit dem CMS-Konsolpuffer

Der Konsolpuffer ist eine ständig aktive Einrichtung des CMS zur Zwischenspeicherung von Werten, auf die sowohl mit CMS-Befehlen als auch mit Befehlen der unter CMS existierenden Prozedurensprachen EXEC, EXEC2 und REXX zugegriffen werden kann. Der Konsolpuffer besteht aus den zwei Teilen

- Bildschirmpuffer und
- Programmpuffer.

In den Bildschirmpuffer werden alle Daten abgestellt, die während des Prozedurablaufs am Bildschirm eingegeben werden. Diese Daten können dann

mit den REXX-Befehlen PARSE EXTERNAL bzw. PARSE PULL auf beliebige REXX-Variablen zerlegt und weiterverarbeitet werden bzw. auch mit
CMS-Befehlen wie DESBUF wieder gelöscht werden.

Neben dem Bildschirmpuffer existiert zunächst ein einziger Programmpuffer
("Puffer 0"), in dem sowohl mit CMS-Befehlen als auch REXX-Befehlen
beliebige Daten abgelegt werden können. Die beiden Hauptanwendungen
dieses Programmpuffers sind der Austausch von Werten zwischen verschiedenen Prozeduren und die Verarbeitung von CMS-Dateien, da ein direkter
Austausch von Daten zwischen einer Datei und dem Programmpuffer möglich
ist. Innerhalb des Programmpuffers können mit Hilfe von CMS-Befehlen auch
weitere Puffer ("private Puffer") angelegt und wieder gelöscht werden; mit
solchen privaten Puffern wird gearbeitet, um Daten in vorher bestehenden
Puffern zu schützen.

Den Zusammenhang zwischen den einzelnen Puffern und den REXX-Befehlen,
die zur Verarbeitung der Daten benötigt werden, soll folgendes Diagramm verdeutlichen:

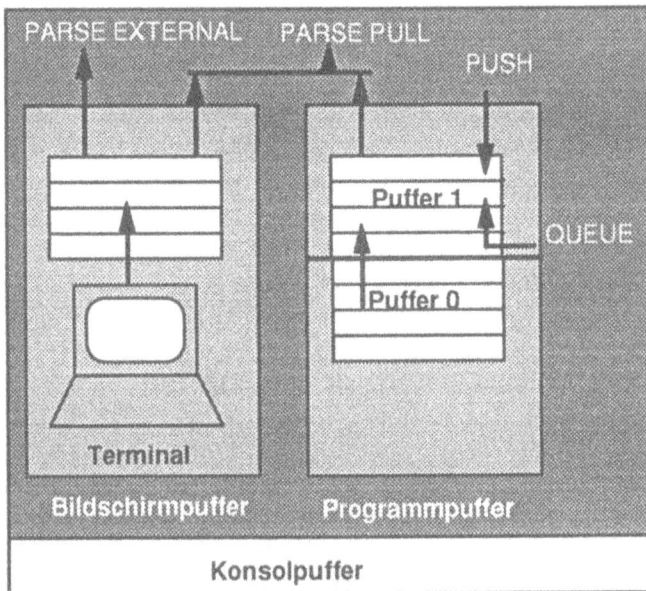

Pufferverarbeitung mit PUSH bzw. QUEUE und PULL
In den Programmpuffer können Sie mit den REXX-Instruktionen PUSH bzw.
QUEUE jeweils eine Zeile mit beliebigen Datenwerten (maximal 255 Stellen)
abstellen. Der Unterschied zwischen den beiden Instruktionen besteht darin,
daß PUSH die Datenwerte immer "oben" auf das letzte Datenelement des

aktuellen Puffers ablegt, während QUEUE die Werte von "unten" in den jeweils aktuellen (=höchsten) Puffer einschiebt. Die Syntax der beiden Instruktionen ist ansonsten identisch und lautet:

```
     PUSH ausdruck
bzw. QUEUE ausdruck
```

In *ausdruck* kann ein beliebiger REXX-Ausdruck angegeben werden, wobei jede PUSH- oder QUEUE-Instruktion jeweils nur eine Pufferzeile erzeugt, auch wenn dort "scheinbar" mehrere Einzelwerte vorkommen.

Beispiele:
```
     PUSH 'REXX macht Spaß'
     QUEUE 2
     QUEUE 3
     PUSH 2*3
```

Unter der Voraussetzung, daß vorher keine Pufferzeilen vorhanden waren, stehen nach den o.g. Befehlen folgende Werte im Puffer, wobei Sie vor allem auf die Reihenfolge der Werte achten sollten:

6
REXX macht Spaß
2
3

Diese vielleicht zunächst "komische" Reihenfolge der Werte ergibt sich, da die erste PUSH-Instruktion die Daten in den noch leeren Puffer ablegt, die beiden QUEUE-Befehle die jeweiligen Werte von "unten" einschieben und im letzten PUSH-Befehl eine Pufferzeile mit dem Wert "6" (der Ausdruck wird ausgewertet!) oben abgelegt wird.

Auf die Daten des Programmpuffers kann mit der Instruktion PARSE PULL bzw. PULL zugegriffen werden. Jede dieser Instruktionen liest jeweils die **erste** Zeile des **aktuellen** Puffers aus und zerlegt die Datenwerte entsprechend der angegebenen Schablone (siehe Kapitel 3), wobei bei PULL eine automatische Umsetzung in Großbuchstaben erfolgt.

Um also unsere Werte aus den ersten beiden Pufferzeilen wieder in REXX-Variablen zur Verfügung zu haben, können folgende Instruktionen codiert werden:

```
     PARSE PULL zahl
     PARSE PULL wort1 wort2 wort3
```

Die erste Pufferzeile mit dem Wert "6" wird ausgelesen und der Variablen *zahl* zugewiesen. Die zweite Pufferzeile "REXX macht Spaß" wird entsprechend der angegebenen Schablone zerlegt, so daß die Worte jeweils einzeln den Variablen zugewiesen werden. Die beiden anderen Pufferzeilen bleiben zunächst unverändert bestehen.

Aufgrund der Tatsache daß nur jeweils die oberste Zeile des aktuellen Puffers gelesen werden kann, müssen Sie beim Arbeiten mit dem Puffer beachten, daß die später benötigte Reihenfolge der Werte bereits beim Ablegen richtig erzeugt werden muß. Mit den REXX-Instruktionen PUSH bzw. QUEUE können Sie sowohl das LIFO-Prinzip (Last In-First Out) als auch das FIFO-Prinzip (First-First Out) realisieren.

Falls mehrere Pufferzeilen erzeugt werden sollen, so werden die Pufferzeilen meist mit der QUEUE-Instruktion erzeugt, da die Pufferzeilen dann in späterer Verarbeitungsreihenfolge erzeugt werden können (bei PUSH müßte die Reihenfolge ja vertauscht werden). Die QUEUE-Instruktion hat aber gegenüber PUSH den Nachteil, daß Sie nicht sicher sein können, daß nach dem Abstellen einer Zeile genau diese beim nächsten Auslesen auch wiedergewonnen wird. Falls nämlich schon vorher Zeilen im Puffer existiert haben, so werden die mit QUEUE erzeugten Zeilen "hinten" angehängt. Um diesen Nachteil auszuschalten, können Sie sich mit CMS-Befehlen eigene "private" Puffer anlegen und wieder löschen.

Erzeugen von zusätzlichen Puffern
Das Erzeugen und auch Löschen von Puffern erfolgt über CMS-Befehle und nicht über REXX-Instruktionen. Der Puffer ist ja eine CMS-Einrichtung und konnte auch schon in den Sprachen EXEC und EXEC2 eingesetzt werden. Da der Puffer auch für REXX-Implementierungen unter anderen Betriebssystemen zur Verfügung steht, mußten diese ursprünglichen CMS-Befehle in den Sprachumfang der jeweiligen Umgebung aufgenommen werden (unter MVS/TSO als "externe TSO-Kommandos", im Personal REXX als eigene EXE-Files).

Mit dem CMS-Befehl MAKEBUF können Sie einen neuen Puffer erzeugen; der sog. "Pufferzeiger" zeigt dann auf diesen neuen "aktuellen" Puffer, was dazu führt, daß nachfolgende QUEUE-Instruktionen ihre Daten von unten in den neuen Puffer einschieben. Diese neuen Werte stehen dann beim späteren Auslesen vor allen bisher existierenden Werten in "alten" Puffern. Das Ziel, das wir mit dem Erzeugen eines neuen Puffers verfolgen, könnte etwa so formuliert werden:

"Die Pufferzeilen sollen wegen der richtigen Reihenfolge mit QUEUE erzeugt werden, wir müssen jedoch sicherstellen, daß die von uns abgestellten Werte vor evtl. schon existierenden Werten wiedergewonnen werden."

160

Im folgenden Abschnitt wollen wir uns das Ergebnis zweier QUEUE-Instruktionen ansehen, wobei wir annehmen, daß bereits im Puffer 0 eine Zeile mit "wert-alt" existiert; im ersten Fall sollen die beiden Pufferzeilen in denselben Puffer abgelegt werden, im zweiten Fall soll vorher ein eigener Puffer erzeugt werden.

Beispiel1:

```
QUEUE wert1
QUEUE wert2
```

Nach diesen QUEUE-Instruktionen stehen die beiden Werte hinter der vorher schon existierenden Pufferzeile:

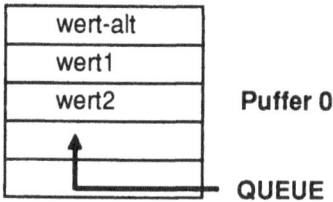

Falls Sie die Pufferzeilen so abstellen und eine Zeile wieder auslesen, so erhalten Sie keinesfalls die von Ihnen abgestellten Werte sondern eben den "wert-alt", was wohl zu einer fehlerhaften Verarbeitung führen wird. Beispiel2:

```
"MAKEBUF"
QUEUE wert1
QUEUE wert2
```

Nach Erzeugen eines eigenen Puffers stehen die beiden Werte in diesem Puffer und damit vor dem vorher schon existierenden Wert:

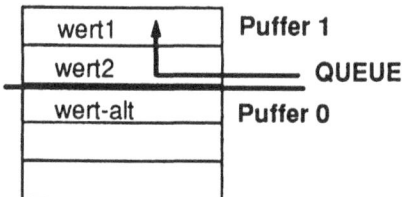

Wenn Sie jetzt wieder zwei Pufferzeilen auslesen und weiterverarbeiten, so sind dies genau die vorher abgelegten Werte. Die Verarbeitung läuft in diesem Falle also so, wie wir dies im weiteren Prozedurverlauf wohl benötigen. Zum Abschluß dieses Abschnitts noch einige Anmerkungen zu MAKEBUF:

• Das Erzeugen eines neuen Puffers stellt den Pufferzeiger jeweils zu diesem höchsten Puffer um. Alle QUEUE- und PUSH-Instruktionen arbeiten nun

161

mit diesem Puffer. Ein Zugriff auf Elemente unterer Puffer mittels PULL bzw. PARSE PULL ist nur möglich, nachdem alle oberen Puffer gelöscht bzw. abgebaut wurden (siehe nächster Abschnitt). Es existiert also kein Befehl zum Umstellen des Pufferzeigers!

- Wie alle Nicht-REXX-Befehle liefert auch MAKEBUF einen Returncode in der reservierten Variable *rc*. Dieser Returncode gibt immer die Nummer des gerade erzeugten und damit aktuellen Puffers an. Wenn Sie also einen ersten neuen Puffer erzeugen, so lautet der Returncode "1", beim zweiten "2", usw. Den ursprünglich existierenden Puffer bezeichnet man deshalb als "Puffer 0". Da der Returncode von MAKEBUF immer ungleich Null ist, darf kein allgemeiner Fehlerausgang mit SIGNAL ON ERROR bzw. CALL ON ERROR aktiv sein, da ansonsten auch nach einem erfolgreichen MAKEBUF in die Fehlerbehandlung verzweigt würde. In diesem Falle sollten Sie besser mit SIGNAL ON FAILURE bzw. CALL ON FAILURE arbeiten.

- Natürlich stellt auch die Instruktion PUSH nach einem erfolgten MAKEBUF ihre Daten an den Anfang des neuen Puffers, für die spätere Verarbeitungsreihenfolge spielt es jedoch keine Rolle, ob die Daten an den Anfang eines neuen Puffers oder an den Anfang eines bestehenden Puffers gestellt werden.

Löschen von Puffern

Ein Puffer kann sowohl explizit durch CMS-Befehle als auch implizit durch bestimmte Lesefolgen gelöscht ("abgebaut") werden. Der CMS-Befehl DROPBUF löscht Programmpuffer, wobei als Parameter eine Nummer angegeben werden kann:

```
DROPBUF [nr]
```

Wird keine Nummer angegeben, so wird der derzeit aktuelle Puffer mit allen evtl. enthaltenen Datenelementen gelöscht. Der Pufferzeiger zeigt anschließend auf den nächst unteren Puffer. Wird eine Nummer mitgegeben, so werden sowohl der angebene Puffer *als auch alle höheren* Puffer mit ihren Datenelementen gelöscht. Nach dem Befehl

```
DROPBUF 2
```

werden also der "Puffer 2" und alle höheren Puffer gelöscht. Als aktueller Puffer gilt dann "Puffer 1". Wollen Sie alle Puffer löschen, so tun Sie dies mit:

```
DROPBUF 0
```

Der Puffer 0 bleibt in diesem Fall erhalten, seine Datenelemente werden jedoch gelöscht.

Im Unterschied zu DROPBUF löscht der CMS-Befehl DESBUF den gesamten Konsolpuffer, also alle Programmpuffer (ähnlich DROPBUF 0) und zusätzlich alle Inhalte im Bildschirmpuffer. In der Praxis wird DESBUF selten verwendet, da die Elemente im Bildschirmpuffer üblicherweise erhalten bleiben sollen.

Neben dem expliziten Löschen kann ein Puffer auch durch Lesen von Elementen über die Puffergrenzen hinweg "abgebaut" werden. Für die folgenden Betrachtungen wollen wir uns nocheinmal die im vorangehenden Beispiel erzeugte Elementanordnung im Puffer ansehen:

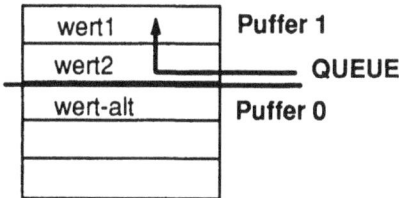

Wenn wir mit der Instruktion PULL bzw. PARSE PULL zwei Zeilen auslesen, so erhalten wir die Werte "wert1" und "wert2". Als aktueller Puffer gilt weiterhin der dann leere "Puffer 1"; alle PUSH- und QUEUE-Instruktionen würden ihre Daten also in diesem Puffer ablegen. Sobald wir noch ein dritte Zeile aus dem Puffer auslesen, wird zunächst der leere "Puffer 1" gelöscht und das Element "wert-alt" aus dem "Puffer 0" wird ausgelesen; als aktueller Puffer gilt dann der "Puffer 0", denn "Puffer 1" wurde ja implizit gelöscht!

In der Praxis führt dieses Lesen über die Puffergrenzen hinweg häufig zu Verarbeitungsfehlern, da damit häufig "ungewollt" Puffer gelöscht werden und bei nachfolgenden QUEUE-Instruktionen evtl. eine nicht beabsichtigte Reihenfolge der Elemente entsteht. Man kann zwar nicht grundsätzlich davon sprechen, daß das Lesen über die Puffergrenzen hinweg immer zu Fehlern führt, Sie sollten jedoch besonders auf diese "Falle" achten. In der REXX-Implementierung unter MVS/TSO wurde diesem Problem Rechnung getragen und neben der Pufferverarbeitung zusätzlich die Möglichkeit geschaffen, eigene Stapel ("STACK") zu erzeugen, bei denen ein Lesen über die Stapelgrenzen hinweg nicht möglich ist.

Neben dem impliziten Abbau von Puffern durch Auslesen können Puffer auch durch einen anderen Vorgang wieder gelöscht werden: Am Ende einer Folge von REXX-Prozeduren werden die dann noch existierenden Pufferzeilen von der jeweils aktiven Umgebung (z.b. CMS oder Editor XEDIT) automatisch ausgelesen. Die Umgebung versucht dann, die in den Pufferzeilen enthaltenen Werte als Befehle der jeweiligen Umgebung auszuführen. In der Praxis erfolgt dieses Auslesen am Prozedurende meist unbeabsichtigt (es wurden Pufferzeilen "vergessen" bzw. am Prozedurende nicht richtig gelöscht) und führt dann zu Fehlern, da Sie ja meist keine vollständigen und syntaktisch richtigen Umgebungsbefehle als Pufferzeilen abgestellt haben. Der Tip an dieser Stelle kann eigentlich nur lauten: Falls Sie mit Puffern arbeiten, sollten Sie am Ende einer Prozedurfolge die von Ihnen erzeugten Puffer und Pufferzeilen auch wieder abbauen, damit nach Ihrer Prozedur dieselben Datenelemente im Puffer existieren wie vor der Prozedur.

Die QUEUED-Funktion
Häufig werden Sie beim Einsatz des Programmpuffers in einer REXX-Prozedur eine variable Anzahl von Pufferelementen (z.B. zum Werteaustausch zwischen Prozeduren) verarbeiten. Mit der REXX-Funktion QUEUED() können Sie dann die Anzahl der Pufferelemente bestimmen; Sie müssen jedoch beachten, daß QUEUED() als Funktionswert die Gesamtzahl **aller** Datenelemente in **allen** Puffern liefert. Sollen später nur die Elemente des aktuellen Puffers verarbeitet werden, so müssen Sie die Anzahl der vorher schon existierenden Pufferelemente in einer eigenen Variablen zwischenspeichern, bevor Sie weitere bzw. eigene Elemente in den Puffer ablegen. Auf diese Variable mit der ursprünglichen Zahl der Pufferzeilen können Sie dann später wieder zurückgreifen und die Zahl der Elemente im aktuellen Puffer errechnen.

Im nächsten Beispiel soll eine variable Anzahl von Jobs an eine andere Maschine (z.B. VSE-Maschine) gesendet werden. Die Dateinamen der Jobs werden in einer Hauptprozedur über eine Schleife abgefragt (in der Praxis werden sie meist über eine Bildschirmmaske eingegeben - siehe Kapitel 7) und im Puffer zwischengespeichert. Das eigentliche Versenden geschieht in einer externen Routine, die die Dateinamen wieder ausliest und über die CMS-Einrichtung PUNCH an die Gastbetriebssystemmaschine VSE sendet:

Lösung:

```
/* REXX-Hauptprozedur zur Abfrage von Dateinamen    */
/* Bestimmen der existierenden Pufferzeilen         */
alt = QUEUED()
/* Erzeugen eines neuen Puffers                     */
"MAKEBUF"
/* Abfragen von Dateinamen                          */
DO UNTIL dateiname = ' '
```

```
        SAY "Dateiname ???"
        PARSE EXTERNAL dateiname
        QUEUE dateiname         /* Namen in Puffer stellen */
END
/* Anzahl der Elemente im aktuellen Puffer bestimmen  */
anzahl = QUEUED() - alt
/* Aufruf der Routine, anzahl übergeben               */
CALL VERSENDE anzahl
"DROPBUF"                       /* Puffer wieder löschen   */
```

Routine VERSENDE:

```
/* REXX-Routine:                                          */
/*   Versenden von Dateien, deren Namen im Puffer sind */
ARG anzahl
        /* Puncher an andere Maschine umstellen         */
"CP SPOOL PUNCH TO VSE"
        /* Lesen eines Dateinamens und versenden        */
DO anzahl
        Pull name
        "PUNCH" name "(NOHEADER"
END
        /* Puncher wieder auf eigene Maschine stellen    */
"CP SPOOL PUNCH TO *"
RETURN
```

Zum Abschluß dieses Abschnitts sollen nocheinmal die wichtigsten Anwendungen für den Einsatz des CMS-Puffers zusammengefaßt werden und gleichzeitig ein Ausblick auf die folgenden Abschnitte erfolgen, in denen diese Anwendungen genauer behandelt werden.

• Austausch von Werten zwischen verschiedenen Prozeduren
  Wie im letzten Beispiel dargestellt, wird der Programmpuffer häufig zum Austausch von Werten zwischen verschiedenen Prozeduren eingesetzt. Es gibt praktisch keine Grenze bezüglich der Anzahl der Werte, außerdem kann sehr einfach eine variable Zahl von Werten verarbeitet werden. Da auch von anderen Prozedursprachen wie EXEC oder EXEC2 auf den Puffer zugegriffen werden kann, können auch zwischen verschiedenen Prozedursprachen Werte übergeben werden.

• Lesen und Schreiben von CMS-Dateien:
  Das Lesen und Schreiben von CMS-Dateien erfolgt meist mit dem CMS-Befehl EXECIO. Dieser Befehl führt standardmäßig einen Austausch von Daten zwischen einer CMS-Datei und dem Programmpuffer durch. Sie können also mit einem EXECIO-Befehl alle vorher im Puffer abgestellten Zeilen in eine Datei schreiben bzw. umgekehrt mit einem EXECIO-Befehl eine (fast) beliebige Anzahl von Dateizeilen in den Puffer stellen und diese dann weiterverarbeiten.

- Umleiten von CMS-Bildschirmausgaben
  Eine große Anzahl von CMS-Befehlen, die Bildschirmausgaben liefern
  (z.B. Query DISK = Anzeige aller CMS-Platten), bieten die Möglichkeit,
  die Ausgaben nicht am Bildschirm anzeigen zu lassen, sondern diese
  Meldungen bzw. Informationen in den Puffer umzuleiten. Die ursprünglichen Bildschirmausgaben können dann wieder aus dem Puffer gelesen,
  zerlegt und weiterverarbeitet werden. Dies ist im Bereich VM/CMS eine
  sehr wichtige Technik, um innerhalb von REXX-Prozeduren auf Informationen der Umgebung zugreifen zu können. Eine genauere Beschreibung
  dieser Verarbeitungslogik finden Sie im Abschnitt 6.3.

- Zeichenkettenverarbeitung in Editormakros
  Über Editormakros können komplexere Editoraufgaben automatisiert und
  eigene "Editorbefehle" bzw. "Zeilenbefehle" geschrieben werden. Reichen
  die Möglichkeiten der Editorbefehle nicht mehr aus, so können mit dem
  Editorbefehl STACK Dateizeilen in den Puffer gestellt werden, die dann
  gelesen und mit den umfangreichen REXX-Funktionen verarbeitet oder
  geprüft werden können. Falls notwendig, können die Zeilen nach einer
  Veränderung durch REXX-Instruktionen wieder in die Datei eingefügt
  werden. Auf die Erstellung von Editormakros wird in Abschnitt 6.4
  genauer eingegangen.

6.2 Lesen und Schreiben von CMS-Dateien

Mit dem CMS-Befehl EXECIO können sequentielle CMS-Dateien gelesen
bzw. geschrieben werden. Eine REXX-Instruktion für diese Art der Dateiverarbeitung existiert nicht; deshalb wurde der CMS-Befehl EXECIO auch in
anderen REXX-Implementierungen ergänzt (z.B. unter MVS/TSO oder im
Personal REXX), so daß Sie auch dort Dateiinhalte der jeweiligen Umgebung
in REXX-Prozeduren verarbeiten können. Leider wurden dort nicht immer alle
der zahlreichen Optionen von EXECIO übernommen, so daß die Verarbeitung
von Dateiinhalten meist nicht so viele Möglichkeiten bietet wie im CMS bzw.
umständlicher und schwieriger zu realisieren ist. In diesem Abschnitt wollen
wir uns zunächst die grundlegende Technik der EXECIO-Verarbeitung und das
Zusammenwirken zwischen EXECIO und den REXX-Instruktionen und
-Funktionen genauer ansehen. Am Ende dieses Abschnitts finden Sie eine
genaue Aufstellung der umfangreichen Optionen von EXECIO und deren
Anwendung.

Grundlagen der Dateiverarbeitung mit EXECIO
Der CMS-Befehl EXECIO überträgt in seiner Grundform Daten aus dem Programmpuffer in eine Datei bzw. umgekehrt Dateizeilen in den Programmpuffer. Die syntaktische Grundform von EXECIO lautet (die Klammer nach
den Optionen entfällt bei CMS-Befehlen üblicherweise!):

```
EXECIO anzahl art dateiname [(optionen]
```

Die Parameter haben folgende Bedeutung:

anzahl   In *anzahl* kann die Zahl der zu lesenden bzw. zu schreibenden Zeilen bestimmt werden. Wird beim Lesen "*" angegeben, so werden alle Zeilen bis zum Dateiende in den Puffer gestellt. Beim Schreiben von Dateizeilen aus dem Puffer in die Datei sollten Sie jedoch darauf achten, daß der Wert "*" zwar dazu führt, daß alle Zeilen aus dem Puffer in die Datei gestellt werden, zusätzlich wird jedoch noch auf eine Benutzereingabe gewartet (ähnlich wie PULL); falls Sie dann eine Eingabe machen, so werden diese Daten ebenfalls in die Datei übertragen und eine weitere Eingabe angefordert (ohne Meldung!), solange bis durch eine Leereingabe die EXECIO-Verarbeitung abgeschlossen wird. Beim Schreiben mit EXECIO sollte also immer eine konkrete Anzahl für die zu übertragenden Zeilen angegeben werden, meist geschieht dies mit der REXX-Funktion QUEUED(), die die Gesamtzahl aller Pufferzeilen liefert.

art   Im zweiten Parameter wird die Art der EXECIO-Verarbeitung bestimmt. Bezogen auf die Dateiverarbeitung sind <u>DISKR</u>ead für das Lesen von Dateien und <u>DISKW</u>rite zum Schreiben von Dateiinhalten möglich.

dateiname   Hier muß der dreiteilige Name der zu verarbeitenden CMS-Datei angegeben werden, z.B. REXX DATEN A.

optionen   Je nach Art der EXECIO-Verarbeitung kann eine Reihe von Optionen angegeben werden, die zum einen grundlegenden Einfluß auf die gesamte Verarbeitungslogik haben (z.B. wird über STEM statt des Puffers eine REXX-Compound-Variable bei der Verarbeitung verwendet) und zum anderen vor allem beim Lesen mehr Komfort bieten (z.B. Suchen nach bestimmten Dateninhalten mit FIND). Eine genaue Beschreibung dieser Optionen finden Sie am Ende dieses Abschnitts.

Beispiele für EXECIO-Befehle in REXX-Prozeduren (mit Hochkommata!):

• Lesen aller Zeilen der Datei REXX DATEN A :

    "EXECIO * DISKR REXX DATEN A"

- Lesen einer Zeile der Datei REXX DATEN A und übertragen der Daten in den Puffer:

```
"EXECIO 1 DISKR REXX DATEN A"
```

- Schreiben aller Zeilen des Programmpuffers in die Datei REXX DATEN A, wobei mit der REXX-Funktion QUEUED() die konkrete Anzahl der zu übertragenden Datenzeilen ermittelt wird. Damit QUEUED() als REXX-Funktion erkannt wird, darf die Funktion nicht in Hochkommata eingeschlossen werden:

```
"EXECIO" QUEUED() "DISKW REXX DATEN A"
```

- Schreiben der obersten Pufferzeile in die Datei REXX DATEN A:

```
"EXECIO 1 DISKW REXX DATEN A"
```

Zum besseren Verständnis des Zusammenspiels zwischen REXX-Instruktionen und CMS-Befehlen bzw. des Datenaustauschs zwischen Programmpuffer und CMS-Datei wollen wir uns ein einfaches Beispiel aus der Praxis genauer ansehen. Mit Hilfe einer REXX-Prozedur sollen die Daten eines CMS-Benutzerverzeichnisses erfaßt werden, in das jeder Benutzer mit Daten wie Benutzernummer, Name, Abteilung und Telefonnummer aufgenommen werden soll. Das Verzeichnis soll in der CMS-Datei USER DATEN A gespeichert werden. Der Einfachheit halber wollen wir uns auf die o.g. vier Informationen pro Benutzer beschränken und die Daten mit Hilfe einer einfachen Folge von SAY- und PULL-Instruktionen abfragen. In der Praxis werden sicherlich für jeden Benutzer noch mehr Informationen gespeichert, die dann auch über eine Bildschirmmaske (siehe Kapitel 7) gepflegt und auf Plausibilität geprüft werden können.

In unserer REXX-Prozedur sollen die vier Informationen zu einem Benutzer innerhalb einer Schleife abgefragt werden (ohne Prüfung) und mit der REXX-Instruktion QUEUE gemeinsam in einer Zeile in den Puffer abgelegt werden. Damit trotz der unterschiedlichen Länge der einzelnen Informationen bei verschiedenen Benutzern eine sinnvoll formatierte Datei entsteht, werden die Daten mit der LEFT-Funktion jeweils auf eine gleiche Länge gebracht.

Lösung:

```
/* REXX-Prozedur zur Erfassung von Benutzerdaten    */
        /* Bestehende Anzahl der Pufferzeilen bestimmen */
alt = QUEUED()
        /* Eigenen Puffer schaffen                  */
"MAKEBUF"
"VMFCLEAR"         /* Bildschirm löschen            */
```

```
DO UNTIL antwort <>'J'
    SAY 'Geben Sie Userid, Name, Abt und Telefon'
    SAY 'des Benutzers ein. Trennen mit Leerzeichen'
    PARSE EXTERNAL userid name abt tel .
                /* Zeile formatiert in Puffer stellen */
    QUEUE LEFT(userid,8) left(name,20) left(abt,10) tel
    SAY 'Noch einen erfassen ?? (J/N), Standard: Nein'
    PARSE UPPER EXTERNAL antwort .
END
                /* Alle Zeilen in Datei stellen       */
"EXECIO" QUEUED()-alt "DISKW USER DATEN A"
                /* Eigenen Puffer wieder löschen       */
"DROPBUF"
```

Falls die in EXECIO angegebene Datei schon existiert, werden die Daten hinten angehängt, falls nicht, so wird automatisch eine neue Datei mit Standardattributen erstellt; über die Optionen könnten Sie die Dateiattribute wie Satzlänge oder Satzformat einer neuen Datei festlegen. Nach der Erfassung von fünf Benutzern könnte unsere Datei etwa so aussehen:

IDV500	Meinert	WF3	2261
IDV3242	Steinmann	AVD3	3321
IDV409	Klement	AVD	4561/4355
IDV308	Springert	WF33	3310
IDV400	Schucholt	WSS43	7657

Natürlich wollen wir später die Daten auch wieder lesen bzw. auswerten können. Um das Lesen mit Hilfe von EXECIO zu demonstrieren, wollen wir als Beispiel alle Benutzer einer Abteilung wieder angezeigt bekommen, wobei die gesuchte Abteilung bzw. deren Anfangsbuchstaben abgefragt werden. Da die Daten unseres Benutzerverzeichnisses nicht nach Abteilung sortiert sind, müssen wir alle Zeilen in den Puffer lesen, mit PARSE PULL auslesen und auf einzelne Variablen zerlegen. Für jede Zeile wird dann geprüft, ob die Abteilung mit der gesuchten Abteilung übereinstimmt; ist dies der Fall, so werden die Daten wieder am Bildschirm ausgegeben.

Lösung:

```
/* REXX-Prozedur zum Suchen von Benutzern         */
                /* Gesuchte Abteilung abfragen        */
SAY 'Gesuchte Abteilung eingeben'
PARSE UPPER EXTERNAL suchabt
anzahl=0
alt = QUEUED()   /* Bestehende Pufferelemente?        */
"MAKEBUF"        /* Eigenen Puffer erzeugen           */
                /* Lesen aller Dateizeilen            */
"EXECIO * DISKR USER DATEN A"
                /*                                    */
```

```
DO QUEUED() - alt
                    /* Je eine Zeile lesen und zerlegen   */
          PARSE PULL userid name abt tel
                    /* Prüfen, ob Abteilung richtig ist   */
          IF ABBREV(abt,suchabt)=1
             THEN DO
                    /* Daten ausgeben                      */
                  SAY userid name abt tel
                  anzahl=anzahl+1
             END
             ELSE NOP
    END
                    /* Prüfen, ob mindestens einer existierte */
    IF anzahl > 0
       THEN SAY 'Es wurden' anzahl 'Benutzer gefunden'
       ELSE SAY 'Keine Benutzer in Abteilung' suchabt
```

Wie Sie an diesem Beispiel sehen, können Sie eine ganze Datei mit allen ihren Zeile mit einem Befehl in den Puffer laden und weiterverarbeiten. Sie haben sich wahrscheinlich schon die Frage gestellt, wie groß diese Datei werden kann?

Die Grenze für den Umfang der Pufferzeilen bildet der virtuelle Speicher, der Ihrer Benutzernummer zugeteilt wurde; im Normalfall können Sie einige Tausend Zeilen laden, wobei natürlich auch die Länge der Daten je Zeile eine Rolle spielt. Ganz grob kann man sich auch am Editor XEDIT orientieren, der eine Datei auch vollständig in den virtuellen Speicher lädt, so daß Sie davon ausgehen können, daß Sie eine Datei vollständig in den Puffer stellen können, wenn Sie diese auch editieren können.

Falls Sie nicht alle Zeilen Ihrer Datei komplett in den Puffer stellen können oder auch wollen, so stellen Sie einfach "portionsweise" kleinere Datenmengen in den Puffer. Damit dies funktioniert, müssen wir uns noch etwas genauer mit der Frage beschäftigen, wie und wann eine CMS-Datei eigentlich zur Verarbeitung geöffnet und auch wieder geschlossen wird?

Öffnen und Schließen einer CMS-Datei

Für den Befehl EXECIO gilt, daß beim ersten Ansprechen einer Datei mittels EXECIO die Datei automatisch geöffnet wird, der Satzzeiger wird also sozusagen auf den ersten Datensatz gestellt (in verschiedenen anderen Sprachen ist dazu ein expliziter Befehl notwendig, z.B. OPENFILE). Falls die Datei durch einen vorangegangenen EXECIO schon geöffnet ist, bleibt der Satzzeiger auf dem derzeitigen Stand stehen und die Datei wird ab diesem Satz verarbeitet.

Diese Tatsache wollen wir uns anhand von zwei aufeinanderfolgenden EXECIO-Befehlen ansehen, die innerhalb einer Prozedur ausgeführt werden.

170

```
"EXECIO 2 DISKR REXX DATEN A"
"EXECIO 3 DISKR REXX DATEN A"
```

Unter der Annahme, daß die Datei vorher noch nicht geöffnet war, erfolgt mit dem ersten EXECIO-Befehl ein implizites Öffnen der Datei, die beiden ersten Datenzeilen werden gelesen und in den Puffer gestellt. Die Datei bleibt weiterhin geöffnet, d.h. der Satzzeiger bleibt stehen. Für den zweiten EXECIO-Befehl ist die Datei schon geöffnet, so daß die nächsten drei Datenzeilen (also Dateizeile 3 bis 5) gelesen und in den Puffer gestellt werden. Würde nach jedem EXECIO ein implizites Schließen der Datei erfolgen, so würden Sie bei jedem EXECIO die Datei immer wieder "von vorne" verarbeiten.

Diese Verarbeitungslogik bietet uns also die Möglichkeit, mit mehreren EXECIO-Befehlen die Datei "portionsweise" zu verarbeiten. Üblicherweise wird EXECIO dazu in eine Schleife eingebettet, in der jeweils eine bestimmte Anzahl von Sätzen gelesen wird. Um Satz für Satz zu lesen, muß folgende Befehlsfolge codiert werden:

```
DO bedingung
     "EXECIO 1 DISKR REXX DATEN A"
END
```

Im Schleifenkopf müssen wir noch eine Bedingung codieren, die die Anzahl der zu lesenden Datensätze begrenzt. Wenn Sie nämlich im EXECIO-Befehl eine konkrete Anzahl angeben, so müssen Sie besonders beachten, daß am Dateiende nicht automatisch ein Ende des Lesevorgangs erfolgt (was bei EXECIO * DISKR der Fall war). Beim Erreichen des Dateiendes wird jedoch ein Returncode mit dem Wert "2" gesetzt, den wir in unserem Schleifenkopf in einer UNTIL-Bedingung einsetzen können. Die vollständige Befehlsfolge zum zeilenweise Lesen einer Datei bis zum Dateiende lautet also:

```
DO UNTIL rc = 2
     "EXECIO 1 DISKR REXX DATEN A"
END
```

Beim Einsatz der Variablen *rc* müssen Sie beachten, daß der Wert dieser Variable nicht zwischen EXECIO und dem Schleifenkopf durch andere Nicht-REXX-Befehle wieder neu gesetzt wird und der Returncode von EXECIO damit "verloren geht". Zu diesem Zweck speichern Sie den Returncode in einer eigenen Varable ab:

```
DO UNTIL rcsave = 2
     "EXECIO 1 DISKR REXX DATEN A"
     rcsave = rc
            :
END
```

171

Neben dem Returncode am Dateiende liefert EXECIO noch einige andere Werte, die Sie kennen sollten:

rc	Bedeutung
0	Normale Beendigung: Die Datenzeilen konnten ordnungsgemäß gelesen bzw. geschrieben werden
1	Daten abgeschnitten: Beim Schreiben eines oder mehrerer Datensätze wurden am Zeilenende Daten abgeschnitten, da die Dateilänge kleiner als die Datenlänge war. Es erfolgt dennoch kein Abbruch der Verarbeitung.
2	Dateiende erreicht: Bevor die angegebene Anzahl von Datenzeilen gelesen werden konnte, wurde das Dateiende erreicht. Dieser Returncode wird nicht gesetzt, falls mit EXECIO * DISKR gelesen wird.
20	Schwerer Fehler: Z.B. die Datei existiert überhaupt nicht.

In den vorhergehenden Abschnitten haben wir besprochen, daß nach einer Verarbeitung mit EXECIO die Datei nicht automatisch geschlossen wird. Dies bietet uns zum einen zwar die Möglichkeit, die Datenzeilen "portionsweise" zu verarbeiten, es birgt zum anderen aber auch die Gefahr, daß wir ungewollt beim Lesen oder Schreiben nicht am Dateianfang aufsetzen, sondern dort, wo der Satzzeiger eines vorhergehenden EXECIO-Befehls stehenblieb. Um diese "Falle" (es scheitern in der Praxis wirklich viele Programme und Anwender daran) auszuschalten, wollen wir uns genauer damit beschäftigen, wann eine CMS-Datei wieder geschlossen wird, so daß beim nächsten EXECIO die Datei wieder geöffnet wird und der Satzzeiger am Dateianfang steht.

Für EXECIO gilt:
Eine Datei wird implizit erst dann geschlossen, wenn nach einer Prozedur bzw. nach einer Folge von Prozeduren die Umgebung CMS wieder die Kontrolle erhält; die CMS-Umgebung erkennen Sie sehr einfach an der "Ready-Meldung" des CMS.

Dies bedeutet andererseits aber, daß eine Datei geöffnet bleibt, wenn Sie aus einer Prozedur in eine andere verzweigen. In der Praxis hat dies vor allem dann Bedeutung, wenn eine REXX-Prozedur aus der FILELIST-Umgebung (FILELIST ist ja eine REXX-Prozedur) aufgerufen wird, was zum großen Teil der Fall ist. Eine Datei bleibt nämlich standardmäßig geöffnet, auch dann, wenn Sie nach Prozedurende wieder zur FILELIST-Umgebung zurückkehren. Dies kann dazu führen, daß eine Prozedur abhängig von der Aufrufumgebung unterschiedlich abläuft bzw. beim ersten Aufruf aus der FILELIST funktioniert, beim nächsten Aufruf jedoch nicht.

Zur Erklärung dieses Phänomäns soll uns folgender Ausschnitt einer REXX-Prozedur dienen, in der alle Zeilen einer Datei in den Puffer gestellt und am Schirm ausgegeben werden:

```
/* REXX-Prozedur zum Lesen von Dateiinhalten        */
"EXECIO * DISKR REXX DATEN A"
DO QUEUED()
      PARSE PULL zeile
      SAY zeile
END
```

Wo liegt nun in dieser eigentlich einfachen Befehlsfolge das Problem?
Wenn Sie die Prozedur das erste Mal aus der FILELIST aufrufen, werden alle Zeilen richtig verarbeitet, bei der Rückkehr zur FILELIST bleibt die Datei jedoch geöffnet. In unserem Fall steht der Satzzeiger auf dem Dateiende. Wenn Sie nun ein zweites Mal die Prozedur aufrufen, wird keine einzige Datenzeile mehr gelesen! Eine ziemlich böse Falle, oder? Falls Sie die Prozedur aus der CMS-Ready-Umgebung aufgerufen hätten, wäre die Datei jeweils richtig verarbeitet worden.

FINIS-Option
Um diesem Problem aus dem Weg zu gehen, sollten Sie es nicht dem System bzw. dem "Zufall" der Aufrufvariante überlassen, wann die Datei implizit geschlossen wird, sondern die Datei explizit schließen, wenn die Verarbeitungslogik dies erfordert. Zu diesem Zweck können Sie im EXECIO-Befehl die Option FINIS angeben, die nach einer EXECIO-Verarbeitung die Datei explizit schließt, so daß die Datei beim nächsten EXECIO wieder ab deren Anfang verarbeitet wird, unabhängig davon, wo und wie Sie die Prozedur aufrufen.

Eine "wasserdichte" Lösung für unsere Dateiverarbeitung lautet also (keine Klammer nach FINIS):

```
/* REXX-Prozedur zum Lesen von Dateiinhalten        */
"EXECIO * DISKR REXX DATEN A (FINIS"
DO QUEUED()
      PARSE PULL zeile
      SAY zeile
END
```

In dieser Befehlsfolge wird die Datei explizit nach Lesen aller Dateizeilen geschlossen, was allgemein zu empfehlen ist. Sie dürfen nun jedoch nicht übers Ziel hinausschießen und jeden EXECIO-Befehl mit der FINIS-Option ausstatten, da dies zu Fehlern führt, wenn Sie eine Datei "portionsweise" verarbeiten wollen. Vielleicht errinnern Sie sich noch an das Beispiel, wo wir eine Datei Satz für Satz verarbeitet haben. Wenn wir dort die FINIS-Option einfügen, so lautet die Befehlsfolge:

```
DO UNTIL rcsave = 2
    "EXECIO 1 DISKR REXX DATEN A (FINIS"
    rcsave = rc
                :
                :
END
```

Die Datei wird hier nach jedem Lesen eines Satzes geschlossen, im nächsten Schleifendurchlauf wieder neu geöffnet und immer wieder die erste Datenzeile verarbeitet; das Dateiende wird somit nie erreicht, so daß wir die "berühmte" Endlosschleife erzeugt hätten! Es stellt sich daher die Frage, wie die Befehlsfolge richtig lauten muß, um eine Datei zwar Zeile für Zeile zu verarbeiten, am Prozedurende jedoch ein explizites Schließen der Datei zu erreichen?

Zur Lösung dieses Problems fügen wir am Prozedurende (außerhalb der Schleife!) einen eigenen EXECIO-Befehl mit der FINIS-Option ein, der nur zum Schließen der Datei dient. Damit dabei keine Dateizeilen übertragen werden, kann als Anzahl der Wert "0" angegeben werden.

```
DO UNTIL rcsave = 2
    "EXECIO 1 DISKR REXX DATEN A"
    rcsave = rc
                :
                :
END
"EXECIO 0 DISKR REXX DATEN A (FINIS"
```

Mit dieser Kombination der EXECIO-Befehle können wir die Datei also Zeile für Zeile verarbeiten und sind nicht von der Aufrufumgebung abhängig.

Einsatz von Compound-Variablen in EXECIO

Bisher haben wir mit EXECIO einen Datenaustausch zwischen dem Puffer und einer CMS-Datei durchgeführt. Anstelle des Puffers kann jedoch auch eine Compound-Variable ihre Daten mit einer Datei austauschen. Dies bietet vor allem beim Lesen von Dateizeilen den Vorteil, daß die Daten sofort in Variablen stehen und Sie für eine Weiterverarbeitung der Daten diese nicht erst aus dem Puffer lesen und Variablen zuweisen müssen. Außerdem können Sie auf ein beliebiges Element der Compoundvariable zugreifen, ohne vorher alle anderen Elemente verarbeiten zu müssen, indem Sie direkt eine konkrete Ausdehnung der Variable angeben. Mit dem Befehl

```
SAY zeile.20
```

können Sie z.B. das 20. Element der Compoundvariable *zeile* ausgeben. Bei einer Verarbeitung über den Puffer müßten Sie dagegen erst alle 19 oben liegenden Pufferzeilen verarbeiten, um an die Zeile 20 "heranzukommen". Zusätzlich haben Sie den Vorteil, daß Sie sich nicht mit dem Problem "alter" Pufferzeilen auseinandersetzen müssen (siehe vorhergehender Abschnitt) und somit auch kein Erzeugen und Löschen eigener Puffer notwendig wird.

Wie erreichen wir nun den Datenaustausch zwischen einer Datei und einer Compoundvariablen?

Die Option STEM des CMS-Befehls EXECIO ermöglicht die Angabe einer Stammvariablen, so daß der Datenaustausch nicht mehr zwischen Puffer und Datei sondern zwischen Compoundvariable und Datei erfolgt. Da wir ja Dateizeilen verarbeiten, wird als Name der Compoundvariable häufig *zeile* bzw. als Stammvariable dann *zeile.* verwendet. Der Befehl zum Lesen bzw. Schreiben von Dateizeilen der Datei REXX DATEN A über eine Compoundvariable lautet dann:

```
      "EXECIO * DISKR REXX DATEN A (STEM ZEILE. "
bzw.
      "EXECIO * DISKW REXX DATEN A (STEM ZEILE. "
```

Bei dieser Syntax müssen Sie beachten, daß Sie in der Option STEM den Namen einer Stammvariable (also mit Punkt) angeben und diesen Variablennamen innerhalb der Hochkommata einschließen müssen. Falls Sie neben STEM noch weitere Optionen angeben wollen (z.B. FINIS), so stellen Sie diese durch Leerzeichen getrennt und in beliebiger Reihenfolge in eine Klammer.

Beispiel:

```
      "EXECIO * DISKR REXX DATEN A (FINIS STEM ZEILE. "
```

Beim Lesen von Dateizeilen mit der Option STEM erfolgt die Übertragung der Dateizeilen nicht in den Puffer sondern in die entsprechende Ausdehnung der Compoundvariable. Die erste innerhalb eines EXECIO gelesene Zeile wird in "Ausdehnung-1" der Compoundvariable abgestellt, die zweite in "Ausdehnung2", usw. Zusätzlich zum Übertragen der Dateizeilen wird in "Ausdehnung-0" der Compoundvariable die Zahl der gelesenen Zeilen abgestellt. Folgende Abbildung soll den Lesevorgang eines EXECIO-Befehls nochmals veranschaulichen, mit dessen Hilfe alle sechs Zeilen einer Datei gelesen werden:

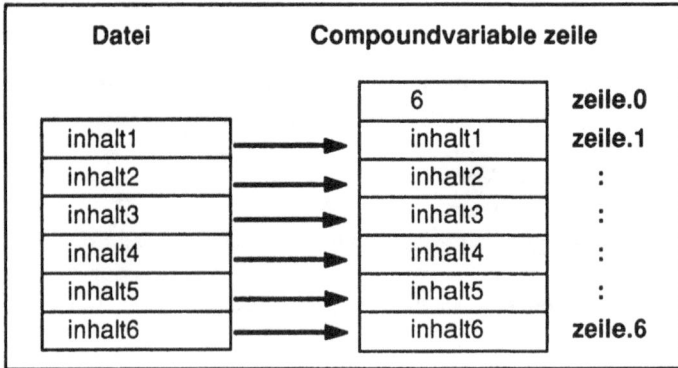

Datei		Compoundvariable zeile	
		6	**zeile.0**
inhalt1	➔	inhalt1	**zeile.1**
inhalt2	➔	inhalt2	:
inhalt3	➔	inhalt3	:
inhalt4	➔	inhalt4	:
inhalt5	➔	inhalt5	:
inhalt6	➔	inhalt6	**zeile.6**

Der Inhalt von "Ausdehnung-0" der Compoundvariable ist vor allem dann wichtig, wenn Siein EXECIO als Anzahl den Wert "*" angeben und bis zum Dateiende lesen; um alle Ausdehnungen der Compoundvariablen zu verarbeiten, werden die Elemente am einfachsten über eine Schleife angesprochen, in der als Obergrenze für die Laufvariable die "Ausdehnung-0" festgelegt wird. Im folgenden Beispiel wird eine Datei vollständig in eine Compoundvariable übertragen und einfach am Bildschirm ausgegeben.

```
/* REXX-Prozedur mit Verarbeitung über Compound-Var.  */
"EXECIO * DISKR REXX DATEN A (FINIS STEM ZEILE."
DO i=1 TO zeile.0
     SAY zeile.i
END
```

Wenn Sie diese Befehlsfolge mit der Verarbeitung über den Puffer vergleichen, so werden Sie eine wesentliche Vereinfachung der Verarbeitungslogik feststellen, die entsprechend weniger Fehlerquellen enthält.

Neben dem Wert "*" können Sie im EXECIO-Befehl auch eine konkrete Anzahl der zu übertragenden Zeilen angeben. Wenn Sie diese Zeilen in eine Compoundvariable stellen, so müssen Sie beachten, daß jeder EXECIO-Befehl die Zeilen immer wieder ab "Ausdehnung-1" ablegt und in "Ausdehnung-0" nur die zuletzt übertragene Zeilenanzahl steht. Nach den beiden Befehlen

```
"EXECIO 3 DISKR REXX DATEN A (STEM ZEILE."
"EXECIO 2 DISKR REXX DATEN A (STEM ZEILE."
```

sind zwar die ersten fünf Dateizeilen gelesen worden, der zweite EXECIO-Befehl überschreibt jedoch die Daten des ersten, so daß in "Ausdehnung-1" bis "Ausdehnung-2" die Zeilen 4 und 5 der Datei und in "Ausdehnung-0" die Zahl "2" stehen. In "Ausdehnung-3" bleibt übrigens die dritte Zeile aus dem ersten EXECIO erhalten!

Wenn Sie die Datei über eine Schleife Zeile für Zeile verarbeiten wollen, so finden Sie die gelesene Zeile immer in "Ausdehnung-1", die Sie z.B. wieder am Schirm ausgeben können:

```
/* REXX-Prozedur mit Verarbeitung über Compound-Var. */
DO UNTIL rc = 2        /* Dateiende erreicht ??          */
    "EXECIO 1 DISKR REXX DATEN A (STEM ZEILE."
    SAY zeile.i
END
"EXECIO 0 DISKR REXX DATEN A (FINIS "
```

Bisher haben wir die Compoundvariablen nur beim Lesen von Dateizeilen eingesetzt; nätürlich können Sie diese auch beim Schreiben in eine Datei verwenden. Wenn die Prozedur jedoch eine variable Anzahl von Elementen in die Datei stellen soll, so müssen Sie diese Anzahl selbst in einer Variable bestimmen (also "einen Zähler bauen"), da die "Ausdehnung-0" nicht mit der Zahl der existierenden Ausdehnungen gefüllt wird, wenn Sie einer Compoundvariable Werte zuweisen (dies funktioniert nur beim Lesen mit EXECIO automatisch).

Im Vergleich zur Verarbeitung über den Puffer haben Sie den Vorteil, daß Sie keine eigenen Puffer erzeugen und wieder Löschen müssen, andererseits müssen Sie einen eigenen Zähler mitführen, den Sie bei Verarbeitung über den Puffer über QUEUED() geliefert bekommen. Wie Sie sehen, gibt es nicht eine einzige gültige Lösung, sondern jede hat seine eigenen Vor- und Nachteile. Sie sollten jedoch mit allen Techniken vertraut sein, besonders auch im Hinblick darauf, daß Sie in die Verlegenheit kommen, Programme Ihrer Kollegen oder Vorgänger warten und anpassen zu müssen. Die Befehlsfolge zur Erfassung von Daten für ein Benutzerverzeichnis lautet:

```
/* REXX-Prozedur zur Erfassung von Benutzerdaten    */
/* Daten werden in Compoundvariable gesammelt       */
"VMFCLEAR"       /* Bildschirm löschen              */
i = 0
DO UNTIL antwort <>'J'
    i = i + 1 /* Eigene Variable als Zähler setzen */
    SAY 'Geben Sie Userid, Name, Abt und Telefon'
    SAY 'des Benutzers ein. Trennen mit Leerzeichen'
    PARSE EXTERNAL userid name abt tel .
            /* Zeile formatiert abstellen          */
    zeile.i=LEFT(userid,8)left(name,20)left(abt,10)tel
```

```
        SAY 'Noch einen erfassen ?? (J/N), Standard: Nein'
        PARSE UPPER EXTERNAL antwort .
END
                /* Alle Zeilen in Datei stellen      */
"EXECIO" i "DISKW USER DATEN A (FINIS STEM ZEILE."
```

EXECIO-Optionen

Der Befehl EXECIO besitzt eine Reihe von Optionen, die für die Dateiverarbeitung von Bedeutung sind. Es gibt Optionen, die die grundsätzliche Verarbeitungslogik wesentlich ändern (wie STEM oder FINIS) und auch solche,
die die Verarbeitung vereinfachen und damit etwas komfortabler machen.
Leider wurde nur ein Teil dieser Optionen auch in andere REXX-
Implementierungen übernommen (z.B. für MVS/TSO nur ein geringer Teil der
CMS-Möglichkeiten).

Die EXECIO-Optionen, die für die Dateiverarbeitung wichtig sind, lauten:

Option	Bedeutung	MVS ?
FInd /char/ LOCate /char/	In diesen beiden Optionen können Sie beim Lesen von Dateien eine Suchzeichenfolge angeben. Bei *FInd* muß diese Zeichenfolge ab der ersten Position des Suchbereichs stehen, bei *LOCate* dagegen nur innerhalb des Suchbereichs, unabhängig von der Position. Sie müssen jedoch beachten, daß sich die Verarbeitungslogik bezüglich der übertragenen Zeilen ändert (Siehe Ende dieses Abschnitts).	Nein
Zone n1 n2	Mit *Zone* können Sie den Suchbereich für Suchzeichenfolgen von *FInd* und *LOCate* auf bestimmte Spalten einer Dateizeile eingrenzen. Um den Suchbereich auf die Spalten 10 bis 30 zu beschränken, müssen Sie die Option Zone 10 30 verwenden. Als Standardsuchbereich gilt die gesamte Breite der Dateizeile.	Nein
SKip	Mit der Angabe von *SKip* wird die in *anzahl* ange-gebene Zahl der Dateizeilen übersprungen, es findet keine Datenübertragung statt.	Ja

LIFO / FIFO	Diese Optionen bestimmen die spätere Reihenfolge der Weiterverarbeitung. Sinnvoll ist wohl die Option *FIFO* (Standard), die die Zeilen in der richtigen Reihenfolge in den Puffer bzw. in eine Compound variable stellt.	Ja
Margin n1 n2	Die Option *Margin* gibt an, daß nur Daten innerhalb bestimmter Spalten übertragen werden. *Margin* kann sowohl beim Lesen als auch beim Schreiben von Dateizeilen angegeben werden; vor allem beim Lesen von Zeilen ist es sinnvoll, den Umfang der übertragenen Zeilen zu begrenzen, wenn Sie nur bestimmte Spalten benötigen. Als Standard wird die gesamte Datenbreite (von Datei, Puffer bzw. Compoundvariable) übertragen.	Nein

Beim Lesen von Dateien und Suchen nach bestimmten Dateiinhalten sind vor allem die Optionen *FInd* und *LOCate* interessant. Beim Einsatz dieser Optionen müssen Sie jedoch darauf achten, daß sich die Verarbeitungslogik in folgenden Punkten entscheidend ändert:

- Der unter *anzahl* festgelegte Wert gibt nicht mehr die Zahl der übertragenen Dateizeilen, sondern die Zahl der *durchsuchten* Zeilen an. Da üblicherweise die gesamte Datei durchsucht werden soll, wird meist "*" angegeben.

- Beim Auffinden einer Dateizeile mit der gesuchten Zeichenfolge werden jeweils genau zwei Zeilen übertragen. In einer Zeile steht die Dateizeile selbst, in der die gesuchte Zeichenfolge gefunden wurde. In der anderen Zeile stehen zwei numerische Werte (Zeilennummern), die folgende Bedeutung haben: Die erste Zahl gibt die absolute Position der Zeile innerhalb der gesamten Datei an und die zweite Nummer zeigt die Anzahl der Zeilen, um die der Satzzeiger vom Dateianfang bzw. von der letzten Postition bewegt werden mußte, um zu dieser Zeile zu gelangen.

Zum besseren Verständnis dieser besonderen Verarbeitungslogik, wollen wir noch einmal in unserem Benutzerverzeichnis nach den Benutzern einer bestimmten Abteilung (Anfangsbuchstaben) suchen. Mit der Suchoption *LOCate* können wir nach einer Zeichenfolge in beliebiger Spaltenposition der Datei suchen. Das Benutzerverzeichnis soll folgende Daten enthalten:

IDV500	Meinert	WF3	2261
IDV3242	Steinmann	AVD3	3321
IDV409	Klement	AVD	4561/4355
IDV308	Springert	WF33	3310
IDV400	Schucholt	WSS43	7657

Um nach allen Benutzern der Abteilung WF3 (Anfangsbuchstaben) zu suchen und in eine Compoundvariable zu übertragen, muß folgender EXECIO-Befehl im CMS ablaufen:

```
EXECIO * DISKR USER DATEN A (LOC /WF3/ STEM ZEILE.
```

Zunächst wird die Abteilung "WF3" natürlich in der ersten Datenzeile gefunden; in *zeile.1* wird steht dann die vollständige Dateizeile und in *zeile.2* die Zeichen-folge:

1 1

In Worten: "In der Zeile 1 der Datei wurde das Suchkriterium gefunden, der Satzzeiger wurde dabei um eine Zeile (vom Dateianfang aus) bewegt."

Um weitere Benutzer der Abteilung "WF3" zu finden, muß derselbe EXECIO-Befehl noch einmal ablaufen (am besten innerhalb einer Schleife). Der nächste Benutzer von "WF3" wird dann in der Dateizeile 4 gefunden; diese Daten werden wieder in *zeile.1* gestellt, in *zeile.2* stehen die absolute und die relative Zeilennummer:

4 3

In Worten: "In der Zeile 4 der Datei wurde das Suchkriterium gefunden, der Satzzeiger wurde dabei um drei Zeilen (von Dateizeile 1 aus) bewegt."

Das Suchkriterium wird innerhalb einer REXX-Prozedur üblicherweise variabel gestaltet, so daß nach beliebigen Werten gesucht werden kann. Die Befehlsfolge lautet dann:

```
/* REXX-Prozedur zum Suchen von Benutzern          */
            /* Gesuchte Abteilung abfragen          */
SAY 'Gesuchte Abteilung eingeben'
PARSE UPPER EXTERNAL suchabt
anzahl=0
DO UNTIL rc=2    /* Dateiende erreicht ?           */
zeile.=''
            /* Lesen mit Suchkriterium             */
"EXECIO * DISKR USER DATEN A (LOC/"suchabt"/STEM ZEILE."
            /* Prüfen, ob Daten gefunden           */
IF zeile.1 <> ''
```

```
        THEN DO
                      /* Daten ausgeben                  */
                SAY zeile.1
                anzahl=anzahl+1
        END
        ELSE NOP
END
                      /* Prüfen, ob mindestens einer gefunden  */
IF anzahl > 0
        THEN SAY 'Es wurden' anzahl 'Benutzer gefunden'
        ELSE SAY 'Keine Benutzer in Abteilung' suchabt
```

Häufig wird - wie in diesem Beispiel - nur die "Ausdehnung-1" zur Weiterverarbeitung benötigt, die beiden Zeilennummern in *zeile.2* sind kaum von Interesse. Bei einer Verarbeitung über den Puffer müssen Sie jedoch beachten, daß immer zwei Zeilen übertragen werden und Sie die zweite Zeile zumindest wieder aus dem Puffer auslesen, auch wenn keine weitere Verarbeitung dieser Daten erfolgt.

6.3 CMS-Bildschirmausgaben verarbeiten

Eine Reihe von CMS-Befehlen liefert als Bildschirmausgabe Informationen über die eigene Umgebung (z.B. Platten und deren Belegung mit Query DISK). In REXX-Prozeduren ist es häufig notwendig, sich diese Informationen zugänglich zu machen und die Daten dieser ursprünglichen Bildschirmausgabe für eine Weiterverarbeitung in REXX-Variablen zur Verfügung zu haben. Um dies zu ermöglichen, können Sie bei einer Vielzahl von CMS-Befehlen die Option *STACK* angeben, so daß die Informationen des jeweiligen Befehles nicht mehr am Bildschirm angezeigt sondern in den Puffer umgeleitet werden. Beispiele für solche Befehle sind:

```
Q DISK (STACK          Anzeige aller Minidisks des CMS-Benutzers
LISTFILE * * (STACK    Anzeige aller eigenen Dateien
```

Nachdem die Informationen in den Puffer umgeleitet wurden, können Sie diese Pufferdaten auslesen und auf einzelne Variablen zerlegen. Häufig benötigen Sie nur relativ kleine Auszüge aus den ursprünglichen Daten, die Sie am einfachsten mit Hilfe einer PARSE-Technik zerlegen. Eigentlich sind bereits alle REXX-Befehle und -Techniken bekannt, um eine solche Aufgabe zu realisieren. Da jedoch CMS-Befehle und REXX-Instruktionen gemeinsam in einer speziellen Verarbeitungslogik eingesetzt werden müssen, wollen wir uns diese Technik an einer Aufgabenstellung aus der Praxis genauer ansehen.

Aufgabenstellung:
Beim Zuordnen von neuen CMS-Platten (mit ACCess-Befehl) erhält diese Platte einen Plattenbuchstaben, z.B. "C" (man spricht dann von der "C-Platte").

Falls dieser Buchstabe schon für eine andere Platte vergeben wurde, so wird die Zuordnung dieser Platte automatisch aufgehoben (implizites Release), so daß auf die Daten dieser Platte nicht mehr zugegriffen werden kann! Dies soll verhindert werden, indem in einer kleinen REXX-Prozedur ein Plattenbuchstabe ermittelt wird, der noch nicht vergeben ist. Da die Reihenfolge der Platten für die Suchfolge von Dateien und Programme wichtig ist, soll der erste freie Plattenbuchstabe gesucht werden.

Zu Realisierung dieser Aufgabe setzen wir den CMS-Befehl Q $DISK$ ein, der alle bestehenden Plattenzuordnungen in alphabetischer Reihenfolge anzeigt. Die Bildschirmzeilen werden in den Puffer umgeleitet, der jeweilige Plattenbuchstabe abgegriffen und mit dem Alphabet verglichen. Falls ein Buchstabe des Alphabets fehlt, so ist dies der erste freie Zugriffsbuchstabe, also der von uns gesuchte Wert.

Für das Verständnis der Aufgabe ist besonders wichtig, daß Sie das Ausgabeformat von Q $DISK$ kennen. Für unser Beispiel wollen wir annehmen, daß folgende Plattenzuordnungen existieren bzw. die Ausgabe von Q $DISK$ so aussieht:

LABEL	VDEV	M	STAT	CYL	TYPE	BLKSIZE	FILES	BLKS USED (%)	BLKS LEFT
CDV001	191	A	R/W	5	3380	1024	19	1255-23	4195
CDV001	196	B	R/O	15	3380	1024	29	2005-12	14345
SYS001	190	S	R/O	50	3380	1024	1067	27690-51	26810
CDV002	193	Y/S	R/O	5	3380	1024	39	1865-34	3585

Unserem Beispielbenutzer sind also insgesamt schon vier Platten zugeordnet; nach einer Überschriftszeile wird von Q DISK je eine Bildschirmzeile erzeugt, in der Informationen wie Plattenname, Adresse, Zugriffsbuchstabe (Modus), Status oder Größe der Platten aufgelistet sind. Für unsere Aufgabe ist eigentlich nur der Zugriffsbuchstabe (Modus), also die dritte Information pro Zeile von Interesse. Wenn wir das Anzeigeformat jedoch genauer analysieren, so ergibt sich, daß wir als Plattenbuchstaben nicht immer die vollständige dritte Information verwenden dürfen, da bei der vierten Platte eine Besonderheit auftritt, die in der Praxis sehr häufig vorkommt: Die Y-Platte ist eine "zweite Ausdehnung" der S-Platte, was in der Anzeige mit "Y/S" angegeben ist. Damit scheidet eine Zerlegung der Information über eine Schablone mit einfacher Leerzeichentrennung aus. Wie greifen wir dann den Zugriffsbuchstaben ab?

Wenn Sie die Anzeige nocheinmal genau betrachten, so sehen Sie, daß der Zugriffsbuchstabe immer an einer bestimmten Stelle (Position 13) steht, so daß wir am besten mit einer Positionsschablone arbeiten können.

Die Prozedur muß folgende Verarbeitungslogik enthalten:

- Die Ausgabe von Q DISK wird in den Puffer umgeleitet.
- Die Zeilen werden wieder ausgelesen und je Platte der Zugriffsbuchstabe ermittelt; die Überschriftszeile muß einmal ausgelesen und z.B. einer Dummyvariablen zugewiesen werden.
- Falls ein Buchstabe des Alphabets fehlt, so ist dies der gesuchte freie Zugriffsmodus und wird ausgegeben.

Vielleicht versuchen Sie zunächst selbst eine Lösung dieser Aufgabe, bevor Sie sich den nachfolgenden Lösungsvorschlag ansehen?

Lösungsvorschlag:

```
/* REXX-Prozedur zur Bestimmung des freien Modus     */
alt = QUEUED()          /* Alte Zeilen im Puffer ??   */
"MAKEBUF"               /* Eigenen Puffer erzeugen    */
"Q DISK (STACK"         /* Bildschirmausgabe umleiten */
PULL .                  /* Überschriftszeile auslesen */
        /* Anzahl Zeilen des aktuellen Puffers bestimmen*/
anzahl = QUEUED() - alt
alphabet = 'ABCDEFGHIJKLMNOPQRSTUVWXYZ'
              /*Schleife mit Laufvariable aufsetzen     */
DO i=1 TO anzahl
              /* Je eine Zeile auslesen und zerlegen     */
    PARSE PULL . 13 platte 14 .
              /* Prüfen, ob's mit Alphabet übereinstimmt */
    IF platte <> SUBSTR(alphabet,i,1) THEN
        DO
            frei = SUBSTR(alphabet,i,1)
            LEAVE
        END
END
        /* Prüfen, ob LEAVE erfolgt,d.h. freie Platte     */
        /* gefunden, sonst entweder keine Lücke, bzw.     */
        /* alle Platten bis "Z" belegt                    */
IF i > anzahl THEN DO
    IF i > LENGTH(alphabet) THEN DO
            /* alle Platten bis Z belegt                  */
            SAY 'Keine Platte frei, Platte Z gewählt'    */
            frei = 'Z'
        END
            /* alle Platten zwar durchgängig belegt       */
            /* jedoch nachfolgender Buchstabe noch frei*/
    ELSE frei = SUBSTR(alphabet,i,1)
    END
    ELSE NOP
"DROPBUF"
SAY 'Als Modus wurde' frei 'gefunden bzw. bestimmt'
```

Die o.g. Befehsfolge ist nur eine der Möglichkeiten, einen freien Zugriffs-modus zu bestimmen; das Grundprinzip bleibt jedoch für alle Lösungen gleich und setzt sich aus folgenden Punkten zusammen:

- Bildschirmzeilen in Puffer umleiten,

- Pufferzeilen auslesen und benötigte Informationen abgreifen.

Zur Zerlegung der Pufferzeilen eignet sich besonders die PARSE-Instruktion, außerdem sollten Sie die für den Puffer sinnvolle Verarbeitungslogik mit MAKEBUF bzw. DROPBUF beachten.

Für die Verarbeitung der Bildschirmausgaben von CMS-Befehlen gibt es eine Reihe von Anwendungsmöglichkeiten. Wenn Sie Informationen über eine be-stimmte Konstellation Ihrer Umgebung benötigen, so sollten Sie nach folgen-dem Schema vorgehen:

- Sie suchen zunächst nach einem CMS-Befehl, der die Informationen am Bildschirm liefert und der die Option STACK zuläßt.

- Sie überlegen sich eine Technik zur Zeichenkettenverarbeitung, mit der Sie die benötigte Information extrahieren können.

- Sie lösen die Aufgabenstellung mit Hilfe einer REXX-Prozedur.

Sollten Sie keinen CMS-Befehl finden, der die benötigte Information liefert, so können Sie auch innerhalb der CP-Befehle suchen. Die Bildschirmausgaben von CP-Befehlen können ebenfalls in den Puffer umgeleitet werden, so daß Sie bei deren Bildschirmausgaben ähnlich vorgehen können wie bei CMS-Befehlen. Das Umleiten erfolgt bei CP-Befehlen jedoch nicht mit der Option *STACK* sondern mit dem Befehl "EXECIO * CP ", wobei in der Option *STRing* ein CP-Befehl angegeben werden kann, dessen Bildschirmausgaben umgeleitet werden sollen. Um die Ausgaben des CP-Befehls INDicat umzuleiten, kann folgender Befehl codiert werden:

```
"EXECIO * CP (STR IND "
```

Nach diesem Befehl stehen die ursprünglichen Bildschirmausgaben im Puffer und können verarbeitet werden.

6.4 Allgemeine XEDIT-Makros erstellen

Bisher haben wir REXX-Prozeduren nur innerhalb der Umgebung CMS ein-gesetzt; eine ganz andere Einsatzmöglichkeit sind Prozeduren, die innerhalb der Editor-Umgebung XEDIT ablaufen können. Solche Prozeduren werden meist als XEDIT-Makros bezeichnet. Der Befehlsumfang dieser Makros setzt sich zusammen aus

- REXX-Instruktionen und -Funktionen,

- XEDIT-Befehlen,

- CMS- und CP-Befehlen, mit dem vorangestellten Präfix CMS bzw. CP.

Für den impliziten Aufruf dieser Makros ist es wichtig, daß der Dateityp (filetyp) dieser Prozeduren nicht mehr EXEC, sondern XEDIT lauten muß. Beispiele für gültige und "sprechende" Prozedurnamen sind:

```
ERSETZEN XEDIT A
SORTIERE XEDIT S      (Prozedur auf zentraler Platte)
PROFILE XEDIT A
```

Die Prozedur PROFILE XEDIT
Wahrscheinlich kennen Sie den Namen "PROFILE XEDIT" schon aus Ihrer eigenen Praxis. Die Prozedur PROFILE XEDIT wird bei jedem Aufruf einer Datei in den Editor automatisch gestartet und läuft ab, noch bevor Sie die Dateizeilen in der Editorumgebung am Bildschirm angezeigt erhalten. In dieser Prozedur werden üblicherweise die Einstellungen der Editorumgebung (z.B. Groß-/Kleinschreibung oder Einfügemodus) vordefiniert. Die Datei PROFILE XEDIT kann grundsätzlich entweder in der Sprache EXEC2 oder eben in REXX geschrieben sein. Häufig enthält diese Prozedur im Wesentlichen nur XEDIT-Befehle (in Hochkommata!).

Beispiel:

```
/* PROFILE XEDIT als REXX-Prozedur                */
"SET MSGLINE ON 2 15"     /* Meldungen in Zeile 2    */
"SET SCALE on 3"          /* Spaltenlinieal in 3     */
"SET TABL ON 3"           /* Tabulatoren anzeigen     */
"SET CURLINE ON 4"        /* Current Line festlegen  */
"SET CMDLINE BOT"         /* Befehlszeile nach unten */
"SET PREFIX ON LEFT"      /* Prefix links setzen     */
"SET NUM ON"              /* Zeilennummern anzeigen  */
/* Besondere Funktionstasten definieren            */
"SET PF4 FILE"
"SET PF10 LEFT 40"
"SET PF11 RIGHT 40"
/* Besondere Funktionstasten in Zeile 24 anzeigen    */
"SET RESERVED 24 HIGH F4: Speichern"
"SET AUTOSAVE 20"     /* Speichern nach.20 Änderungen */
/* Synonyme für die Präfixbefehle Following/Preceding */
"SET PREFIX SYNONYM N F"  /* Nach statt Following     */
```

185

```
"SET PREFIX SYNONYM V P"    /* Vor statt Preceding   */
"SET CASE MIXED IGNORE"     /* Groß-/Kleinschreibung */
"SET NULLS ON"              /* Einfügemodus einschalten*/
```

Die über diese Prozedur definierten Einstellungen Ihrer Editorumgebung lassen sich fast beliebig fortsetzen. Wenn Sie sich unsere Version der PROFILE XEDIT genauer ansehen und nach REXX-Instruktionen suchen, so werden Sie feststellen, daß nur REXX-Kommentare und keine "echten" REXX-Instruktionen und auch keinerlei REXX-Variablen enthalten sind. Für die PROFILE XEDIT ist dies durchaus typisch. An einer Stelle wäre jedoch eine REXX-Variable sinnvoll: Die Funktionstastenbelegung wird immer in Zeile 24 angezeigt, auch dann, wenn Sie auf einem Bildschirm arbeiten, der 32 Zeilen anzeigen kann.

In den folgenden Abschnitten wollen wir deshalb besonders darauf eingehen, wie Sie innerhalb von REXX-Prozeduren auf Parameter des Editors zugreifen und diese z.B. zur Prüfung von Werten nutzen und auch ändern können.

Eigene allgemeine Editorbefehle erzeugen

Allgemeine Editorbefehle werden in der Befehlszeile des Editors - also je nach Einstellung oben oder unten - eingegeben. Zusätzlich zu den Standardbefehlen können Sie eigene Editormakros erzeugen und diese wie Standardbefehle durch Eingabe des Prozedurnamens aufrufen. Meist werden allgemeine Editormakros eingesetzt, um komplexere Editieraufgaben zu automatisieren, die sich auf die ganze Datei beziehen. In vielen Unternehmen existiert eine große Zahl allgemein zugänglicher Makros, so daß viele Benutzer gar nicht mehr unterscheiden können, welche Befehle zum ursprünglichen Umfang des CMS-Editors gehören und welche "Befehle" nur Aufrufe von Editormakros sind, die realisiert wurden, um den Editor komfortabler zu gestalten.

Im Aufruf des Makros können Parameter angegeben werden (wie in der CMS-Umgebung), die innerhalb der Prozedur mit der ARG-Instruktion bzw. der ARG-Funktion wieder "aufgefangen" werden und in beliebigen REXX-Variablen zur Weiterverarbeitung zur Verfügung stehen. Eigentlich ist es in Bezug auf REXX "keine große Kunst", eigene XEDIT-Makros zu erstellen; die wichtigste Voraussetzung dazu ist eine gute Kenntnis der grundlegenden Editorbefehle, die ja im Makro zusammengefaßt werden sollen, und der Einsatzmöglichkeiten von REXX-Variablen in Nicht-REXX-Befehlen.

Wir wollen uns zunächst ein einfaches Makro an einem praktischen Beispiel ansehen, dem folgende Aufgabenstellung zugrunde liegen soll:

Das von uns schon mehrfach verwendete Benutzerverzeichnis soll am Bildschirm editiert werden; die bisherigen Spaltenpositionen bzw. Tabulatoren der Daten sollen mit Hilfe eines Makro TABNEU geändert werden, so daß für die Erfassung der Daten je Spalte mehr Platz bleibt. Das Benutzerverzeichnis soll derzeit so aussehen:

Userid	Name	Abteilung	Telefonnummer
1	10	20	26
IDV500	Meinert	WF3	2261
IDV409	Klement	AVD	4561/4355
IDV308	Springert	WF33	3310
IDV400	Schucholt	WSS43	7657

Durch die Eingabe eines einfachen Makroaufrufs sollen die Positionen so verändert werden, daß die Abteilung erst auf Spalte 30 beginnt (Name wird also 20 Stellen breit) und die Telefonnummer erst an Stelle 40. Im Makoaufruf sollen die Positionen der Tabulatoren als Parameter angegeben werden. Da Benutzernummer und Name an der urprünglichen Stelle bleiben sollen, lautet der Makroaufruf in der Befehlszeile des Editors:

```
TABNEU 1 10 30 40
```

Lösung:

Mit Hilfe des XEDIT-Befehls COMPRESS können die tatsächlichen Tabulatorsprünge durch ein logisches Tabulatorzeichen ersetzt werden; im Befehl TABS werden dann neue Tabulatoren an den übergebenen Positionen definiert. Der Befehl EXPAND dehnt die Daten mit dem logischen Tabulatorzeichen wieder auf die jetzt neuen Tabulatorpositionen aus. Da sowohl COMPRESS als auch EXPAND von der derzeitigen Bildschirmzeile aus arbeiten, muß jeweils mit TOP zum Dateianfang positioniert werden, damit auch alle Datenzeilen umgesetzt werden, unabhängig von der Zeile, die derzeit aktuell angezeigt ist. Die Befehlsfolge für das gesamte Makro lautet:

```
/* REXX-Makro TABNEU                                */
ARG positionen  /* Auffangen der Positionen         */
"TOP"
"COMPRESS *"       /* Alle Zeilen komprimieren       */
"SET TABS" positionen    /* Neue TABS setzen         */
"TOP"
"EXPAND *"         /* Alle Zeilen wieder ausdehnen   */
```

Wie Sie sehen, beschränkt sich der REXX-Teil dieses Makros auf das Aufnehmen der übergebenen Positionen, wobei Sie beim Definieren der Tabulatoren die REXX-Variable *positionen* außerhalb der Hochkommata stellen müssen, da sonst kein Ersetzen durch deren Inhalt erfolgt. Außerdem müssen Sie beim Aufruf dieses Makros beachten, daß die ursprünglichen Tabulatorpositionen jeweils richtig auf dem Spaltenanfang der einzelnen Datenfelder stehen; ist dies nicht der Fall, so ergibt sich eine falsche Formatierung. Es ist deshalb sinnvoll, die Datei vor Aufruf des Makros abzuspeichern, damit dieser Stand wiederhergestellt werden kann, falls im Makro "etwas schief gelaufen" ist.

Auch wenn Sie all diese Punkte beachten, so hat das Makro immer noch eine kleine Schwäche (wenn Sie es selbst am Bildschirm ausprobiert haben, ist es Ihnen vielleicht aufgefallen):

Nach Ende des Makros wird meist das Dateiende angezeigt (ist etwas abhängig von den Einstellungen von SET STAY im Profile), da der letzte Befehl "EXPAND *" alle Zeilen bis zum Dateiende auf die neuen Tabulatorpositionen ausdehnt und die aktuelle Zeile dann dort stehen bleibt. Natürlich könnten wir am Ende des Makros noch den Befehl "TOP" ergänzen, doch dann stehen wir nach Ausführung des Makros immer am Dateianfang, nicht jedoch dort, wo wir das Makro ursprünglich aufgerufen haben.

Unser Ziel sollte jedoch sein, daß sich die Position innerhalb der Datei nicht durch den Makroaufruf ändert, sondern weiterhin z.B. die Zeile 500 angezeigt wird, wenn diese beim Makroaufruf gerade aktuell war. Da die Befehle COMPRESS und EXPAND aber die Position der aktuellen Zeile verändern, bleibt nur die Möglichkeit, die ursprüngliche Position der aktuellen Zeile zu ermitteln und genau diese am Ende wiederherzustellen.

Der EXTRACT-Befehl

Der XEDIT-Befehl EXTRACT mit seinen zahlreichen Optionen ermittelt beliebige Dateiparameter und legt diese direkt in REXX-Compoundvariablen ab, auf deren Inhalt zur späteren Wiederherstellung der Parameter zugegriffen werden kann. Die Ermittlung von Dateiparametern zur späteren Wiederherstellung muß natürlich erfolgen, bevor diese Parameter geändert werden; in der Praxis steht das EXTRACT-Kommando deshalb meist am Anfang eines Editormakros. Die Syntax von EXTRACT lautet:

```
EXTRACT /option1/option2/...../option-n/
```

Die Optionen zur Ermittlung der benötigten Dateiparameter werden durch Schrägstrich getrennt, wobei beliebig viele Angaben möglich sind. Um zunächst die Arbeitsweise des EXTRACT-Befehls zu verdeutlichen, wollen wir unser Makro TABNEU so verbessern, daß am Ende des Makros die ursprüngliche aktuelle Zeile wiederhergestellt wird. Zu diesem Zweck ermitteln wir mit dem EXTRACT-Parameter LINE die aktuelle Zeile. Der Befehl dazu lautet:

```
EXTRACT /LINE/
```

Die Option LINE füllt eine REXX-Compoundvariable gleichen Namens (also *line.*) und legt in die einzelnen Ausdehnungen konkrete Dateiparameter ab. Wieviele und welche Parameter gespeichert werden, hängt jeweils von der einzelnen EXTRACT-Option ab. Bei LINE wird nur die erste Ausdehnung (also *line.1*) mit der Nummer der derzeit aktuellen Zeile gefüllt. Zusätzlich zu den Dateiparametern in den Ausdehnungen "1" bis "n" wird in "Ausdehnung-0" der Compoundvariable jeweils die Gesamtzahl der Ausdehnungen abgelegt, in unserem Fall also der Wert "1". Eine ähnliche Verarbeitungslogik hatten wir schon beim Lesen von Dateien über EXECIO und einer Compoundvariable kennengelernt, wo ebenfalls in "Ausdehnung-0" die Zahl der weiteren Ausdehnungen zur Verfügung stand. Nach dem Befehl

```
EXTRACT /LINE/
```

stehen also folgende REXX-Variablen zur Weiterverarbeitung zur Verfügung:

Variable	Inhalt
LINE.0	1
LINE.1	Nummer der aktuellen Zeile, z.B. 500

Für unser Makro ist zunächst nur der Inhalt von *line.1* von Interesse, da wir am Ende des Makros ja die ursprünglich aktuelle Zeile wiederherstellen wollen. Es stellt sich nun die Frage, wie wir innerhalb des Editors auf eine bestimmte Zeilennummer positionieren können? Für den Editor XEDIT gilt, daß mit Hilfe des Doppelpunkts und einer konkreten Zeilennummer auf eine beliebige Zeilennummer positioniert werden kann.

Nach dem Editorbefehl

```
:500
```

stehen wir also in der Zeile 500 (sofern diese existiert, ansonsten wird zum Dateiende positioniert). Um eine variable Zeilennummer einzusetzen, können wir innerhalb eines Makros unsere REXX-Variable *line.1* benutzen; Sie müssen jedoch beachten, daß der Doppelpunkt als "Nicht-REXX-Befehl" wieder in Hochkommata eingeschlossen werden muß, die REXX-Variable *line.1* jedoch nicht. Außerdem darf zwischen dem Doppelpunkt und der Zeilennummer kein Leerzeichen entstehen, so daß wir "unmittelbar aneinander" verketten müssen (siehe Kapitel 3.3). Der korrekte Makrobefehl zum Positionieren lautet dann:

```
":"line.1
```

Die vollständige Befehlsfolge für unser Editormakro TABNEU mit Extrahierung und Wiederherstellung der aktuellen Zeile sieht also folgendermaßen aus:

```
/* REXX-Makro TABNEU                                     */
ARG positionen   /* Auffangen der Positionen             */
"EXTRACT /LINE/"/* Aktuelle Zeile bestimmen              */
"TOP"           /* Erst dann zum Anfang positionieren */
"COMPRESS *"    /* Alle Zeilen komprimieren              */
"SET TABS" positionen    /* Neue TABS setzen             */
"TOP"
"EXPAND *"      /* Alle Zeilen wieder ausdehnen          */
":"line.1       /* Aktuelle Zeile wiederherstellen       */
```

Optionen des EXTRACT-Befehls
Der XEDIT-Befehl EXTRACT kennt ca. 80 Optionen, mit deren Hilfe beliebige Dateiparameter abgegriffen werden können. Jede dieser Optionen füllt eine gleichnamige Compoundvariable mit Werten, wobei je Option bis zu 17(!) Werte und Ausdehnungen geliefert werden (z.B. EXTRACT /COLOR/ - die Farben der einzelnen Bildschirmbereiche werden ermittelt). Trotz dieser Unmenge von Optionen und vor allem der gelieferten Dateiparameter brauchen Sie dennoch nicht zu erschrecken, denn die einzelnen Parameter sind in den CMS-Handbüchern sehr gut beschrieben. Darüberhinaus können Sie sich über das Online-Hilfesystem des CMS alle Optionen und Parameter des EXTRACT-Befehls anzeigen lassen. Der CMS-Befehl dazu lautet:

```
HELP XEDIT EXTRACT
```

Eine Auswahl der wichtigsten EXTRACT-Optionen und der gelieferten Dateiparameter wollen wir uns jedoch an dieser Stelle genauer ansehen und auf Anwendungen dieser Optionen eingehen.

• Die EXTRACT-Option CURLINE
Die Option CURLINE liefert Informationen über die Position und den Inhalt der aktuellen Zeile. Insgesamt werden fünf Informationen geliefert, von denen jedoch nur drei eine praktische Bedeutung haben.

curline.1   Enthält die Position der aktuellen Zeile, die durch SET CURLINE ON gesetzt wurde (meist innerhalb der PROFILE XEDIT).

curline.2   Zeilennummer der aktuellen Zeile auf dem jeweiligen logischen Bildschirm (Window).

curline.3   Inhalt der aktuellen Zeile. Ist einer der wichtigsten Dateiparameter, da die REXX-Variable *curline.3* beliebig manipuliert und wieder in die Datei eingefügt werden kann. Durch ein Positionieren innerhalb einer Schleife kann die gesamte Datei manipuliert werden.

• Die EXTRACT-Option CURSOR
Hier werden jeweils Zeilen- und Spaltenposition des Cursors auf dem Bildschirm bzw. innerhalb der Datei geliefert (insgesamt 8 Informationen). Von Bedeutung sind:

cursor.1   Zeilennummer des Cursors auf dem aktuellen Bildschirm bzw. Window.

cursor.2   Spaltennummer des Cursors auf dem aktuellen Bildschirm bzw. Window.

cursor.3   Zeilennummer des Cursors innerhalb der Datei. Diese Information wird vor allem dann benötigt, wenn die Zeile manipuliert werden soll, auf der der Cursor steht. Mit dem Befehl *":"cursor.1* kann dann zu dieser Zeile positioniert werden.

cursor.4   Spaltennummer des Cursors innerhalb der Dateizeile. Diese Information wird vor allem dann benötigt, wenn die Zeile ab der Position des Cursors manipuliert werden soll (z.B. getrennt werden soll). Meist wird die Zeile dann mit der REXX-Funktion SUBSTR oder einer PARSE-Technik zerlegt.

Der Unterschied zwischen "Bildschirmzeile" und "Dateizeile" besteht darin, daß der Cursor z.B. auf der Bildschirmzeile 10 stehen kann, diese Zeile jedoch die Dateizeile 50 ist. Gleiches gilt für die Spalten nach erfolgtem Blättern.

• Die EXTRACT-Option FNAME
Diese Option liefert als einzige Information den Dateinamen der derzeit bearbeiteten Datei. Dies kann benutzt werden, um diesen Dateinamen in einer selbstdefinierten Editorumgebung als Information für den Benutzer anzuzeigen.

• Die EXTRACT-Option LSCREEN

Mit der Option LSCREEN können Sie sich Informationen über die Größe des Bildschirms bzw. die Größe des aktuellen Fensters (bei Split-Screen) verschaffen. Diese Werte benötigen Sie, um z.B. bei eigenen Bildschirmmasken auf unterschiedliche Bildschirmformate reagieren zu können. Die Werte werden in folgenden Variablen geliefert:

lscreen.1	Anzahl der Zeilen des Bildschirms bzw. des aktuellen Fensters nach erfolgtem Split.
lscreen.2	Anzahl der Spalten des Bildschirms bzw. des aktuellen Fensters nach erfolgtem Split.
lscreen.5	Anzahl der Bildschirmzeilen.
lscreen.6	Anzahl der Bildschirmspalten.

• Die EXTRACT-Option RANGE

Mit dem XEDIT-Befehl RANGE können Sie bestimmte Zeilen für die weitere Dateibearbeitung auswählen; die Zeilen außerhalb dieses Bereichs werden ausgeblendet und nicht mehr bei Such- und Ersetzungsvorgängen berücksichtigt. Wenn Sie Anfang und Ende dieses Zeilenbereiches benötigen, so können Sie diese Informationen mit der EXTRACT-Option RANGE extrahieren. Es werden folgende Variablen gefüllt:

range.1	Erste Zeilennummer eines ausgewählten Zeilenbereichs innerhalb der Datei.
range.2	Letzte Zeilennummer eines ausgewählten Zeilenbereichs.

• Die EXTRACT-Option ZONE

Der XEDIT-Befehl ZONE wählt beliebige Spalten für die weitere Dateibearbeitung aus; die Spalten außerhalb dieses Bereichs werden nicht mehr bei Such- und Ersetzungsvorgängen berücksichtigt. Wenn Sie Anfang und Ende dieses Spaltenbereiches benötigen, so können Sie diese Werte mit der EXTRACT-Option ZONE extrahieren. Es werden die Variablen *zone.1* und *zone.2* gefüllt, in denen Spaltenanfang und -ende der Zone zur Verfügung stehen.

• Die EXTRACT-Option SIZE

SIZE liefert die Gesamtzahl der Zeilen der derzeit bearbeiteten Datei, also die Dateigröße. Diese Information wird in die Variable *size.1* abgestellt und kann z.B. auf der ersten Bildschirmzeile angezeigt werden.

• Die EXTRACT-Option TABS

Die Option TABS liefert in der Variable *tabs.1* die aktuellen Tabulatorpositionen; auch wenn mehrere Tabulatoren existieren, stehen alle Positionen durch Leerzeichen getrennt in dieser einen Variable. Falls Sie auf einzelne Tabulatorpositionen zugreifen müssen, so können Sie die Variable *tabs.1* mit einer PARSE-Technik oder mit REXX-Funktionen zerlegen.

Zum Abschluß dieses Abschnitts soll nochmals darauf hingewiesen werden, daß in einem EXTRACT-Befehl auch mehrere Optionen gleichzeitig aufgezählt werden können, indem diese durch den Schrägstrich getrennt werden. Um Informationen über Dateigröße, Zone und Range zu erhalten, können Sie folgenden Befehl codieren:

```
EXTRACT /SIZE/ZONE/RANGE/
```

6.5 Eigene Zeilenbefehle erzeugen

Unsere bisherigen Betrachtungen der Editormakros haben sich auf allgemeine XEDIT-Makros beschränkt, die in der Befehlszeile aufgerufen werden und deren Wirkung sich meist auf die gesamte Datei erstreckt. Im CMS besteht jedoch auch die Möglichkeit, Editormakros innerhalb der Zeilennummer aufzurufen und somit zusätzlich zu den Standardzeilenbefehlen (Linecommands) auch eigene Zeilenbefehle zu erzeugen. In vielen Unternehmen werden eine große Zahl dieser Prefixmakros bereits zentral angeboten (ähnlich wie bei den allgemeinen Editormakros), um den Editor noch komfortabler zu gestalten. Der Wirkungsbereich von Zeilenbefehlen beschränkt sich im Gegensatz zu den allgemeinen Makros meist auf eine bzw. eine kleine Anzahl von Dateizeilen. Für den Makroaufruf und die Übergabe von Parametern gelten einige Besonderheiten, die in den folgenden Abschnitten dargestellt sind.

Aufruf von Editormakros im Präfixbereich

Ein Editormakro kann wie jede andere Prozedur durch die Eingabe des Prozedurnamens aufgerufen werden. Im Präfixbereich des Editors (also in den "Gleichheitszeichen" bzw. den Zeilennummern) stehen für diesen Aufruf insgesamt nur fünf Zeichen zur Verfügung, in denen meist auch noch eine Zeilenanzahl angegeben wird, auf die sich die Wirkung des Makros beschränken soll. Dies würde in der Praxis dazu führen, daß meist nur zweistellige Prozedurnamen entstehen, die wenig sprechend sind. Um diesen Nachteil zu umgehen, wird meist folgende Technik eingesetzt:

Der Makroname wird innerhalb der CMS-Namenskonventionen frei gewählt, z.B. UPPCASE XEDIT für ein Makro, das den Inhalt einer bestimmten Anzahl von Zeilen in Großbuchstaben umsetzt (denken Sie an den Dateityp XEDIT!). Außerdem wird in der Datei PROFILE XEDIT ein kurzes Synonym definiert, das die Verbindung zwischen dem eingegeben Befehl und dem Makronamen herstellt. Um das Synonym "UC" für das Makro UPPCASE zu erzeugen, muß folgender Befehl in das Profile aufgenommen werden:

```
SET PREFIX SYNONYM UC UPPCASE
```

Soll das Makro später auch als Blockbefehl eingesetzt werden können, so muß zusätzlich ein eigenes Synonym festgelegt werden:

```
SET PREFIX SYNONYM UCUC UPPCASE
```

Das Makro kann dann innerhalb des Präfixbereichs mit den Befehlen "UC" bzw. "UCUC" aufgerufen werden.

Übergabe von Werten an Präfixmakros
Die Standardzeilenbefehle des Editors bieten die Möglichkeit, eine Anzahl von Zeilen anzugeben, auf die sich die Wirkung des Befehls beschränken soll. Um z.B. drei Zeilen zu löschen, können wir den wohl bekannten Befehl

```
D3
```

eingeben. Wird keine Anzahl angegeben, so gilt als Standard der Wert "1". Genau diese Möglichkeiten sollten wir auch bei eigendefinierten Zeilenbefehlen schaffen, damit diese später nicht mehr von Standardbefehlen zu unterscheiden bzw. wie Standardbefehle anzuwenden sind.

Falls Sie nun versuchen, die in den vorhergehenden Kapiteln besprochenen Techniken der Parameterüberabe anzuwenden, so werden Sie feststellen, daß bei Präfixmakros nicht nur der im Aufruf übergebene Wert (also eine Anzahl von Zeilen), sondern insgesamt vier Parameter an das Makro übergeben werden.

Wenn Sie also den Befehl

```
UC3
```

im Präfixbereich eingeben, um damit die nächsten drei Zeilen in Großbuchstaben umzusetzen, so werden insgesamt vier Parameter an das Makro übergeben (zwischen dem Aufruf und der Zeilenanzahl kein Leerzeichen setzen!):

parameter1   Der erste Parameter liefert Informationen darüber, wo das Makro aktiviert wurde. Er enthält den Wert "PREFIX", falls das Makro im Prefixbereich des Editors aufgerufen wurde (häufig in Prüfbedingung für gültige Aufrufe eingesetzt).

194

parameter2   Der zweite Parameter gibt an, in welcher Art von Zeile der
                Aufruf erfolgte und mit welcher Taste die Eingabe abge-
                schlossen wurde. Erfolgte die Eingabe in einer "normalen"
                Zeile und wurde die Datenfreigabetaste gedrückt, so finden
                Sie dort den Wert "SET"; falls die Eingabe in einer sog.
                "Schattenzeile" erfolgte, so liefert der Parameter den Wert
                "SHADOW". Der Wert "CLEAR" gibt an, daß die LOESCH-
                Taste gedrückt wurde.

parameter3   Hier finden Sie die Dateizeile, in der der Makroaufruf erfol-
                gte. Dieser Wert ist für den weiteren Ablauf des Makros
                besonders wichtig, da Sie in den meisten Fällen zu dieser
                Zeile positionieren müssen.

parameter4   Erst im vierten Parameter steht der Wert, den Sie beim Auf-
                ruf des Prefixmakros angegeben haben. Meist steht dort eine
                Anzahl von Zeilen, auf die sich die Wirkung des Prefix-
                makros beschränken soll.

Wenn Sie also den Befehl

```
UC3
```

in der Zeile zehn des Prefixbereichs eingeben und mit der Datenfreigabetaste
abschließen, so wird folgende Parameterkette an das Makro übergeben:

```
PREFIX SET 10 3
```

Diese Parameterkette können Sie nun innerhalb des Makros mit der bekannten
REXX-Instruktion ARG wieder auf einzelne Variablen zerlegen und diese
weiterverarbeiten. Die Syntax der ARG-Instruktion sieht wegen der normierten
Parameterkette bei Prefixmakros (ähnlich wie bei PARSE SOURCE) meist so
aus:

```
ARG bereich taste zeile anzahl
```

Praktische Beispiele
Mit den Kenntnissen aus den beiden vorhergehenden Abschnitten ausgerüstet,
können wir nun konkrete Aufgabenstellungen mit Hilfe von eigendefinierten
Zeilenbefehlen lösen. Die erste Aufgabenstellung lautet:

Mit dem Zeilenbefehl UC soll eine beliebige Anzahl von Dateizeilen in
Großbuchstaben umgesetzt werden; die Dateiparameter sollen nicht verändert
bzw. am Ende des Makros wiederhergestellt werden. Zur Lösung dieser

195

Aufgabe benötigen wir natürlich noch einen Editorbefehl, der Inhalte von Dateizeilen in Großbuchstaben umsetzt. Der allgemeine Standardbefehl

```
UPPercase anzahl
```

wandelt - beginnend mit der aktuellen Zeile - eine entsprechende Zahl von Dateizeilen in Großbuchstaben um. Falls Sie jetzt sagen "wozu brauchen wir noch ein Makro, wenn es schon einen Standardbefehl für diese Aufgabe gibt?", so zeigt sich in der Praxis, daß dieser Standardbefehl eben Schwächen hat und häufig zu Bedienungsfehlern führt; Sie müssen nämlich immer die aktuelle Zeile beachten (dies ist keinesfalls immer die erste angezeigte Dateizeile) und müssen auch die Anzahl der Zeilen jeweils abzählen.

Unser zumindest langfristiges Ziel ist jedoch, einen einfachen Zeilenbefehl bzw. ein Blockkommando für diese Aufgabenstellung zu realisieren. Vielleicht versuchen wir zunächst, in Worten zu formulieren, welche Schritte im Makro ablaufen müssen, wenn Sie z.B. mit der Eingabe von "UC3" in der zehnten Dateizeile die Zeilen zehn bis zwölf in Großbuchstaben umsetzen wollen?

Die einzelnen Grundüberlegungen bzw. Programmschritte sind:

- Da der Editorbefehl UPPercase mit der Umsetzung an der aktuellen Zeile beginnt, müssen wir auf die Zeile positionieren, in der der Makroaufruf erfolgte und diese zur aktuellen Zeile machen.
- Mit dem XEDIT-Befehl UPPercase werden die Inhalte von Dateizeilen in Großbuchstaben umgesetzt; als *anzahl* wird die im Makroaufruf angegebene Zeilenzahl bzw. der Wert "1" eingesetzt.
- Damit für den Benutzer an der Oberfläche keine Verschiebung der Bildschirmzeilen erfolgt, extrahieren wir am Makroanfang die Position der aktuellen Zeile und stellen diese am Makroende wieder her.
- Um einen eindeutigen Aufruf des Makros sicherzustellen, wird am Prozeduranfang geprüft, ob das Makro im Prefixbereich aufgerufen und mit der Datenfreigabetaste aktiviert wurde.

Natürlich sollen auch innerhalb von Editormakros entsprechende Erfolgs- bzw. Fehlermeldungen erzeugt werden. Wenn Sie dies mit der REXX-Instruktion SAY tun, so wird die Editorumgebung ausgeblendet und die Meldung erscheint auf einer eigenen Bildschirmseite, die mit der Datenfreigabetaste weggeblendet werden muß. Dies ist vor allem bei Erfolgsmeldungen nicht gerade "schön". Mit dem Editorbefehl MSG können Sie Meldungen in der Meldungszeile des Editors anzeigen, so wie Sie dies auch bei den Standardbefehlen gewohnt sind.

Ein Lösungsvorschlag für unser Makro UPPCASE XEDIT, das über das Synonym UC aktiviert werden kann, sieht folgendermaßen aus:

```
/* REXX-Makro zum Umsetzen in Großbuchstaben       */
            /* Parameterkette auffangen und zerlegen    */
ARG bereich taste zeile anzahl
            /* Prüfen, ob im Prefix eingegeben          */
IF bereich <> 'PREFIX' ! taste <> 'SET'
        THEN DO
            "MSG Makro nur im Prefixbereich von",
            "aktiven Dateizeilen aufrufen"
            EXIT
            END
            /* Standardwert für Anzahl ??               */
IF anzahl = ' ' THEN anzahl = 1
            /* Aktuelle Zeile merken                    */
"EXTRACT /LINE/"
            /* Positionieren auf Eingabezeile           */
":"zeile
            /* Umsetzen in Großbuchstaben               */
"UPP" anzahl
            /* Ursprüngliche Zeile wiederherstellen     */
":"line.1
            /* Erfolgsmeldung erzeugen                  */
"MSG Es wurden" anzahl "Zeilen umgesetzt"
```

In vielen Fällen kann die eigentliche Editieraufgabe (in unserem Beispiel also das Umsetzen mehrerer Zeilen in Großbuchstaben) nicht so einfach realisiert werden wie in diesem Beispiel, da häufig kein Editorbefehl zur Verfügung steht, der den benötigten Leistungsumfang bietet und mehrere Zeilen gleichzeitig bearbeiten kann. Meist müssen Sie über eine Schleife alle Dateizeilen nacheinander zur aktuellen Zeile machen und diese einzeln verarbeiten.

Eine solche Aufgabenstellung aus der REXX-Praxis, für die keinerlei Editorbefehl existiert, lautet: Mit Hilfe des Zeilenbefehls "K" soll eine beliebige Anzahl von Zeilen einer gerade editierten REXX-Prozedur auf Kommentar gesetzt werden (also vorne "/*" und hinten "*/" ergänzt werden). Zur Lösung dieser Aufgabe müssen im Makro folgende Programmschritte realisiert werden:

- Positionieren auf die Zeile, in der die Eingabe erfolgte.
- Schleife mit *anzahl* Durchläufen aufsetzen, je Schleifendurchlauf:
    - Extrahieren des Inhalts der aktuellen Zeile.
    - Ergänzen der Kommentarzeichen.
    - Ersetzen der bisherigen Zeile durch die neue Zeile.
    - Positionieren zur nächsten Zeile.
- Wiederherstellen der ursprünglichen Dateiposition.

197

Bevor Sie sich den nachfolgenden Lösungsvorschlag ansehen, können Sie ja zunächst selbst versuchen, die o.g. Programmschritte in eine REXX-Befehlsfolge umzusetzen. Lösungsvorschlag:

```
/* Makro zum Setzen von REXX-Kommentaren           */
           /* Parameterkette auffangen und zerlegen   */
ARG bereich taste zeile anzahl
           /* Prüfen, ob im Prefix eingegeben         */
IF bereich <> 'PREFIX' ! taste <> 'SET'
      THEN DO
           "MSG Makro nur im Prefixbereich von",
           "aktiven Dateizeilen aufrufen"
           EXIT
           END
           /* Standardwert für Anzahl ??              */
IF anzahl = ' ' THEN anzahl = 1
           /* Aktuelle Zeile merken                   */
"EXTRACT /LINE/"
           /* Positionieren auf richtige Zeile        */
":"zeile
           /* Schleife aufsetzen                      */
DO anzahl
           /* Inhalt der aktuellen Zeile bestimmen    */
      "EXTRACT /CURLINE/"
           /* Kleben der Kommentarzeichen             */
      befehlneu= '/*' curline.3 '*/'
           /* Ersetzen der bisherigen Zeile           */
      "REPLACE" befehlneu
           /* Eine Zeile weiter positionieren         */
      "+1"
END
           /* Alte Position wiederherstellen          */
":"line.1
           /* Erfolgsmeldung erzeugen                 */
"MSG Es wurden" anzahl "Zeilen auf Kommentar gesetzt"
```

Wie Sie in diesem Beispiel sehen, ist die Realisierung einer Editoraufgabe mit Hilfe eines Makros unter Umständen relativ komplex. Sie sollten jedoch bedenken, daß sich dieser einmalige Aufwand durchaus lohnt, wenn Sie sich mit dem Makro das Arbeiten im Editor auf Dauer erleichtern können. Zum Abschluß dieses Abschnitts noch ein kleiner Tip: Setzen Sie sich zunächst an Ihren Bildschirm und versuchen Sie durch Probieren innerhalb der Editorumgebung, die beste Reihenfolge und Kombination von Editorbefehlen für Ihre Aufgabenstellung zu finden. Erst im zweiten Schritt erstellen Sie das eigentliche Makro und "bauen" um diese Editorbefehle eine Steuerung mit REXX-Instruktionen.

Eigene Blockbefehle erstellen

Zusätzlich zu den einfachen Zeilenbefehlen sind in allen Editoren sog. Blockbefehle bekannt, mit Hilfe derer eine Verarbeitung auf eine Gruppe von Zeilen eingeschränkt werden kann. Blockbefehle haben im Vergleich zu den einfachen Zeilenbefehlen den Vorteil, daß Sie als Anwender nicht die Anzahl von Zeilen abzählen müssen, sondern Anfang und Ende des gewünschten Verarbeitungsbereichs mit dem Blockkommando kennzeichnen können. Der markierte Bereich kann sich natürlich über beliebig viele Bildschirmzeilen bzw. auch -seiten erstrecken.

Dieser Funktionsumfang der Standardblockbefehle kann auch mit eigenen Editormakros realisiert werden. Die Schwierigkeit bei dieser Technik ist, daß das Makro auf folgende unterschiedliche Eingabevarianten des Benutzers reagieren muß:

- Der Benutzer kennzeichnet sowohl Anfang als auch Ende des zu bearbeitenden Zeilenbereichs mit einem Blockbefehl und drückt nur einmal die Datenfreigabetaste.
- Der Benutzer gibt zunächst nur einen Blockbefehl ein und aktiviert diesen mit der Datenfreigabetaste. Erst dann schließt der Benutzer mit dem zweiten Blockbefehl die Verarbeitung ab, wobei der zweite Blockbefehl beliebig weit sowohl vor als auch nach dem ersten liegen kann.

Für beide Varianten gilt, daß bei jeder Eingabe eines Blockbefehls das Makro aufgerufen wird, wobei jeweils abgefragt wird, ob es sich um den ersten Blockbefehl handelt oder dies bereits der abschließende Blockbefehl ist. Zu diesem Zweck wird mit dem XEDIT-Befehl EXTRACT /PENDING/ geprüft, ob unvollständige Blockbefehle existieren oder nicht. Falls keine unvollständigen Blockbefehle existieren, so liefert die Variable *pending.0* den Wert "0", ansonsten einen Wert größer Null (bis 8), wobei in *pending.1* die Zeilennummer des "hängenden" Blockbefehls steht.

Mit Hilfe dieser beiden Variableninhalte kann die Anzahl der Zeilen bestimmt werden, für die das Blockkommando gelten soll. Alle anderen Verarbeitungsschritte laufen genauso ab, wie bei den einfachen Zeilenbefehlen. Als Beispiel wollen wir unser Makro UPPCASE zur Umsetzung von Dateizeilen in Großbuchstaben so erweitern, daß wir es auch als Blockbefehl mit UCUC aufrufen können. Denken Sie dabei an die Synonymdefinition in der Profile.

```
SET PREFIX SYNONYM UCUC UPPCASE
```

Die Lösung lautet:

```
/* REXX-Makro zum Umsetzen in Großbuchstaben        */
/* Aufruf: Zeilenbefehl UC oder Blockbefehl UCUC -- UCUC   */
            /* Aufrufname feststellen, also UC oder UCUC   */
            /*                                             */
        PARSE SOURCE . . . . . name .
            /* Parameterkette auffangen und zerlegen       */
```

```
ARG bereich taste zeile anzahl
        /* Prüfen, ob im Prefixbereich aufgerufen      */
IF bereich <> 'PREFIX' THEN DO
        "MSG Makro nur im Prefixbereich von",
        "aktiven Dateizeilen aufrufen"
    EXIT
    END
"EXTRACT /LINE/"        /* aktuelle Zeile ermitteln     */
SELECT
        /* Prüfen, ob als Blockbefehl aufgerufen        */
WHEN name = 'UCUC'
    THEN DO
        /* PENDING-Informationen extrahieren            */
        "EXTRACT /PENDING UCUC/"
            /* erster Blockbefehl ??                    */
        IF pending.0=0
          THEN DO
            ":"zeile            /* Positionieren        */
                    /* Pending für 2. Blockbefehl merken */
            "SET PENDING BLOCK UCUC"
            ":"line.1           /* wieder zurück gehen  */
            EXIT                /* Makro hier beenden   */
          END
                    /* falls schon 2. Blockbefehl       */
          ELSE DO
                    /* Anzahl der Zeilen bestimmen      */
            anzahl = ABS(pending.1 - zeile) +1
                    /* Anfang des Blocks bestimmen      */
            anfang = MIN(pending.1,zeile)
                    /* Pending wieder entfernen         */
            "SET PENDING OFF"
          END
    END
        /* Falls als einfacher Zeilenbefehl eingegeben  */
WHEN name = 'UC'
    THEN DO
        anfang = zeile
        IF anzahl = ' ' THEN anzahl = 1
    END
END

            /* Positionieren auf Anfang des Bereichs    */
":"anfang
            /* Umsetzen aller Zeilen in Großbuchstaben  */
"UPP" anzahl
            /* Ursprüngliche Zeile wiederherstellen     */
":"line.1
            /* Erfolgsmeldung erzeugen                  */
"MSG Es wurden" anzahl "Zeilen umgesetzt"
```

Die o.g. Befehlsfolge ist ein gutes Beispiel für eine praktische Anwendung von REXX: Die XEDIT-Befehle werden von REXX-Befehlen gesteuert bzw. mit Hilfe von REXX-Variablen variabel gestaltet. Außerdem werden in dieser

Befehlsfolge typische REXX-Techniken eingesetzt, die in den Kapiteln 1 bis 5 besprochen wurden. Als REXX-Konstruktionen sind vor allem interessant:

- Zerlegung der Systemzeichenfolge PARSE SOURCE
- Zerlegung der übergebenen Parameterkette
- Steuerung über SELECT-Konstruktion
- Einsatz von Compoundvariablen wie *pending.1*

Die Beispiele dieses Kapitels sollten Ihnen nun einen guten Überblick über die Einsatzmöglichkeiten von REXX in der Umgebung VM/CMS und im Subsystem XEDIT verschafft haben. Für den Einsatz von REXX sowohl in diesen Umgebungen als auch in anderen VM-Subsystemen wie Group Control System (GCS) oder Remote Spooling and Communication System (RSCS) gibt es unzählige Anwendungen. Also viel Spaß beim realisieren!

6.6 Übungen

Übung 6.01
Mit einer REXX-Prozedur sollen alle Dateinamen einer beliebigen Platte eines Benutzers in eine Datei mit dem Filename der Benutzernummer und dem Filetype NAMEN gestellt werden. Diese Datei soll dann automatisch in den Editor gerufen werden.

Lösungshinweise
Mit dem CMS-Befehl LISTFILE können die Dateinamen einer Platte am Bildschirm angezeigt werden werden. Diese Ausgaben werden in den Puffer umgeleitet. Die Pufferzeilen werden dann in die Datei geschrieben und die Datei angezeigt.

Übung 6.02
Erstellen Sie ein XEDIT-Makro, mit dessen Hilfe Sie in allen Zeilen einer Datei einen beliebigen Spaltenbereich durch Leerzeichen ersetzen können. Die aktuelle Zeile soll erhalten bleiben. Als Parameter sollen beim Aufruf der Spaltenanfang und die Zahl der Spalten übergeben werden, die gelöscht werden sollen. Der Befehl

```
LOESCHE 20 5
```

soll also ab Spalte 20 die nächsten 5 Zeichen durch Leerzeichen ersetzen.

Lösungshinweis
Mit den Befehen SHIFT LEFT und SHIFT RIGHT kann der Inhalt einer Zeile verschoben werden. Falls Sie über den Bereich der sog. Zone hinwegschieben,

so werden die entsprechenden Daten gelöscht. Beim "Zurückschieben" werden dann Leerzeichen eingefügt.

7 REXX unter TSO

REXX wurde mit der Einführung des SAA-Konzeptes zur Prozedurensprache für alle IBM-Betriebssysteme ausgewählt. Seit der Auslieferung von TSO/E Version 2.1 (in 1988) ist REXX auch unter dem wohl wichtigsten IBM-Betriebssystem MVS/TSO verfügbar. Es steht dort in Konkurrenz zur vorher existierenden Prozedurensprache CLIST (Command LIST), die sicher vielen von Ihnen aus eigener praktischer Erfahrung bekannt ist und die wohl in absehbarer Zeit von REXX ersetzt werden wird. Grundsätzlich können Sie alle Aufgabenstellungen, die Sie bisher mit CLIST gelöst haben, auch mit REXX lösen; Sie werden dann sehr schnell feststellen, daß dies mit REXX meist einfacher und eleganter möglich ist (auch wenn der eine oder andere von Ihnen zunächst mit gewissen Umstellungsschwierigkeiten zu kämpfen hat).

7.1 Leistungsumfang und Sprachkonzept unter TSO

Unter TSO werden mit REXX vorwiegend folgende Aufgabenstellungen realisiert:

- Einbindung, Steuerung und Automatisierung von TSO-Befehlen.
- Aufruf von Befehlen ("Services") des Dialogmanagers ISPF vor allem zur Steuerung von Panels in Dialoganwendungen.
- Definition von Makros innerhalb des ISPF-Editors.
- Prozedurerstellung in Subsystemen wie z.B. NETVIEW.

REXX im Vergleich zu CLIST
Die Vorteile von REXX im Vergleich zu CLIST liegen vor allem in folgenden Punkten:

- große Anzahl von eingebauten Funktionen,
- mächtige Zeichenkettenverarbeitung über PARSE-Techniken,
- sehr gute Möglichkeiten zur Programmstrukturierung z.B. mit Schleifentechniken oder SELECT-Konstruktion (in den letzten Versionen von CLIST wurden auch dort einige Verbesserungen realisiert),
- komfortable Debuggingmöglichkeiten, z.B. über TRACE-Befehl,
- Einsatz von Compoundvariablen möglich.

Bei der Entwicklung von REXX-Prozeduren sollten vor allem die bisherigen CLIST-Anwender zunächst die unterschiedliche Darstellung von Variablen und Literalen beachten: Variablennamen haben in REXX kein Ampersand (&) und Literale werden in Hochkommata eingeschlossen, in CLIST erhalten die Variablen als erstes Zeichen ein "&", während die Literale nicht besonders gekennzeichnet werden. Zusätzlich müssen Sie noch beachten, daß REXX bei der Übergabe von Parametern im Programmaufruf nur Positionsparameter kennt und keine Unterscheidung zwischen Schlüsselwortparametern und Positionsparametern möglich ist.

Damit Sie dennoch nicht alle Ihre bisher bestehenden Aufrufe von Prozeduren ändern müssen, können Sie in REXX-Prozeduren die Schlüsselwortparameter mit Hilfe einer PARSE-Technik simulieren (siehe Kapitel 3.3). Darüberhinaus erfolgt in REXX keine automatische Abfrage, falls Sie beim Programmaufruf weniger als die erwartete Anzahl von Positionsparametern angegeben haben; den REXX-Variablen der ARG-Schablone wird dann einfach "nichts" zugewiesen, während in CLIST eine automatische Abfrage der fehlenden Parameter erfolgt (ähnlich wie bei unvollständigen TSO-Befehlen).

Erstellung und Aufruf von REXX-Prozeduren
Bevor wir genauer auf den Sprachumfang und die Spezialitäten von REXX unter TSO eingehen, wollen wir uns nochmals in kurzer Form die wichtigsten Empfehlungen für Erstellung und Aufruf einer REXX-Prozedur ansehen (ausführliche Hinweise finden Sie bereits im Kapitel 1.3):

- Die REXX-Prozeduren werden als Member in einer Bibliothek abgelegt, deren dritter Qualifier "EXEC" lauten sollte.
- Die erste Zeile enthält einen Kommentar mit der Zeichenfolge "REXX".
- Der explizite Aufruf von REXX-Prozeduren erfolgt mit dem TSO-Befehl EXEC und dem Parameter EXEC. Der Aufruf einer Prozedur mit Komfortformat für den Dateinamen lautet z.B.

    EXEC REXX(PROG01) EXEC

- Der implizite Aufruf von REXX-Prozeduren erfordert eine Allocierung der REXX-Bibliothek unter dem logischen Namen SYSEXEC und ein einmaliges Aktivieren der Suchfolge mit

    EXECUTIL SEARCHDD(YES)

Die Prozedur kann dann durch die Angabe des Membernamens aufgerufen werden, z.B.

```
%PROG1
```

Befehlsumfang einer REXX-Prozedur unter TSO

Grundsätzlich gilt auch für REXX unter TSO, daß sowohl alle REXX-Befehle und -Funktionen als auch alle Umgebungsbefehle zur Verfügung stehen. Der Umfang der REXX-Befehle entspricht der ursprünglichen Implementierung unter CMS, wobei bei den allgemeinen Fehlerausgängen zusätzlich zu SIGNAL ON auch ein Unterprogrammaufruf mit CALL ON möglich ist.

Als Standardumgebung für Nicht-REXX-Befehle gilt üblicherweise TSO, so daß Sie alle bekannten TSO-Befehle verwenden können, indem Sie diese in Hochkommata einschließen. Natürlich können Sie in diesen Befehlen auch REXX-Variablen einsetzen, um deren Ablauf variabel zu gestalten.

Beispiele:

```
"ALLOC DA("dsname") F("ddname") SHR REUSE"
"DELETE" datei
```

Zusätzlich zu den bisher existierenden TSO-Befehlen wurden mit der Einführung von REXX unter TSO neue Befehle und Funktionen ins TSO aufgenommen, die jedoch nur in REXX-Prozeduren sinnvoll zu verwenden sind:

Als neue Befehlsgruppe wurden sog. "Externe TSO-Befehle" eingeführt, die im Wesentlichen eine Übernahme von Standardbefehlen aus dem CMS darstellen. REXX arbeitet ja unter CMS sehr häufig mit CMS-Einrichtungen zusammen (z.B. mit dem CMS-Puffer), der unter TSO ja nicht existierte. Es wurde deshalb die gesamte Pufferverarbeitung aus dem CMS (MAKEBUF, DROP-BUF) ins TSO übernommen. Zusätzlich zur herkömmlichen Pufferverarbeitung wurden sogar neue Befehle zur sog. Stackverarbeitung geschaffen (NEW-STACK, DELSTACK), die das Arbeiten mit dem Puffer in der Umgebung TSO vereinfachen. Als weiterer wichtiger Befehl aus dem CMS wurde der Befehl EXECIO mit einigen seiner Optionen übernommen; REXX besitzt ja keine eigenen Befehle zur Dateiverarbeitung, sondern benötigt dazu Befehle der Umgebung (CLIST hat eigene Befehle zur Dateiverarbeitung, z.B. GETFILE). Insgesamt stellen diese neuen TSO-Befehle also eine Simulation der CMS-Umgebung dar.

Als zweite neue Gruppe von Befehlen wurden ins TSO sog. "Externe TSO-Funktionen" eingebaut. Hier handelt es sich um Befehle und Funktionen, die im Sprachumfang von CLIST enthalten sind, nicht jedoch in REXX. Da Sie auch in einer REXX-Prozedur auf Dateiparameter wie die Organisationsform (PO-Datei oder PS-Datei?) zugreifen müssen, gleichzeitig der Standard der REXX-Befehle und -Funktionen nicht geändert werden sollte, wurden diese ursprünglichen CLIST-Befehle und -Funktionen ebenfalls ins TSO übernommen (und zwar immer als Funktionen). Zu diesen neuen TSO-Funktionen, die nur innerhalb von REXX-Prozeduren sinnvoll einzusetzen sind, zählen z.B.

LISTDSI (Dateiparameter abgreifen) oder auch OUTTRAP (umleiten von Bildschirmausgaben). In den folgenden Abschnitten finden Sie nun vor allem diese zusätzlichen TSO-Befehle und -Funktionen beschrieben, die für den Einsatz von REXX unter TSO große Bedeutung haben.

7.2 Externe TSO-Funktionen

Beim Einsatz dieser Funktionen müssen Sie darauf achten, daß Sie diese wie REXX-Funktionen in eine gültige Funktionssyntax einbinden müssen, d.h. nach Ersetzen des Funktionsaufrufs durch den Funktionswert muß sich eine gültige REXX-Instruktion ergeben. Im Unterschied zu den Standard-REXX-Funktionen ist bei diesen TSO-Funktionen häufig nicht der eigentliche Funktionswert von Interesse. Meist werden von der jeweiligen Funktion standardisierte REXX-Variablen mit Werten gefüllt, die im weiteren Prozedurverlauf verarbeitet werden. Die ein oder andere Funktion aus den nachfolgenden Abschnitten wird Ihnen deshalb von der Verarbeitungslogik her "etwas komisch vorkommen". Ein Grund dafür liegt wohl darin, daß bei der Entwicklung von REXX unter VM/CMS noch nicht auf einen Einsatz auch auf anderen Betriebssystemen geachtet wurde; REXX unter TSO wirkt somit in manchen Befehlen etwas "aufgesetzt".

LISTDSI

Mit der Funktion LISTDSI können Sie in einer REXX-Prozedur die Datenbestandsinformationen einer TSO-Datei ermitteln und z.B. feststellen, ob es sich um eine sequentielle Datei oder eine Bibliothek handelt. Als Parameter muß der Dateiname angegeben werden. Dieser kann sich sowohl auf einen physischen Dateinamen (*dsname*) beziehen oder auch auf einen logischen Namen (*ddname*), was mit dem Parameter FILE angegeben wird. Zusätzlich zum Dateinamen kann bei Bibliotheken der Parameter DIRECTORY bzw. NODIRECTORY (gilt als Standard) angegeben werden, je nachdem, ob die Informationen über das Inhaltsverzeichnis der Bibliothek von Interesse sind oder nicht. Bei der Parameterliste müssen Sie besonders darauf achten, daß alle feststehenden Werte in Hochkommata eingeschlossen werden.

Falls wir Informationen über unsere REXX-Bibliothek "#00PF.REXX.EXEC" erhalten wollen, die unter SYSEXEC zugeordnet ist, so lautet die LISTDSI-Funktkion entweder

```
x = LISTDSI("'#00PF.REXX.EXEC' DIRECTORY")
```

oder mit Komfortformat beim Dateinamen:

```
x = LISTDSI("REXX.EXEC DIRECTORY")
```

Falls Sie die Datei über den logischen Namen SYSEXEC ansprechen wollen, so müssen Sie codieren:

```
x - LISTDSI("SYSEXEC FILE DIRECTORY")
```

Meist wird der Dateiname über eine Variable gesteuert, die in LISTDSI angegeben wird. Diese Variable darf nicht in Hochkommata eingeschlossen werden, da sonst keine Ersetzung durch deren Inhalt erfolgt. Wenn der Name REXX.EXEC in der Variable *dsname* steht, so lautet die LISTDSI-Funktion:

```
x = LISTDSI(dsname)
```

Falls Sie die Dateiparameter über den logischen Dateinamen (also z.B. SYSEXEC) abgreifen wollen und der Dateiname in der Variable *ddname* steht, so muß auch diese Variable außerhalb der Hochkommata stehen, der feststehende Parameter FILE jedoch innerhalb:

```
x = LISTDSI(ddname "FILE")
```

Sie können zum Einschließen der feststehenden Parameter natürlich auch die einfachen Hochkommata (') verwenden; falls Sie jedoch einen vollqualifizierten Dateinamen (mit "einfachen" Hochkommata) angeben wollen, so müssen Sie diesen unbedingt in doppelte Hochkommata (") einschließen. Es ist deshalb zu empfehlen, daß Sie sich grundsätzlich an die doppelten Hochkommata gewöhnen.

Nach Ausführung der LISTDSI-Funktion ist nun weniger deren Returncode von Interesse sondern der Inhalt, der von LISTDSI automatisch in REXX-Variablen mit genau festgelegtem Namen abgelegt wird. So steht in der REXX-Variable *sysdsorg* die Organisationsform der Datei (also z.B. PS oder PO); diesen Inhalt der Variable können Sie dann im weiteren Prozedurverlauf verarbeiten und damit z.B. eine IF-Bedingung formulieren:

```
IF sysdsorg = 'PO'    THEN
        SAY 'Datei ist eine Bilbliothek'
                 ELSE
        SAY 'Es liegt eine sequentielle Datei vor'
```

Insgesamt werden bei jeder LISTDSI-Funktion bis zu 23(!) REXX-Variablen mit Dateiinformationen gefüllt. Diese Variablen könnte man durchaus mit den reservierten Variablen *rc*, *result* und *sigl* vergleichen, in denen ebenfalls vom System Werte abgelegt werden. Natürlich sollten Sie auch die Variablennamen, die von LISTDSI gefüllt werden, nicht als "normale" Variablen in Ihrer REXX-Prozedur einsetzen, da der von Ihnen abgelegte Inhalt von der nächsten LISTDSI-Funktion wieder überschrieben wird.

Die wichtigsten von LISTDSI gefüllten Variablen und deren Inhalt sind:

Variable	Bedeutung des Inhalts	Beispielwert
sysdsname	Physischer Dateiname	#00PF.REXX.EXEC
sysvolume	Plattenname, auf der die Datei liegt	'TSO003'
sysunit	Plattentyp, auf dem die Datei liegt	'3390'
sysdsorg	Organisationsform	'PO' oder 'PS'
sysrecfm	Satzformat	'F B' (mit Leer-zeichen?)
syslrecl	Satzlänge	80
sysblksize	Blockgröße	6160
sysblkstrk	Anzahl Blöcke je Spur	7
sysunits	Einheit der Allocierung	'TRACK'
sysprimary	Zugeordneter Primärplatz	5
sysseconds	Zugeordneter Sekundärplatz	2
sysextents	Anzahl der bisherigen Ausdehnungen	4
sysalloc	Größe des allocieren Platzes (in Units)	11
sysused	Größe des benutzen Platzes (in Units)	10
syscreate	Datum der Dateianlage	'1993/100'
sysadirblk	Anzahl der angelegten Directory-Blöcke	5
sysudirblk	Anzahl der belegten Directory-Blöcke	3
sysmembers	Anzahl der Member	10

Die Variablen mit den Informationen über das Inhaltsverzeichnis werden nur gefüllt, falls in LISTDSI der Parameter DIRECTORY angegeben wurde.

Natürlich liefert die Funktion auch einen Funktionswert, der meist einer Variablen zugewiesen wird; dieser Funktionswert ist eigentlich eher mit einem Returncode zu vergleichen und kann folgende Werte enthalten:

0   Erfolgreiche Ausführung.

4   Erfolgreiche Ausführung. Die Informationen über das Inhaltsver-
     zeichnis (Directory) waren jedoch nicht verfügbar, da keine
     Bibliothek vorliegt.

16   Fehlerhafte Ausführung. Die Informationen konnten nicht abge-
     legt werden. In den Ergebnisvariablen *sysmsglvl1*, *sysmsglvl2*
     und *sysreason* finden Sie Hinweise zur Fehlerursache. Die ein-
     fachste und zugleich häufigste Fehlerursache liegt in der Angabe
     einer nicht existenten Datei.

SYSDSN
Die Funktion SYSDSN ermöglicht eine Prüfung auf Existenz einer Datei bzw. eines Members; meist wird sie vor TSO-Befehlen aufgerufen, die eine Datei ansprechen, um evtl. dort auftretende Fehler wegen falscher Dateibezugnahmen von vorneherein auszuschalten. Als Parameter müssen beim Aufruf der physische Dateiname und evtl. der Membername angegeben werden:

```
SYSDSN(dsname[(member)])
```

Bei der Angabe von konkreten Dateinamen müssen Sie wie bei LISTDSI auf die Hochkommata achten. Innerhalb einer Zuweisung könnte die Funktion so aussehen:

```
      X = SYSDSN("'#00PF.REXX.EXEC'")
bzw.  X = SYSDSN("REXX.EXEC")
```

Wenn der physische Dateiname und auch der Membername in Variablen vorliegen, so können Sie diese im Funktionsaufruf übergeben:

```
      X = SYSDSN(dsname)
bzw.  X = SYSDSN(dsname(member))
```

Im Gegensatz zu LISTDSI liefert SYSDSN keine numerischen Funktionswerte, sondern folgende Zeichenfolgen:

```
OK
DATASET NOT FOUND
MEMBER NOT FOUND
MEMBER SPECIFIED, BUT DATASET IS NOT PARTITIONED
UNAVAILABLE DATASET
PROTECTED DATASET
VOLUME NOT ON SYSTEM
MISSING DATASET NAME
```

Leider sind diese Funktionswerte im Vergleich zu Returncodes sehr umständlich abzufragen, da Sie jeweils eine Literalkette angeben müssen (mindestens soviele Zeichen, bis eine eindeutige Identifizierung der Zeichenkette möglich ist). Deshalb wird mit der SYSDSN-Funktion meist nur geprüft, ob der Datenbestand "OK" ist. Falls nicht, so kann der von "OK" abweichende Funktionswert direkt als Fehlermeldung ausgegeben werden:

```
IF SYSDSN(dateiname) <> 'OK'
     THEN SAY SYSDSN(dateiname)
```

Falls der Datenbestand also nicht existiert, so wird am Bildschirm die Meldung "DATASET NOT FOUND" angezeigt.

SYSVAR

Die Funktion SYSVAR liefert eine Reihe von Systemwerten, die innerhalb von REXX-Prozeduren von Interesse sein können; auf diese Systemwerte konnten Sie in einer CLIST über spezielle CLIST-Systemvariablen zugreifen. Im Gegensatz zur LISTDSI-Funktion muß bei SYSVAR jeweils genau ein Name einer ursprünglichen CLIST-Systemvariable angegeben werden (in Hochkommata), deren Inhalt dann als Funktionswert zur Verfügung steht (das Ergebnis steht also nicht in einer standardisierten REXX-Variable). Die Syntax von SYSVAR innerhalb einer Zuweisung lautet:

```
x = SYSVAR("parameter")
```

Um z.B. das Prefix für TSO-Dateinamen abzufragen, muß als Parameter der Wert "SYSPREF" übergeben werden:

```
SAY SYSVAR("SYSPREF")        Liefert z.B. #00PF
```

Die Systemvariablen, die Sie mit SYSVAR abgreifen können, lauten:

SYSPREF	Prefix für TSO-Dateinamen
SYSUID	TSO-Benutzernummer. Liefert dieselbe Information, wie die REXX-Funktion USERID(), die auch auf anderen REXX-Implementierungen existiert und damit SAA-konform und "besser" ist.
SYSPROC	Name der TSO-Logon-Prozedur.
SYSLTERM	Anzahl der Bildschirmzeilen.
SYSWTERM	Anzahl der Spalten je Bildschirmzeile.
SYSENV	Ausführungsumgebung (FORE für im Vordergrund ausgeführte Prozeduren und BACK für Prozeduren, die im Hintergrund laufen).
SYSISPF	ISPF-Verfügbarkeit. Zeigt an, ob der Dialog Manager ISPF aktiv ist oder nicht (ACTIVE oder NOT ACTIVE). Falls ISPF nicht aktiv ist, so können Sie keine Befehle und Services von ISPF aufrufen, um damit z.B. Panels anzuzeigen.
SYSCPU	Verbrauchte CPU-Zeit seit Sitzungsbeginn.

SYSSRV	Verbrauchte SRM-Einheiten seit Sitzungsbeginn.
SYSRACF	RACF-Verfügbarkeit (AVAILABLE, NOT AVAILABLE, NOT INSTALLED).
SYSTSOE	Stand der eingesetzten TSO-Version (Versions- und Releasenummer).
SYSHSM	Stand der eingesetzten HSM-Version (Versions- und Releasenummer).
SYSRACF	Stand der eingesetzten RACF-Version (Versions- und Releasenummer).
SYSICMD	Impliziter Aufrufname der Prozedur.
SYSPCMD	Zuletzt ausgeführter TSO-Befehl.
SYSSCMD	Zuletzt ausgeführtes TSO-Subsommand.

Die meisten dieser Systemvariablen entsprechen den in CLIST existierenden Systemvariablen. Auf die in CLIST verfügbaren Variablen zur Bestimmung von Datum und Uhrzeit (SYSDATE, SYSSDATE, SYSTIME) kann nicht mit SYSVAR zugegriffen werden. Dazu besteht auch keine Notwendigkeit, denn diese Informationen können Sie sich bereits mit den verschiedenen Optionen der REXX-Funktionen DATE() und TIME() verschaffen.

MSG

Die Funktion MSG erlaubt das Ein- und Ausschalten der am Bildschirm auftretenden Meldungen, die von TSO-Befehlen innerhalb einer REXX-Prozedur erzeugt werden. Die Anzeige der Meldungen kann mit den Parametern "ON" bzw. "OFF" ein- bzw. ausgeschaltet werden; als Funktionswert wird der derzeitig gültige Wert (also "ON" oder "OFF") geliefert. Der Aufruf innerhalb einer Zuweisung lautet:

```
      status = MSG("ON")
bzw.  status = MSG("OFF")
```

Häufig werden am Anfang einer Prozedur die Standardmeldungen von TSO-Befehlen ausgeschaltet und der Erfolg oder Mißerfolg eines Befehls mit eigenen Meldungen dokumentiert. Im folgenden Beispiel soll ein Datenbestand mit Hilfe des TSO-Befehls DELETE gelöscht werden. Die Standardmeldungen (z.B. "... DELETED") werden ausgeschaltet und abhängig vom Returncode in der REXX-Variable *rc* eigene Meldungen erzeugt.

Die Befehlsfolge zu diesem Beispiel lautet:

```
/*     REXX: Löschen eines Datenbestandes          */
       ARG dateiname
       x = MSG("OFF")
       "DELETE " dateiname
       IF rc = 0  THEN
             SAY 'Datei' dateiname 'wurde gelöscht'
                   ELSE
             SAY 'Fehler beim Löschen, Returncode=' rc
       x = MSG("ON")
```

Falls Sie nur prüfen wollen, welcher Meldungsstatus derzeit aktiv ist, und keine Änderung der aktuellen Einstellung vornehmen wollen, so müssen Sie die MSG-Funktion ohne Parameter aufrufen:

```
       SAY MSG()
```

PROMPT

Über die Funktion PROMPT können Sie bestimmen, ob bei der Angabe von unvollständigen TSO-Befehlen (z.B. der Dateiname fehlt) eine Eingabeaufforderung durch das TSO erfolgen soll (z.B. "ENTER DATASET NAME"). Diese Möglichkeit bestand bereits unter CLIST und wurde für REXX unter TSO übernommen. Falls Sie die Funktion ohne Parameter einsetzen, so wird der aktuelle Status ermittelt ("ON" bzw. "OFF"), während Sie mit den Parametern "ON" bzw. "OFF" selbst das Prompting aktivieren- bzw. inaktivieren. Beispiele:

```
       status = PROMPT()
       status = PROMPT("ON")
       status = PROMPT("OFF")
```

Als Voraussetzung für das Aktivieren des Prompting muß im TSO-Profile das Prompting zugelassen werden. Dies geschieht dort mit dem Befehl PROFILE PROMPT. In REXX-Prozeduren wird jedoch das Prompting meist inaktiviert, da Sie schon vor Ausführung eines TSO-Befehls prüfen sollten, ob z.B. alle Variablen für Dateinamen auch wirklich gefüllt sind. Der Anwender ist meist überfordert, wenn während des Ablaufs seiner REXX-Prozedur plötzlich eine TSO-Eingabeaufforderung auftaucht; häufig werden ja mehrere Dateien in einer Prozedur angesprochen (z.B. mehrere Dateien alloziert), so daß der Anwender dann nicht weiß, welcher dieser Befehle nun unvollständig ist und welchen Dateinamen er eingeben soll.

STORAGE

Mit der STORAGE-Funktion können Sie auf Daten einer virtuellen Speicheradresse zugreifen und sogar Daten einer virtuellen Speicheradresse verändern.

Als Parameter müssen Sie dazu die Adresse (in hexadezimaler Form) und als wahlfreie Parameter die Länge (in Bytes) und evtl. die neuen Daten übergeben:

```
y = STORAGE(hexadresse[,länge,daten])
```

Die STORAGE-Funktion liefert als Funktionswert den Inhalt des virtuellen Speichers ab der angegebenen Adresse. Mit dem Befehl

```
SAY STORAGE(000AAB32,25)
```

erhalten Sie 25 Bytes ab der Adresse "000AAB32". Falls Sie die Daten ab einer bestimmten Adresse ersetzen wollen, so spielt der Parameter *länge* keine Rolle. Sie müssen nur die Startadresse und die neuen Daten übergeben:

```
Y = STORAGE(000AAB32,,'REXX')
```

Auf jeden Fall liefert STORAGE vor der Änderung von Speicherinhalten den ursprünglichen Wert, in unserem Beispiel also den Inhalt ab "000AAB32" vor der Veränderung.

7.3 Bildschirmausgaben verarbeiten

Auch unter TSO wollen Sie in vielen Fällen Informationen "einfangen", die von Umgebungsbefehlen erzeugt werden (ähnlich wie in der Umgebung CMS), und diese Informationen im weiteren Prozedurverlauf verarbeiten. Unter CMS ist dazu in den meisten CMS-Befehlen die Option STACK erlaubt, die Informationen in den Puffer umleitet; von dort müssen die einzelnen Zeilen dann wieder gelesen werden. Unter TSO wurde die Verarbeitung von Bildschirmausgaben einfacher realisiert.

Die Funktion OUTTRAP

Entsprechend der CLIST-Sytemvariable &SYSOUTTRAP wurde eine externe TSO-Funktion SYSOUTTRAP geschaffen, mit deren Hilfe die Ausgaben nachfolgender Umgebungsbefehle direkt in Ausdehnungen einer REXX-Compoundvariable umgeleitet werden können. Falls Sie also eine fünfzeilige Ausgabe eines TSO-Befehls in die Compoundvariable *zeile.* umleiten, so finden Sie diese Ausgaben in den REXX-Variablen *zeile.1* bis *zeile.5* und können sofort damit weiterarbeiten. Der Funktionswert der OUTTRAP-Funktion liefert entweder "OFF", wenn OUTTRAP nicht aktiv ist, bzw. den Namen der Compoundvariable, nachdem OUTTRAP aktiviert wurde. Dieser Funktionswert ist im Gegensatz zu den einzelnen Ausdehnungen der Compoundvariable kaum von Interesse; dennoch muß die Funktion immer in eine gültige Funktionssyntax (in der Praxis meist eine Zuweisung) eingebunden werden. Falls Sie die aktuelle Einstellung von OUTTRAP ermitteln wollen, so können Sie dies ohne Angabe eines Parameters mit OUTTRAP() tun. Die Parameterliste zum Aktivieren von OUTTRAP lautet:

```
OUTTRAP(stammvariable[,max][,CONCAT/NOCONCAT)]
```

Die Parameter haben folgende Bedeutung:

stammvariable   Hier müssen Sie den Namen einer Stammvariable angeben, in deren Ausdehnungen Sie dann die Ausgaben der nachfolgenden Umgebungsbefehle finden. Die Anzahl der insgesamt erzeugten Ausdehnungen wird automatisch in der "Ausdehnung-0" also z.B. *zeile.0* abgelegt, so daß Sie die einzelnen Werte sehr einfach über eine Schleife mit Laufvariable ansprechen können.

max   Der Parameter *max* gibt an, wieviele Ausgaben maximal protokolliert werden sollen. Enthält die eigentliche Ausgabe mehr Zeilen, so werden diese nicht mehr "aufgefangen". Fehlt der Parameter oder wird "*" angegeben, so werden alle Zeilen der Bildschirmausgabe in die Compoundvariable umgeleitet.

CONCAT bzw *NOCONCAT*   Mit dem Schlüsselwort CONCAT (gilt auch als Standardwert) bestimmen Sie, daß die Ausgaben mehrerer aufeinanderfolgender Umgebungsbefehle aneinander gehängt werden sollen. Das Schlüsselwort NOCONCAT gibt an, daß die Ausgaben jedes neuen Umgebungsbefehls jeweils ab "Ausdehnung-1" der Compoundvariable abgelegt werden sollen, d.h. die Ausgaben vorangehender Befehle werden wieder überschrieben; dies ist in der Praxis jedoch nur in seltenen Fällen sinnvoll.

Mit dem nachfolgenden Befehl leiten Sie maximal 25 Ausgabezeilen in die Compoundvariable *zeile.* um:

```
y = OUTTRAP("zeile.",25)
```

Falls Sie OUTTRAP wieder ausschalten wollen, so müssen Sie als Parameter den Wert "OFF angeben:

```
status = OUTTRAP("OFF")
```

Üblicherweise wird OUTTRAP sofort nach dem zu protokollierenden Befehl wieder inaktiviert, damit die Ausgaben anderer Befehle nicht ungewollt unterdrückt bleiben.

Es ergibt sich daher meist folgender Befehlsablauf:

```
/* REXX-Prozedur mit Auffangen von Bildschirmausgaben */
                       /* Aktivieren von OUTTRAP    */
y = OUTTRAP("zeile.")
"LISTCAT"              /* TSO-Befehl mit Ausgaben */
                       /* Inaktivieren von OUTTRAP*/
y = OUTTRAP("OFF")
```

Um alle aufgefangenen Zeilen ganz einfach wieder am Bildschirm auszugeben, können Sie eine Schleife mit Laufvariable aufsetzen:

```
DO i = 1 TO zeile.0
      SAY zeile.i
END
```

Neben der am häufigsten benötigten Variable *zeile.0* werden von der OUT-TRAP-Funktion auch noch andere Ausdehnungen der Compoundvariable mit konkreten Werten gefüllt:

name.MAX   Diese Variable enthält die maximale Zahl der Zeilen, die umgeleitet werden sollen; der Wert entspricht der Angabe in der letzten OUTTRAP-Funktion.

name.TRAPPED   Hier finden Sie die Gesamtzahl aller Ausgabezeilen, unabhängig davon, ob diese aufgefangen wurden bzw. die Maximalzahl bereits erreicht war. Der Wert kann also durchaus größer als der Inhalt von *name.0* oder *name.max* sein; dies würde bedeuten, daß nicht alle Ausgabezeilen aufgefangen wurden.

name.CON   Diese Variable liefert den Wert CONCAT bzw. NOCONCAT, je nachdem, welcher Status in der letzten OUTTRAP-Funktion gewählt wurde.

Anwendungsbeispiele

Für den Einsatz der OUTTRAP-Funktion gibt es eine Reihe von Anwendungsbeispielen; vor allem die TSO-Befehle LISTCAT, LISTALC oder auch LISTDS liefern Informationen, die innerhalb einer REXX-Prozedur von großem Interesse sein können. Die eigentliche "Kunst" in der Verarbeitung der Bildschirmausgaben besteht meist darin, die Inhalte der Compoundvariable so zu zerlegen, daß nur die benötigten Werte abgegriffen werden. Meist sind an dieser Stelle die REXX-Zeichenkettenfunktionen wie SUBSTR oder WORD und auch die einzelnen PARSE-Techniken sehr hilfreich. Im nächsten Abschnitt wollen wir uns zwei konkrete Anwendungsbeispiele für den Einsatz der OUTTRAP-Funktion genauer ansehen.

Beispiel 1:
Die Membernamen einer beliebigen Bibliothek sollen jeweils einzeln in
REXX-Variablen verfügbar sein, um diese z.B. auf einer Bildschirmmaske
anzeigen zu können. Damit können Sie später mit eigenen Mitteln die bekannte
Memberliste aus der ISPF-Umgebung simulieren. Der Name der Bibliothek
wird beim Aufruf als Parameter angegeben bzw. abgefragt, falls dieser fehlt.
Die Existenz der Datei und die richtige Organisationsform (PO-Datei) sollen
geprüft werden.

Lösungsansatz:
Der TSO-Befehl LISTDS mit dem Parameter MEMBER liefert als Bildschirmausgabe u.a. die einzelnen Membernamen einer Bibliothek. Diese Ausgaben werden in eine Stammvariable umgeleitet, wobei nur die Ausdehnungen
mit den Membernamen weiterverarbeitet werden. Die einzelnen Membernamen
finden Sie in der Ausgabe nach der Überschrift "MEMBERS".

Lösung:

```
/* REXX-Prozedur MEMBLIST                                */
/* zum Abgreifen von Membernamen einer Bibliothek        */
ARG dateiname .
DO WHILE dateiname = ' '
      SAY 'Dateiname eingeben'
      PULL dateiname
END
                        /* Prüfen, ob Datei existiert    */
IF SYSDSN(dateiname) <> 'OK' THEN
      DO
            SAY SYSDSN(dateiname)
            EXIT
      END               /* auf Bibliothek prüfen         */
x = LISTDSI(dateiname)
IF SYSDSORG <> 'PO' THEN
      DO
            SAY dateiname 'ist keine Bibliothek'
            EXIT
      END
                        /* OUTTRAP aktivieren            */
x = OUTTRAP("zeile.")
"LISTDS" dateiname "MEMBERS"
x = OUTTRAP("OFF")      /* OUTTRAP inaktivieren          */
SAY 'Die Member der Bibliothek' dateiname 'lauten:'
                  /* Überschrift MEMBER suchen           */
DO i = 1 TO zeile.0 UNTIL POS('MEMBER',zeile.i)>0
END
                        /* Ab hier Member ausgeben       */
DO k = i TO zeile.0
      SAY zeile.i
END
```

Beispiel 2:
Innerhalb von TSO existiert kein Befehl, um einer bestehenden Allocierung eine weitere Datei hinzuzufügen. Dies kann zunächst nur mit dem ISPF-Service LIBDEF geschehen, der jedoch nur unter ISPF verfügbar ist und den Nachteil besitzt, daß die neue Datei in der Suchreihenfolge immer hinter den vorher bestehenden Zuordnungen steht. Diese Schwäche soll mit Hilfe einer REXX-Prozedur ZUORDNE behoben werden, in der die Dateinnamen für die zusätzliche Allocierung abgefragt werden.

Lösungsansatz:
Der TSO-Befehl "LISTALC ST" liefert als Bildschirmausgabe die physischen und logischen Dateinamen aller bestehenden Allocierungen. Diese Ausgaben werden mit OUTTRAP umgeleitet und die bisher bestehenden Zuordnungen zu einem logischen Namen ermittelt. Um dann eine weitere Datei zu verketten, müssen alle Dateien innerhalb eines einzigen ALLOCATE-Befehls angegeben werden, wobei die spätere Suchfolge von der Reihenfolge der Dateinamen abhängt. Zur Lösung der Aufgabe ist vor allem eine gute Kenntnis des Ausgabeformats von "LISTALC ST" notwendig:

Die Ausgabe der physischen und logischen Dateinamen erfolgt jeweils zweizeilig; in der ersten Zeile steht der vollqualifizierte physische Dateiname und in der zweiten Zeile der zugehörige logische Name (mit der Information über die Disposition) bzw. Leerzeichen in den ersten 10 Stellen. Falls Leerzeichen in der zweiten Zeile stehen, so gehört die in der Zeile vorher angezeigte physische Datei noch zur vorhergehenden logischen Datei. Kompliziert, oder? Die Anzeige von "LISTALC ST" könnte etwa so aussehen:

```
SYS1.EXEC
  SYSEXEC   KEEP
#ASBR.REXX.EXEC
          KEEP
#00PF.REXX.EXEC
          KEEP
#00PF.TEST.CLIST
  SYSPROC   KEEP
```

In diesem Beispiel sind die drei Dateien SYS1.EXEC, #ASBR.REXX.EXEC und #00PF.REXX.EXEC unter dem logischen Namen SYSEXEC allociert; die Datei #00PF.TEST.CLIST ist unter dem Namen SYSPROC zugeordnet. Um also alle bestehenden Zuordnungen zu SYSEXEC zu finden, müssen Sie in den Ausgabespalten 3 bis 10 nach dieser Zeichenfolge suchen; falls der richtige Name gefunden wurde, gehört der physische Dateiname in der vorhergehenden Zeile zu dieser Allocierung. Ob noch weitere Dateien dazuzählen, muß dann jeweils in der übernächsten Zeile geprüft werden. Bevor Sie sich nun vielleicht in die nachfolgende Lösung vertiefen, sollten Sie zunächst selbst versuchen, diese Aufgabe mit den bekannten REXX-Techniken zu lösen.

Lösung:

```
/* REXX-Prozedur ZUORDNE zum Verketten von Dateien    */
/* Die neue Datei steht vor "alten" Zuordnungen       */
/*                                                     */
/* Abfrage des logischen und physischen Dateinamens   */
SAY 'Logischer Dateiname? '
PULL ddname
SAY 'Physischer Dateiname? '
PULL dsname
/* Prüfen, ob physische Datei existiert               */
IF SYSDSN(dsname)<>'OK' THEN
       DO
            SAY SYSDSN(dsname)
            EXIT
       END
/* Ausgabe von LISTALC umleiten                       */
y = OUTTRAP("zeile.")
"LISTALC ST"
y = OUTTRAP("OFF")
/* Suchen nach dem ddnamen, dann Schleife verlassen   */
DO i = 1 TO zeile.0
     IF SUBSTR(zeile.i,3,8) = ddname THEN LEAVE I
END
/* Prüfen, ob i>zeile.0, d.h. ddname nicht gefunden   */
IF I > zeile.0 THEN
       DO
            SAY 'DD-Name' ddname 'ist neu'
            "ALLOC DD("ddname") DS("dsname") SHR REUSE"
            IF RC = 0  THEN SAY 'Datei zugeordnet'
                       ELSE SAY 'Datei nicht zugeordnet'
            EXIT
       END
/* Bestehende Zuordnungen bestimmen, Variable dsnalt  */
/* I steht auf ddname, Zeile vorher gehört dazu       */
k = i -1
                    /* In Hochkommata einbinden       */
dsnalt = "'"zeile.k"'"
/* In übernächster Zeile einen anderen ddnamen suchen */
DO i = i+2 TO zeile.0 BY 2
     IF SUBSTR(zeile.i,1,10) = ' ' THEN
                    /* Zeile darüber gehört noch dazu  */
            DO
                k = i -1
                /* Verketten                          */
                dsnalt = dsnalt "'"zeile.k"'"
            END
                    /* Neue Zuordnung, Schleife verlassen */
            ELSE LEAVE i
END
/* Neue und alte Dateien gemeinsam zuordnen           */
"ALLOC DD("ddname") DS("dsname dsnalt") SHR REUSE"
IF RC = 0  THEN SAY 'Datei zugeordnet'
           ELSE SAY 'Datei nicht zugeordnet, RC=' rc
```

Falls Sie die o.g. Prozedur noch so erweitern wollen, daß die Datei auch ans Ende der bestehenden Zuordnungen angehängt werden kann, so können Sie den Benutzer nach einer Verarbeitungsoption fragen und abhängig von seiner Antwort die Reihenfolge der Variablen *dsname* und *dsnalt* vertauschen:

```
SAY 'Datei hinten anhängen ?? (J/N)'
PULL antwort
IF antwort = 'N' THEN
        "ALLOC DD("ddname") DS("dsname dsnalt") SHR REUSE"
        ELSE
        "ALLOC DD("ddname") DS("dsnalt dsname") SHR REUSE"
```

7.4 Arbeiten mit Puffern und Stapeln

In der ursprünglichen REXX-Umgebung VM/CMS existieren sog. Puffer, in denen Daten abgelegt und weiterverarbeitet werden können (siehe Kapitel 6.1); die häufigsten Anwendungen für den Puffer sind der Austausch von größeren Datenmengen zwischen Prozeduren oder auch die Verarbeitung von CMS-Dateien über den Puffer. Mit der Einführung von REXX unter MVS/TSO wurde auch dort die Möglichkeit geschaffen, Puffer einzusetzen; da das Arbeiten mit Puffern unter CMS jedoch einige Schwächen (oder vielleicht besser "Fallen") beinhaltet, wurden unter TSO parallel zu den Puffern sog. Stapel ("Stacks") eingeführt, deren Verarbeitung insgesamt einfacher ist. Beim Einsatz von Stacks sollten Sie jedoch bedenken, daß diese nur unter TSO verfügbar sind; enthält Ihr REXX-Programm also eine Stapelverarbeitung, so ist es nicht auf anderen Betriebssystemumgebungen lauffähig und damit nicht SAA-konform. Sie müssen also für sich (oder auch unternehmensweit) die Entscheidung treffen, welche Verarbeitung Sie bevorzugen. Ein Mischen beider Verarbeitungsformen - möglichst noch innerhalb einer Prozedur - führt meist zu ziemlicher Verwirrung und als Konsequenz zu Fehlern und sollte daher vermieden werden.

Puffer einsetzen

Die Pufferverarbeitung aus der Umgebung VM/CMS wurde fast identisch in die Umgebung MVS/TSO übernommen; Sie können also von Anfang an mit dem immer existierenden "Puffer 0" arbeiten und über die REXX-Befehle QUEUE bzw. PUSH Daten dort ablegen bzw. mit dem REXX-Befehl PULL wieder auslesen. Benötigen Sie zusätzliche Puffer, so können Sie diese mit den Befehlen MAKEBUF, DROPBUF und QBUF genauso verarbeiten, wie ursprünglich unter CMS, da diese CMS-Befehle als "externe Kommandos" in die TSO-Umgebung übertragen wurden; wie bei allen anderen Nicht-REXX-Befehlen sollten auch diese Befehle in Hochkommata eingeschlossen werden. Die genaue Syntax und Arbeitsweise dieser Befehle können Sie im Kapitel 6.1 nachlesen.

Bevor wir im folgenden Abschnitt auf die TSO-spezifische Verarbeitung von Stacks eingehen, wollen wir uns nocheinmal die Schwächen der Pufferverarbeitung ansehen: Beim Arbeiten mit Puffern mußten Sie sinnvollerweise sicherstellen, daß nur diejenigen Zeilen wieder ausgelesen werden, die auch von Ihnen abgestellt wurden. Zu diesem Zweck wird meist mit MAKEBUF ein neuer Puffer erzeugt, in den Zeilen abgelegt werden. Damit Sie beim Auslesen der Zeilen nicht über die Puffergrenzen hinweglesen (und damit den aktuellen Puffer löschen und nachfolgend "falsche" Elemente auslesen), müssen Sie mit der REXX-Funktion QUEUED() die Anzahl der ursprünglichen Pufferzeilen ermitteln. Es ergibt sich dann meist folgender Befehlsablauf.

```
/* REXX: Prinzip der Pufferverarbeitung mit QUEUED()  */
                    /* Bisherige Anzahl ermitteln    */
alt = QUEUED()
"MAKEBUF"           /* Neuen Puffer erzeugen          */
   :
   :    Abstellen von Pufferzeilen
   :
DO QUEUED() - alt   /* Zahl der neuen Pufferzeilen   */
    PULL zeile      /* Je eine Zeile auslesen         */
    SAY zeile       /* Ausgabe am Schirm erzeugen     */
END
"DROPBUF"           /* Löschen des leeren Puffers     */
```

Sie müssen beim Arbeiten mit Puffern also immer beachten, daß die REXX-Funktion QUEUED() die Gesamtzahl der Elemente in allen Puffern liefert und nicht die Zahl der Elemente im letzten "aktuellen" Puffer. Eine erste Verbesserung dieser Verarbeitungslogik bietet das externe TSO-Kommando QELEM, das in der Variable *rc* die Anzahl der Elemente im aktuellen Puffer liefert. Sie müssen also vor dem Erzeugen eines neuen Puffers nicht mehr die Anzahl der alten Elemente bestimmen. Die Pufferverarbeitung mittels QELEM lautet dann:

```
/* REXX: Prinzip der Pufferverarbeitung mit QELEM   */
/*                                                   */
"MAKEBUF"           /* Neuen Puffer erzeugen          */
   :
   :    Abstellen von Pufferzeilen
   :
"QELEM"             /* Zahl der aktuellen Puffer-     */
DO rc               /* zeilen bestimmen               */
    PULL zeile      /* Je eine Zeile auslesen         */
    SAY zeile       /* Ausgabe am Schirm erzeugen     */
END
"DROPBUF"           /* Löschen des leeren Puffers     */
```

Beim Einsatz von QELEM müssen Sie jedoch beachten, daß Sie damit nicht auf die Anzahl der Pufferzeilen im "Puffer-0" zugreifen können. Sie müssen also jeweils mit MAKEBUF einen höheren Puffer anlegen.

Stacks einsetzen

Der Einsatz von Stacks ermöglicht die völlig getrennte Verarbeitung von Datenelementgruppen. Wenn wir uns die Puffer aus der CMS-Umgebung als Elementgruppen "übereinander" vorgestellt haben, so können wir uns die Stacks als Elementgruppen "nebeneinander" vorstellen:

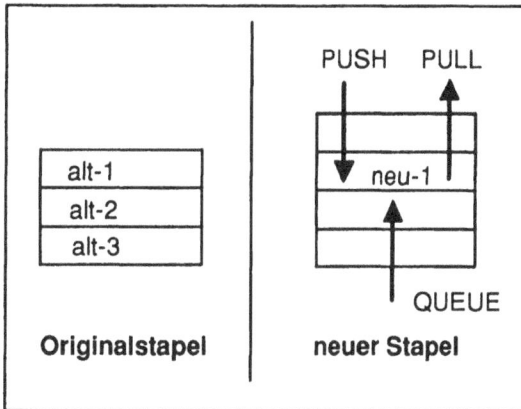

```
                              PUSH   PULL

                               │      ▲
         ┌──────────────┐      │      │
         │    alt-1      │      ▼   neu-1
         ├──────────────┤           ▲
         │    alt-2      │           │
         ├──────────────┤           │
         │    alt-3      │           │
         └──────────────┘
                                   QUEUE
          Originalstapel       neuer Stapel
```

Es existiert immer der sog. Originalstapel (der sog. "Stapel-1"), zusätzlich können bei Bedarf mit dem externen TSO-Befehl NEWSTACK weitere Stapel angelegt werden. Nach Erzeugen eines neuen Stapels arbeiten alle Befehle, die Datenelemente aus Puffern bzw. Stapeln ansprechen (also z.B. PUSH oder QUEUE) mit diesem neuen Stapel. Der entscheidende Unterschied zwischen Puffern und Stapeln besteht darin, daß die Elemente aus verschiedenen Stapeln völlig voneinander isoliert sind und - im Gegensatz zu den Puffern - kein "automatisches" Lesen von Datenelementen über die Stapelgrenzen hinweg erfolgt bzw. überhaupt möglich ist.

Falls Sie also in einem eigenen Stapel zwei Zeilen abgelegt haben und anschließend mit PULL drei Zeilen auszulesen versuchen, so erhalten Sie natürlich zunächst die beiden Datenzeilen Ihres aktuellen Stapels. Da der dritte PULL keine Zeilen im aktuellen Stapel mehr findet, wartet dieser PULL-Befehl auf eine Bildschirmeingabe. Keinesfalls werden "alte" Elemente aus anderen Stacks gelesen, so wie dies bei Puffern der Fall wäre. Darüberhinaus liefert die REXX-Funktion QUEUED() nur noch die Anzahl der Elemente im aktuellen Stapel und keine Gesamtzahl aller existierenden Datenelemente.

Bevor Sie wieder auf Elemente aus niedrigeren Stapeln zugreifen können, müssen Sie den aktuellen Stapel zunächst explizit mit dem Befehl DELSTACK löschen. Im Gegensatz zum Pufferbefehl DROPBUF können Sie mit DEL-STACK nur jeweils einen einzigen Stapel löschen. Dies bedeutet in der Praxis jedoch kaum einen Nachteil, da Sie üblicherweise mit sehr wenigen verschiedenen Stapeln auskommen (meist zwei oder drei). Falls Sie die Anzahl der bestehenden Stapel benötigen, so können Sie diese über den Befehl QSTACK ermitteln, wobei das Ergebnis in der Variable *rc* verfügbar ist. Sie müssen jedoch im Vergleich zum Pufferbefehl QBUF beachten, daß bei dieser Anzahl auch der Originalstapel (also "Stapel-1") mitzählt. Nach Erzeugen von zwei zusätzlichen Stacks mittels NEWSTACK liefert QSTACK also den Returncode "3":

```
/* REXX: Erzeugen eigener Stapel          */
"NEWSTACK"
        :
        :
"NEWSTACK"
        :
        :
"QSTACK"
SAY RC            /* Liefert den Wert 3    */
```

Im Vergleich Pufferverarbeitung vereinfacht sich die grundsätzliche Verarbeitungslogik durch den Einsatz von Stacks zu folgender Befehlsfolge:

```
/* REXX:  Prinzip der Stackverarbeitung          */
"NEWSTACK"
        :
        :     Abstellen von Datenzeilen
        :
DO QUEUED()            /* Zahl der aktuellen Zeilen   */
      PULL zeile       /* Je eine Zeile auslesen      */
      SAY zeile        /* Ausgabe am Schirm erzeugen  */
END
"DELSTACK"            /* Löschen des leeren Stacks    */
```

Einsatzmöglichkeiten
Grundsätzlich können Sie für alle nachfolgend genannten Einsatzmöglichkeiten sowohl die Pufferverarbeitung als auch die Stackverarbeitung verwenden; bei Ihrer Entscheidung für eine dieser beiden Techniken sollten Sie jedoch berücksichtigen, daß nur die Pufferverarbeitung SAA-konform und auch auf Implementierungen außerhalb von TSO lauffähig ist, das Arbeiten mit den Stacks jedoch weniger anfällig für Fehler in der Verarbeitungslogik ist. Zu den wichtigsten Anwendungsfällen für diese beiden Techniken unter TSO zählen:

• Austausch von Werten zwischen verschiedenen Prozeduren
   Reichen die Standardmöglichkeiten der Parameterübergabe zwischen einzelnen Prozeduren bzw. zwischen Routinen nicht aus, so können die auszutauschenden Werte als Elemente in den Puffer bzw. Stack abgelegt und von der nächsten Prozedur wieder ausgelesen werden. Im nachfolgenden Beispiel soll von einer benutzerdefinierten Funktion der Durchschnitt beliebig vieler Zahlen errechnet werden. Da beim Routine- und Funktionsaufruf maximal 20 Werte als Parameter angegeben werden

dürfen, müssen Sie beliebig viele Werte über den Stack austauschen. Die Rückgabe des Durchschnittswertes erfolgt in der RETURN-Instruktion.

Hauptprozedur:

```
/* REXX: Eingabe von beliebig vielen Zahlen    */
"NEWSTACK"            /* Neuen Stapel erzeugen    */
DO UNTIL zahl = ' '
        SAY 'Zahl eingeben'
        PARSE EXTERNAL zahl . /* Bildschirmabfrage  */
        IF DATATYPE(zahl,'N')=1 THEN
                QUEUE zahl       /* Daten stapeln    */
END
/* Funktionsaufruf ohne Parameterübergabe       */
SAY 'Der Durchschnittswert lautet:' Durch()
"DELSTACK"
```

Routine DURCH:

```
/*    REXX-Routine zur Durchschnittsberechnung  */
summe = 0
anzahl = QUEUED()     /* Zeilenzahl im Stapel   */
DO anzahl
        PULL wert        /* Je einen Wert lesen  */
        summe = summe + wert /* Aufaddieren        */
END
RETURN summe / anzahl      /* Wert zurückgeben    */
```

• Lesen und Schreiben von TSO-Dateizeilen

Das Lesen und Schreiben von TSO-Dateizeilen erfolgt über den externen TSO-Befehl EXECIO, der aus dem CMS übernommen wurde. Der Befehl EXECIO führt standardmäßig einen Austausch von Datenzeilen zwischen einer TSO-Datei und dem Puffer bzw. Stack durch. Mit einem einzigen EXECIO können Sie z.B. alle vorher abgelegten Zeilen in eine TSO-Datei schreiben bzw. umgekehrt mit einem EXECIO-Befehl den gesamten Dateiinhalt in den Puffer stellen und diesen weiterverarbeiten. Eine genaue Beschreibung dieser Technik unter TSO finden Sie im nächsten Abschnitt (Kapitel 7.5).

• Erzeugen von JCL-Anweisungen

Häufig sollen innerhalb von Job Control Anweisungen variable Teile wie Dateinamen oder auch die eigene Benutzernummer eingebaut werden. Die JCL alleine bietet dazu keinerlei Möglichkeiten; in der Praxis wird die "fertige" JCL dann entweder mit Hilfe des Dialog Managers über Skeletons oder eben mit Hilfe einer REXX-Prozedur erzeugt. In einer solchen REXX-Prozedur können die späteren JCL-Anweisungen in den Puffer bzw. Stapel gestellt werden; das Absenden des eigentlichen Jobs erfolgt dann mit dem Befehl "SUBMIT *", der die Zeilen aus dem Stack liest und als Job abschickt. Als Beispiel wollen wir einen Kopierjob erzeugen, der eine beliebige Datei mit Hilfe des Dienstprogramms IEBGENER kopiert. Die Namen der Dateien und die Benutzernummer im Jobnamen sollen variabel sein, außerdem soll die Existenz der Dateien geprüft werden.

Lösung:

```
/* REXX-Prozedur zur Erzeugung von JCL            */
/* Eingabedatei abfragen und Existenz prüfen      */
DO FOREVER
      SAY 'Eingabedatei ??'
      PARSE EXTERNAL datei1 .
      IF SYSDSN(datei1) = 'OK'
            THEN LEAVE
            ELSE SAY SYSDSN(datei1)
END
/* Ausgabedatei abfragen und Existenz prüfen      */
DO FOREVER
      SAY 'Ausgabedatei ??'
      PARSE EXTERNAL datei2 .
      IF SYSDSN(datei2) = 'OK'
            THEN LEAVE
            ELSE SAY SYSDSN(datei2)
END
/* JCL-Anweisungen in Stapel stellen              */
/* Benutzernummer und Dateinamen sind variabel    */
"NEWSTACK"
QUEUE "//"userid()"C  JOB 2778,CLASS=G,MSGCLASS=A"
QUEUE "//STEP1     EXEC PGM=IEBGENER"
QUEUE "//SYSPRINT DD SYSOUT=*"
QUEUE "//SYSUT1    DD DSN="datei1",DISP=SHR"
QUEUE "//SYSUT2    DD DSN="datei2",DISP=OLD"
QUEUE "//SYSIN     DD DUMMY"
QUEUE "//"
QUEUE "§§"
/* Job aus Stapelzeilen absenden                  */
/* §§ gilt als Endkriterium für "SUBMIT *"        */
"SUBMIT * END(§§)"
"DELSTACK"
```

Zu beachten gilt, daß als letzte Stapelzeile das im SUBMIT-Befehl vereinbarte Endkriterium erzeugt werden muß; ansonsten wartet SUBMIT * bis zu einer Leereingabe auf weitere JCL-Anweisungen, die dann am Bildschirm eingegeben werden könnten. Dies ist jedoch meist unsinnig und eher schädlich, da der Benutzer dann gültige und genau formatierte JCL-Anweisungen eingeben müßte. Genau dies soll ja mit Hilfe dieser REXX-Prozdur vereinfacht bzw. verhindert werden, um Falscheingaben zu vermeiden.

- Daten für interaktive TSO-Befehle stacken
  Eine weitere Einsatzmöglichkeit für Puffer und Stack ergibt sich aus der
  Tatsache, daß eine Reihe von sog. interaktiven TSO-Befehlen im Puffer
  bzw. Stack "nachsehen" und nach dort abgelegten Daten bzw. Befehlen
  suchen. Eigentlich arbeitet auch die vorher genannte Technik der JCL-
  Erzeugung mit dieser Verarbeitungslogik. Zu diesen interaktiven TSO-
  Befehlen zählen z.b. die Befehle LISTDS, TRANSMIT oder auch
  ALLOC, die bei fehlenden Parametern (z.b. Dateiname) zunächst im
  Puffer bzw. Stack nach Datenwerten suchen, bevor eine Abfrage am
  Bildschirm erfolgt.

Wichtig ist diese Technik auch für das Erzeugen von DB2-Befehlen, die
nach Aufruf einer DB2-Datenbank innerhalb dieser Umgebung ablaufen
sollen. Sie können nämlich Befehle für das später aufgerufene DB2 in den
Puffer bzw. Stack stellen, das DB2-System aufrufen und die Befehle dann
dort automatisch ablaufen lassen. Im nächsten Beispiel wird mit dem
Kommando "DSN SYSTEM (DB2) das DB2 aufgerufen, wo die beiden
Befehle RUN und END ausgeführt werden, die vorher in den Stack
abgelegt wurden:

```
/* REXX-Prozedur mit Stacken von DB2-Befehlen   */
/*                                               */
"NEWSTACK"         /* Neuen Stapel erzeugen      */
                   /* Spätere DB2-Befehle ablegen, */
                   /* z.B. DB2-Programmaufruf    */
QUEUE 'RUN PROGRAM (PROG01)'
                   /* DB2-Ende                   */
QUEUE 'END'
                   /* DB2-System aufrufen        */
"DSN SYSTEM (DB2)"
                   /* Leeren Stack wieder löschen */
```

Mit dieser Technik können Sie auch den Programmnamen oder auch
vollständige Befehle variabel erzeugen, indem Sie REXX-Variablen
einsetzen und diese z.b. über Panels mit Werten versorgen.

7.5 Lesen und Schreiben von TSO-Dateien

Innerhalb von REXX existiert keine Instruktion, mit der Zeilen einer Datei
gelesen bzw. geschrieben werden können. Für REXX unter TSO wurden
deshalb Teile des ursprünglichen CMS-Befehls EXECIO in den Umfang der
externen TSO-Befehle übernommen. Mit EXECIO können sequentielle TSO-
Datenbestände (also PS-Dateien oder Member einer Bibliothek) verarbeitet
werden, wobei im Gegensatz zu CLIST auch die Verarbeitung von mehreren
Dateizeilen bzw. einer vollständigen Datei in einem Schritt möglich ist.

Die Syntax von EXECIO

In seiner Grundform stellt EXECIO Daten aus dem Puffer bzw. aktuellen Stack in eine Datei ab bzw. umgekehrt Dateizeilen in den Puffer bzw. Stack. Mit der Option STEM kann jedoch statt des Puffers bzw. Stacks die Verarbeitung einer beliebigen Compoundvariable festgelegt werden. Die syntaktische Grundform von EXECIO lautet (die abschließende Klammer der Optionen entfällt üblicherweise):

```
EXECIO anzahl art dateiname [(optionen]
```

Die Parameter haben folgende Bedeutung:

anzahl   In *anzahl* kann die Zahl der zu lesenden bzw. zu schreibenden Zeilen bestimmt werden. Wird beim Lesen "*" angegeben, so werden alle Zeilen bis zum Dateiende in den Puffer gestellt. Beim Schreiben von Dateizeilen aus dem Puffer in die Datei sollten Sie jedoch darauf achten, daß der Wert "*" zwar dazu führt, daß alle Zeilen aus dem Puffer in die Datei gestellt werden, zusätzlich wird jedoch noch auf eine Benutzereingabe gewartet (ähnlich wie PULL); falls Sie dann eine Eingabe machen, so werden diese Daten ebenfalls in die Datei übertragen und eine weitere Eingabe angefordert (ohne Meldung!), solange bis durch eine Leereingabe die EXECIO-Verarbeitung abgeschlossen wird. Beim Schreiben sollte also immer eine konkrete Anzahl für die zu übertragenden Zeilen angegeben werden; meist geschieht dies über die REXX-Funktion QUEUED() bei Stacks bzw. über den Returncode des TSO-Befehls QELEM, die beide die Zahl der Zeilen im Stack bzw. im Puffer ermitteln.

art   Im zweiten Parameter wird die Art der EXECIO-Verarbeitung bestimmt. Unter TSO können hier zunächst die Werte <u>DISKR</u>ead für das Lesen von Dateien und <u>DISKW</u>rite zum Schreiben von Dateiinhalten angegeben werden. Mit dem Parameter DISKRU können Sie einen Satz lesen und diesen Satz anschließend mit DISKW wieder zurückschreiben (DISK<u>RU</u> = <u>R</u>ead and <u>U</u>pdate).

dateiname   Hier muß der logische Name der zu verarbeitenden TSO-Datei angegeben werden (z.B. *eingabe*). Die Zuordnung einer konkreten physischen Datei unter diesem logischen Namen muß vor EXECIO einmalig mit dem TSO-Befehl ALLOC erfolgen. Abhängig von der angegebenen Disposition erfolgt beim Schreiben in eine TSO-Datei ein Überschreiben bestehender Dateizeilen bzw. ein Anhängen. Falls Sie häufig dieselbe Datei verarbeiten, so kann die Allocierung auch in der Logon-Prozedur erfolgen.

optionen   Durch die Angabe einiger Optionen kann die Verarbeitungslogik leicht modifiziert werden. So gibt die Option STEM an, daß statt des Puffers eine Compoundvariable zur Verarbeitung verwendet werden soll. Mit der Option FINIS kann die Datei wieder geschlossen werden, so daß anschließend über den TSO-Befehl FREE die Allocierung der Datei wieder aufgehoben werden kann.

Beispiele für EXECIO-Befehle (in REXX-Prozeduren mit Hochkommata!):

- Lesen aller Zeilen der logischen Datei EINGABE und übertragen der Daten in den Puffer; die Datei wird anschließend wieder geschlossen:

```
"EXECIO * DISKR EINGABE (FINIS"
```

- Lesen einer Zeile der Datei EINGABE und übertragen der Daten in den Puffer:

```
"EXECIO 1 DISKR AUSGABE"
```

- Schreiben aller Zeilen des aktuellen Stacks in die Datei AUSGABE, wobei mit der REXX-Funktion QUEUED() die konkrete Anzahl der zu übertragenden Datenzeilen ermittelt wird; die Datei wird am Ende der Verarbeitung wieder geschlossen:

```
"EXECIO" QUEUED() "DISKW AUSGABE (FINIS"
```

- Schreiben der obersten Zeile des Puffers bzw. Stacks in die Datei AUSGABE ohne Schließen der Datei:

```
"EXECIO 1 DISKW AUSGABE"
```

Beim Arbeiten mit EXECIO müssen Sie beachten, daß die Datei zunächst allociert werden muß, bevor diese mit EXECIO verarbeitet werden kann. Im Anschluß an die Dateiverarbeitung wird dann mit dem TSO-Befehl FREE die Allocierung wieder aufgehoben; bevor dies geschehen kann, muß die Datei mit der FINIS-Option des EXECIO-Befehls geschlossen werden. Häufig ergibt sich folgender Befehlsablauf:

```
/* REXX: Prinzip der Dateiverarbeitung unter TSO    */
        :
                /* Zuordnen der Datei               */
"ALLOC F(datei1) DA('#00PF.ADDRESS.DATEN') SHR REUSE"
                /* Lesen bzw. Beschreiben der Datei */
"EXECIO * DISKR datei1 (FINIS"
                /* Allocierung wieder aufheben       */
"FREE F(datei1)"
```

Natürlich liefert auch EXECIO in der Variable *rc* einen Returncode, den Sie im weiteren Verlauf der Prozedur prüfen bzw. in Schleifen zur Formulierung von Bedingungen einsetzen können. Die diskreten Werte für den Returncode lauten:

0	Normale Beendigung, die Daten konnten erfolgreich gelesen bzw. geschrieben werden.
1	Beim Schreiben eines bzw. mehrerer Datenzeilen wurden Daten abgeschnitten, da die Satzlänge der Datei zu klein war.
2	Beim Lesen von Dateizeilen wurde das Dateiende erreicht, bevor die angegebene Zahl der Datensätze gelesen wurde. Dies kann nur dann auftreten, falls eine konkrete Zahl der zu lesenden Dateizeilen angegeben wurde; bei der Angabe von "*" wird immer bis zum Dateiende gelesen und der Returncode "0" gesetzt.
20	Schwerer Fehler, z.B. logischer Dateiname nicht gefunden bzw. falsche Organisationsform.

Die Verarbeitungsart DISKR

Zum Lesen von Dateien über die EXECIO-Verarbeitungsart DISKR wird die Datei üblicherweise mit der Disposition SHR allociert, damit die Datei evtl. auch anderen Benutzern zum Zugriff zur Verfügung steht. Falls dies nicht der Fall sein soll, so müssen Sie OLD angeben. Der Befehl zum Allocieren der Datei #00PF.ADDRESS.DATEN unter dem logischen Namen DATEI1 lautet

```
        "ALLOC F(DATEI1) DA('#00PF.ADDRESS.DATEN') SHR REUSE"
bzw.
        "ALLOC F(DATEI1) DA('#00PF.ADDRESS.DATEN') OLD REUSE"
```

Das eigentliche Lesen der Dateizeilen kann dann mit zwei verschiedenen Verarbeitungstechniken erfolgen. Im ersten Fall wird die Datei mit einem einzigen EXECIO-Befehl und der Angabe "*" bis zum Dateiende gelesen und vollständig in den Puffer bzw. Stack gestellt. Da nur ein einziger EXECIO erfolgt, können Sie die Datei sofort mit der FINIS-Option schließen und die Allocierung wieder aufheben. Anschließend kann dann eine beliebige Weiterverarbeitung der jetzt im Puffer bzw. Stack stehenden Zeilen erfolgen, wobei über die REXX-Funktion QUEUED() bzw. den Returncode von QELEM die Zahl der Zeilen bestimmt werden kann. Da über den Puffer bzw. Stack gearbeitet wird, sollte ein eigener Puffer bzw. eigener Stack angelegt werden (MAKEBUF bzw. NEWSTACK). Im folgenden Beispiel werden alle Zeilen der Datei #00PF.ADDRESS.DATEN gelesen und ganz einfach am Bildschirm ausgegeben:

```
/* REXX: Lesen mit EXECIO * bis Dateiende          */
"NEWSTACK"          /* eigenen Stack erzeugen        */
"ALLOC F(DATEI1) DA('#00PF.ADDRESS.DATEN') SHR REUSE"
"EXECIO * DISKR DATEI1 (FINIS"  /* alle Zeilen lesen */
"FREE F(DATEI1)"
                   /* Je eine Zeile aus Stack lesen und ausgeben    */
DO QUEUED()
     PARSE PULL zeile
     SAY zeile
END
"DELSTACK"          /* Leeren Stack wieder löschen    */
```

Natürlich besteht für die Zahl der Pufferzeilen auch eine Grenze, so daß nicht beliebig viele Daten dort abgelegt werden können. Diese Grenze hängt u.a. von der Größe des virtuellen Speichers Ihrer Benutzernummer ab, im Normalfall können Sie einige Tausend Zeilen übertragen. Falls die Datei zu groß wird oder Sie nicht immer die gesamte Datei lesen wollen (z.B. weil Sie nach Auffinden eines bestimmten Dateiinhaltes das Lesen beenden wollen), so können Sie die Datei auch "portionsweise" verarbeiten.

In diesem Fall müssen Sie im EXECIO eine konkrete Anzahl angeben (z.B. "1") und den EXECIO-Befehl und die Verarbeitung der übertragenen Dateizeilen in eine Schleife einbinden. Die FINIS-Option darf dann keinesfalls angegeben werden, da sonst bei jedem Schleifendurchlauf ein Schließen der Datei erfolgen und beim nächsten EXECIO die Datei erneut von Anfang an verarbeitet würde. Als Endekriterium der Schleife muß auf jeden Fall das Erreichen des Dateiendes (Returncode gleich 2) angegeben werden; zusätzlich können Sie noch weitere Kriterien bestimmen, falls Sie nicht immer bis zum Dateiende lesen wollen (z.B. die gesuchte Zeichenfolge wurde gefunden). Damit Sie am Prozedurende die Allocierung wieder aufheben können, muß die Datei nach deren Verarbeitung geschlossen werden. Zu diesem Zweck wird außerhalb der Schleife ein EXECIO mit der FINIS-Option ausgeführt; da keine weiteren Daten übertragen werden sollen, wird als Anzahl der Wert "0" angegeben. Die satzweise Verarbeitung unserer Datei lautet dann:

```
/* REXX: Satzweises Lesen mit EXECIO 1 bis Dateiende */
"NEWSTACK"          /* eigenen Stack erzeugen        */
"ALLOC F(DATEI1) DA('#00PF.ADDRESS.DATEN') SHR REUSE"
DO UNTIL rc = 2  /* Dateiende erreicht ??            */
     "EXECIO 1 DISKR DATEI1"      /* eine Zeile lesen */
     PARSE PULL zeile            /* aus Stack lesen   */
     SAY zeile
END
"EXECIO 0 DISKR DATEI1 (FINIS"   /* Datei schließen   */
"FREE F(DATEI1)"                /* Datei freigeben    */
"DELSTACK"          /* Leeren Stack wieder löschen    */
```

Beim Einsatz der Variable *rc* im Schleifenkopf müssen Sie besonders darauf achten, daß innerhalb der Schleife nach EXECIO kein Befehl vorkommt, der diese Variable ebenfalls automatisch mit einem Returncode versorgt. Zur Sicherheit können Sie den Returncode von EXECIO in einer eigenen Variable ablegen und diese dann im Schleifenkopf verwenden. Die Schleife lautet dann:

```
/*                                                    */
          :
DO UNTIL EXECRC = 2
     "EXECIO 1 DISKR DATEI1"
     EXECRC =RC        /* Eigene Variable setzen      */
          :
END
```

Wenn wir die beiden bisher genannten Verarbeitungstechniken vergleichen, so ist es vor allem aus Sicht des Performanceverhaltens besser, einmalig z.B. tausend Zeilen zu verarbeiten, als tausend mal eine Zeile zu lesen. Das Lesen von einzelnen Zeilen wird deshalb in der Praxis die Ausnahme bleiben.

In den beiden bisher genannten Verarbeitungstechniken wurden die Dateizeilen zunächst jeweils in den Puffer bzw. Stack gestellt. Von dort mußten Sie die Zeilen dann erst wieder auslesen, um Sie dann weiterverarbeiten zu können. Dieses umständliche Auslesen können Sie verhindern, indem Sie im EXECIO mit der Option STEM den Namen einer beliebigen Compoundvariablen angeben, in die die einzelnen Dateizeilen übertragen werden sollen. Ein Auslesen des Puffers bzw. Stacks entfällt damit; darüberhinaus können Sie dann den Puffer bzw. Stack wieder für andere Zwecke (z.B. Werteaustausch zwischen Prozeduren) nutzen.

Wenn Sie Dateizeilen in eine Compoundvariable lesen, so wird die erste übertragene Zeile in "Ausdehnung-1" der Compoundvariable abgelegt, die zweite Zeile in "Ausdehnung-2", usw. Zusätzlich wird in "Ausdehnung-0" die Zahl der übertragenen Zeilen abgelegt; dieser Wert kann dann wieder im Schleifenkopf eingesetzt werden, um alle Datenzeilen zu verarbeiten. Im nächsten Beispiel wird eine Datei mit einem EXECIO-Befehl vollständig in die Compoundvariable *zeile.* übertragen und dann am Bildschirm ausgegeben (der Name der Stammvariable wird in die Hochkommata eingeschlossen!):

```
/* REXX: Lesen mit EXECIO * bis Dateiende in Variable */
/*                                                    */
"ALLOC F(DATEI1) DA('#00PF.ADDRESS.DATEN') SHR REUSE"
     /* alle Zeilen in Compound-Variable lesen        */
"EXECIO * DISKR DATEI1 (STEM ZEILE. FINIS"
"FREE F(DATEI1)"
     /* Je eine Zeile ausgeben                        */
DO i = 1 TO zeile.0
     SAY zeile.i
END
```

Wenn Sie diese Befehlsfolge mit der Verarbeitung über den Puffer vergleichen, so werden Sie doch eine erhebliche Vereinfachung der Verarbeitungslogik und in der Praxis auch eine Verbesserung der Laufzeit feststellen. Beim Lesen und Verarbeiten von Dateizeilen ist deshalb das Arbeiten über eine Compoundvariable zu empfehlen. Natürlich können Sie die Compoundvariable auch einsetzen, wenn Sie die Datei nur "portionsweise" verarbeiten; Sie müssen jedoch beachten, daß jeder ausgeführte EXECIO-Befehl die übertragenen Zeilen immer wieder ab "Ausdehnung-1" der Variable ablegt. Die Ausdehnungen werden also nicht einfach "hochgezählt", sondern die Werte in bestehenden Ausdehnungen werden überschrieben. Falls Sie also immer nur eine Zeile in die Variable *zeile.* übertragen, so steht die Dateizeile immer in der Variable *zeile.1* zur Verfügung. Die Befehlsfolge lautet dann:

```
/* REXX: Satzweises Lesen mit EXECIO 1 in Variable   */
/*                                                    */
"ALLOC F(DATEI1) DA('#00PF.ADDRESS.DATEN') SHR REUSE"
DO UNTIL rc = 2 /* Dateiende erreicht ??             */
                /* je eine Zeile in Variable lesen   */
    "EXECIO 1 DISKR DATEI1 (STEM ZEILE."
    SAY zeile.1     /* Zeile ausgeben                 */
END
"EXECIO 0 DISKR DATEI1 (FINIS"  /* Datei schließen    */
"FREE F(DATEI1)"                /* Datei freigeben     */
```

Das Schließen der Datei mit der Option FINIS darf in diesem Beispiel erst außerhalb der Schleife erfolgen.

Die Verarbeitungsart DISKW

Zum Schreiben von Datenzeilen mit der Verarbeitungsart DISKW müssen Sie zunächst die Datei in der richtigen Weise allocieren. Wenn Sie als Disposition "OLD" angeben, so werden evt. bestehende Zeilen der Datei überschrieben, bei der Disposition "MOD" werden die Zeilen angehängt; die Disposition "MOD" kann jedoch nur bei PS-Dateien angegeben werden, nicht jedoch bei einem Member einer PO-Datei. Die Datei #00PF.ADDRESS.DATEN kann also entweder mit

```
"ALLOC F(DATEI1) DA('#00PF.ADDRESS.DATEN') OLD REUSE"
```
oder
```
"ALLOC F(DATEI1) DA('#00PF.ADDRESS.DATEN') MOD REUSE"
```

allociert werden. Falls die Datei neu angelegt werden soll, muß als Parameter NEW angegeben werden; dann sollten Sie jedoch auch die Dateiparameter wie Satzlänge, Satzformat und auch die Größenparameter angeben. Im folgenden Befehl ist der ALLOCATE-Befehl über zwei Zeilen hinweg fortgesetzt:

```
"ALLOC F(DATEI1) DA('#00PF.ADDRESS.DATEN') NEW ",
"LRECL(80) RECFM(F B) BLKSIZE(6160) SPACE(5,2) TRKS"
```

Das eigentliche Schreiben von Dateizeilen erfolgt dann mit dem Befehl EXECIO DISKW, wobei als Standardverarbeitung die Zeilen aus dem Puffer bzw. Stack in die Datei abgestellt werden. In diesem Fall müssen Sie also vorher die Zeilen in den Puffer bzw. Stack stellen und zwar in der Formatierung, wie die Zeilen später in der Datei stehen sollen. Bei der Übertragung mit EXECIO ist keine Formatierung der Daten mehr möglich. Bevor die Allocierung der Datei wieder aufgehoben werden kann, muß die Datei mit der Option FINIS wieder geschlossen werden.

Wenn Sie im EXECIO als Anzahl den Wert "*" übergeben, so müssen Sie dafür sorgen, daß als letzte Zeile im Puffer bzw. Stack eine Leerzeile steht. Ist dies nicht der Fall wartet EXECIO auf weitere Eingaben vom Bildschirm, die dann ebenfalls in die Datei geschrieben werden, bis eine Leereingabe erfolgt. Diese Bildschirmabfrage ist normalerweise unerwünscht und führt meist zu Bedienungsfehlern! Doch selbst wenn Sie als letzte Zeile eine Leerzeile in den Puffer bzw. Stack stellen, hat dies den Nachteil, daß bei "EXECIO *" auch diese Leerzeile in die Datei geschrieben wird. Um dies zu verhindern und das Problem der "unerwarteten" Bildschirmabfragen erst gar nicht aufkommen zu lassen, sollten Sie beim Schreiben mit EXECIO immer eine konkrete Anzahl und nicht den Wert "*" angeben.

Diese konkrete Anzahl sollte der Zahl der Pufferzeilen entsprechen, die entweder über die REXX-Funktion QUEUED() bzw. den Returncode von QELEM bestimmt wird. Die Befehlsfolge, um alle Zeilen aus dem Puffer bzw. Stack in eine Datei zu schreiben, lautet dann entweder

```
      "EXECIO" QUEUED() "DISKW DATEI1 (FINIS"
```
oder
```
      "QELEM"
      "EXECIO" RC "DISKW DATEI1 (FINIS"
```

Dabei muß keine Leerzeile am Ende des Puffers bzw. Stack stehen und es erfolgt keine Bildschirmabfrage.

Falls Sie nur einen EXECIO-Befehl ausführen, so kann die Datei direkt wieder über die Option FINIS geschlossen werden; sollen mehrere EXECIO-Befehle z.B. innerhalb einer Schleife ablaufen, so darf die Datei erst am Ende der Dateiverarbeitung außerhalb der Schleife geschlossen werden. In der Praxis werden die Daten jedoch meist mit einem einzigen EXECIO-Befehl in die Datei übertragen.

Als zusammenhängendes Beispiel wollen wir uns die Erfassung von Benutzerdaten ansehen. Innerhalb einer Schleife sollen je Benutzer vier Informationen abgefragt werden, die zunächst formatiert und in den Stack gestellt werden. Anschließend werden die Zeilen aus dem Stack in eine Datei gestellt, wobei die

Daten angehängt werden sollen. Zu beachten gilt, daß die Benutzereingaben über PARSE EXTERNAL gesteuert werden müssen, da die Werte jeweils innerhalb der Schleife in den Stack gestellt werden!

```
/* REXX-Prozedur zur Erfassung von Benutzerdaten     */
                    /* Eigenen Stack erzeugen         */
"NEWSTACK"
DO UNTIL antwort <>'J'         /* Eingaben abfragen         */
    SAY 'Geben Sie Userid, Name, Abt und Telefon'
    SAY 'des Benutzers ein. Trennen mit Leerzeichen'
    PARSE EXTERNAL userid name abt tel .
                    /* Zeile formatiert abstellen         */
    QUEUE LEFT(userid,8)left(name,20)left(abt,10)tel
    SAY 'Noch einen erfassen ?? (J/N), Standard: Nein'
    PARSE UPPER EXTERNAL antwort .
END
                    /* Datei allocieren         */
    "ALLOC F(DATEI1) DA('#00PF.ADDRESS.DATEN') MOD REUSE
                    /* Alle Zeilen in Datei stellen         */
"EXECIO" QUEUED() "DISKW DATEI1 (FINIS "
"FREE DD(DATEI1)"
"DELSTACK"         /* Leeren Stack wieder löschen         */
```

Wie beim Lesen mit EXECIO können Sie auch beim Schreiben von Dateizeilen eine Compoundvariable einsetzen. Die Werte werden dann in die einzelnen Ausdehnungen dieser Variable abgelegt, statt sie in den Stack zu stellen. Sie müssen jedoch beachten, daß nicht automatisch in der "Ausdehnung-0" der Compoundvariable die Anzahl der existierenden Zeilen steht; dies gilt nur beim Lesen! Sie müssen also z.B. einen eigenen Zähler mitführen, um im EXECIO eine konkrete Anzahl der zu übertragenen Zeilen angeben zu können. Die Befehlsfolge zur Erfassung von Benutzerdaten über eine Compoundvariable lautet:

```
/* REXX-Prozedur zur Erfassung von Benutzerdaten     */
/* über Compoundvariable                             */
                    /* Eingaben abfragen         */
DO i= 1 UNTIL antwort <>'J'
    SAY 'Geben Sie Userid, Name, Abt und Telefon'
    SAY 'des Benutzers ein. Trennen mit Leerzeichen'
    PARSE PULL userid name abt tel .
                /* Zeile formatiert in Variable abstellen  */
    zeile.i=LEFT(userid,8)left(name,20)left(abt,10)tel
    SAY 'Noch einen erfassen ?? (J/N), Standard: Nein'
    PULL antwort .
END
                    /* Datei allocieren         */
    "ALLOC F(DATEI1) DA('#00PF.ADDRESS.DATEN') MOD REUSE
                    /* Alle Zeilen in Datei stellen         */
"EXECIO" i-1 "DISKW DATEI1 (STEM ZEILE. FINIS "
"FREE DD(DATEI1)"*/
```

Im Vergleich zur Verarbeitung über den Stack haben Sie den Vorteil, daß der Puffer wieder für andere Zwecke zur Verfügung steht; Sie müssen jedoch daran denken, einen eigenen Zähler mitzuführen, den Sie bei der Stackverarbeitung automatisch mit QUEUED() geliefert bekommen.

Die Verarbeitungsart DISKRU

Mit den bisher genannten Verarbeitungsarten konnten Sie eine Datei entweder lesen oder beschreiben. Die Verarbeitungsart DISKRU ("Read and Update") bietet die Möglichkeit, eine Zeile zu lesen und diese anschließend zurückzuschreiben. Bei der Allocierung der Datei müssen Sie als Disposition unbedingt "OLD" angeben, da die Zeilen ja überschrieben werden sollen.

Mit EXECIO DISKRU werden zunächst nur Zeilen aus der Datei gelesen und entweder in den Puffer bzw. Stack oder aber in eine Compoundvariable übertragen. Im Gegensatz zur Verarbeitungsart DISKR kann jedoch anschließend mit DISKW der letzte Datensatz wieder überschrieben werden. Da nur immer der letzte Datensatz überschrieben werden kann, ist es sinnvoll, innerhalb einer Schleife immer nur einen Satz zu lesen und diesen nach erfolgter Änderung zurückzuschreiben.

Im nächsten Beispiel soll unser Benutzerverzeichnis aktualisiert werden. Zu diesem Zweck sollen im einfachsten Falle nacheinander alle Zeilen am Bildschirm angezeigt werden. Der Benutzer kann dann entscheiden, ob eine Änderung erfolgen soll oder nicht. Falls ja, so werden die neuen Daten abgefragt und die ursprüngliche Datenzeile überschrieben:

```
/* REXX: Aktualisierung mit DISKRU und DISKW        */
"ALLOC F(DATEI1) DA('#00PF.ADDRESS.DATEN') OLD REUSE"
DO UNTIL antwort = 'ENDE'
      "EXECIO 1 DISKR DATEI1 (STEM ZEILE. "
      IF RC =2 THEN LEAVE   /* Dateiende erreicht ??   */
      SAY zeile.1
      SAY 'Daten ändern?? (J/N), Ende mit ENDE'
      PULL antwort
      IF antwort = 'J'
            THEN DO
                  SAY 'Neue Daten eingeben'
                  PARSE PULL userid name abt tel .
                     /* Zeile in Variable abstellen  */
                  zeile.1=  LEFT(userid,8)left(name,20),
                        left(abt,10)tel
                     /* Zeile zurückschreiben        */
                  "EXECIO 1 DISKW DATEI1 (STEM ZEILE."
            END
END
                  /* Datei schließen und freigeben   */
"EXECIO 0 DISKRU DATEI1 (STEM ZEILE.FINIS"
"FREE F(DATEI1)"*/
```

Beim Schreiben mit DISKW müssen Sie beachten, daß die gesamte Zeile überschrieben wird und Sie daher den vollständigen neuen Inhalt der späteren Dateizeile in den Puffer bzw. Stack oder in eine Variable stellen müssen. Als Verbesserung dieser Version könnten natürlich die Daten des Benutzerverzeichnisses auch auf einem Panel angezeigt werden, auf dem dann neue Daten eingegeben werden können. Dazu benötigen wir jedoch einige Kenntnisse für die Erstellung von Panels, auf die wir im Kapitel 8 noch genauer eingehen werden. Doch trotz dieser zusätzlichen Verbesserung bei der Dateneingabe bleibt die Aktualisierung von Daten mittels EXECIO DISKRU ziemlich umständlich. Besser ist dies mittels der Tabellenservices aus dem Dialog Manager ISPF möglich, mit denen Zeilen relativ einfach angelegt, aktualisiert und gelöscht werden können.

Weitere EXECIO-Parameter und -Optionen
Bisher haben wir vor allem die Optionen STEM (Verarbeitung einer Compoundvariable) und FINIS (Schließen der Datei) eingesetzt. Neben diesen Optionen wurden noch weitere Parameter und Optionen aus dem CMS ins TSO übernommen.

So können Sie im Parameter *start* angeben, ab welcher Zeile einer Datei das Lesen beginnen soll. Dieser Parameter muß eine ganze Zahl enthalten und steht nach dem Dateinamen, jedoch noch vor der Optionsklammer.

Beispiel: Lesen bis Dateiende ab Zeile 50, Werte stehen in *zeile.1* bis *zeile.n*

```
"EXECIO * DISKR DATEI1 50 (STEM ZEILE."
```

Als zusätzliche Optionen können Sie FIFO (gilt als Standard) oder LIFO angeben. Bei FIFO erfolgt die Übertragung der Dateizeilen in der normalen Reihenfolge, bei LIFO wird die Reihenfolge der Zeilen umgedreht. Mit der Option SKIP geben Sie an, daß die entsprechende Anzahl von Zeilen übersprungen werden soll und keine Übertragung von Dateizeilen in den Puffer bzw. Stack oder in eine Compoundvariable erfolgen soll. Eine Kombination der einzelnen Parameter und Optionen ist natürlich möglich, wobei die Reihenfolge der Optionen in der Klammer keine Rolle spielt.

Wenn Sie die Optionen von EXECIO unter TSO mit denen unter CMS vergleichen, so werden Sie feststellen daß eine große Anzahl von Optionen aus dem CMS nicht übernommen wurde. Leider! So fehlen die Optionen FIND und LOCate, mit deren Hilfe in der Datei nach Zeichenketten gesucht werden konnte, oder die Option MARGIN, mit der man Teile einer Dateizeile übertragen konnte. Unter CMS ist die Dateiverarbeitung mit EXECIO also komfortabler, vielleicht werden jedoch auch unter TSO in den nächsten Versionen weitere dieser Optionen ergänzt. Schön wär´s jedenfalls.

7.6 Makros für den ISPF-Editor erstellen

In den bisherigen Beispielen haben wir die REXX-Instruktionen vor allem zur Steuerung von TSO-Befehlen (z.B. ALLOCATE) oder zum Aufruf von ISPF-Services (z.B. DISPLAY PANEL) verwendet. Wir können REXX-Prozeduren jedoch auch innerhalb des ISPF-Editors aufrufen, um Editoraufgaben zu vereinfachen bzw. zu automatisieren. In diesem Fall wird weniger von "Prozeduren" sondern von "Makros" gesprochen, in denen zusätzlich zu den bisherigen Umgebungsbefehlen alle Unterbefehle des Editors eingesetzt werden können.

Sprachumfang

Neben den REXX-Instruktionen und -Funktionen können Sie innerhalb von Editormakros folgende Gruppen von Umgebungsbefehlen verwenden:

- EDIT-Primärbefehle
  Die EDIT-Primärbefehle benötigen Sie, um Aktionen innerhalb der Editorumgebung oder Veränderungen in der gerade bearbeiteten Datei auszulösen; ein typischer Primärbefehl ist der Befehl CHANGE, mit dessen Hilfe Sie eine Zeichenkette durch eine neue ersetzen können:

  ```
  CHANGE ALT NEU ALL
  ```

  In Edit-Makros muß dieser Befehl in Hochkommata gesetzt und an die Umgebung ISREDIT geleitet werden. Falls die beiden Zeichenketten in REXX-Variablen stehen, so lautet der Befehl:

  ```
  ADDRESS ISREDIT "CHANGE" alt neu "ALL"
  ```

- EDIT-Makrokommandos
  Für EDIT-Makros existieren spezielle Makrobefehle, die vor allem zur Ermittlung von Parametern wie Datei- und Membername oder auch der Anzahl der durch CHANGE geänderten Zeilen dienen. Die ermittelten Werte können beliebigen REXX-Variablen zugewiesen werden, deren Werte im weitern Prozedurverlauf wiederverwendet werden. Ebenso wie die EDIT-Primärbefehle müssen die Makrokommandos an die Umgebung ISREDIT gerichtet werden.

  Beispiel: Extrahieren des aktuellen Membernamens:

  ```
  ADDRESS ISREDIT "(membname) = MEMBER"
  ```

- DMS-Service-Aufrufe
  Um innerhalb von Editormakros die Kurz- und Langmeldung auf dem EDIT-Panel mit eigenen Meldungen zu versorgen, können Sie die

236

entsprechenden Variablen mit beliebigen Texten füllen und mit dem Service SETMSG eine Meldung erzeugen. Die Serviceaufrufe müssen an die Umgebung ISPEXEC gerichtet sein:

```
ADDRESS ISPEXEC "SETMSG MSG(ISRZ000)"
```

• TSO-Kommandos
  Um innerhalb von Makros Befehle an die TSO-Umgebung zu richten, müssen diese mit ADDRESS TSO explizit umgeleitet werden; um aus einem Editormakro z.b. direkt eine andere REXX-Prozedur aufzurufen, können Sie diese mit dem TSO-Befehl EXEC explizit starten.

```
ADDRESS TSO "EX REXX(PROG01) EX"
```

In Editormakros unter ISPF können Sie keine Zeilenbefehle wie z.b. "R4" verwenden; diese Aktionen müssen Sie mit Hilfe von Primär- und Makrokommandos "nachstellen", was u.U. durchaus mühsam sein kann. Im CMS-Editor XEDIT können Zeilenbefehle auch in Makros eingesetzt werden.

Erstellung und Aufruf

Die Editormakros werden wie "normale" Prozeduren üblicherweise als Member einer Bibliothek abgelegt, die dann unter dem logischen Namen SYSEXEC allociert wird. Damit diese Bibliothek auch in die Suchfolge eingeschlossen wird, muß diese mit dem TSO-Befehl

```
EXECUTIL SEARCHDD(YES)
```

einmalig aktiviert werden. Der Aufruf erfolgt dann wie üblich durch die Angabe des Membernamens:

```
FORM
```

Das Makro selbst beginnt mit einem REXX-Kommentar; da meist eine ganze Reihe von Editorbefehlen an die Umgebung ISREDIT gerichtet werden soll, wird diese Umgebung sinnvollerweise dauerhaft mit der ADDRESS-Instruktion hergestellt. Bevor Sie andere Editorbefehle absetzen können, muß dann als erstes der Befehl "MACRO" codiert werden. Der Anfang eines Makros lautet deshalb meist:

```
/* REXX-Kommentar                         */
ADDRESS ISREDIT      /* Umgebung umstellen */
"MACRO"              /* Beginn des Makros  */
```

Falls Sie beim Aufruf des Makros auch Parameter übergeben wollen, so können Sie diese wie bei "normalen" Prozedur einfach an den Makronamen anhängen. Innerhalb des Makros werden diese Parameter jedoch nicht mit der

REXX-Instruktion ARG "aufgefangen", sondern Sie müssen im Befehl "MACRO" des Makros entsprechende Variablennamen in Klammern angeben. Die Syntax lautet dann:

```
"MACRO (parm1,parm2,..)"
```

Im folgenden Beispiel kann im Makroaufruf eine Zeilennummer angegeben werden; das Makro FORMAT soll z.B. mit

```
FORMAT 10
```

aufgerufen werden. Der entsprechende MACRO-Befehl lautet dann:

```
"MACRO (zeile)"
```

Der Wert "10" wird also der REXX-Variable *zeile* zugewiesen, die im weiteren Verlauf des Makros beliebig weiterverwendet werden kann.

Einfache Makros mit Primärbefehlen
Im einfachsten Falle sind Editormakros nichts anderes als eine Aneinanderreihung von feststehenden Editorbefehlen. Falls diese Befehle keine variablen Teile beinhalten, so beschränkt sich der Umfang der REXX-Sprachelemente auf den Kommentar und die Instruktion ADDRESS. Das folgende Makro setzt z.B. alle Umlaute um, also z.B. "Ä" in "AE":

```
/* REXX-Makro zur Umsetzung der Umlaute      */
ADDRESS ISREDIT
"MACRO"
"CHANGE Ä AE ALL"
"CHANGE Ö OE ALL"
"CHANGE Ü UE ALL"
"CHANGE ß SS ALL"
```

Häufig werden mit Makros auch Einstellungen des Editorprofiles geändert bzw. vordefiniert. Dies geschieht über das sog. "Initial Makro", dessen Name Sie beim Aufruf einer Datei über die ISPF-Option 2 oder auch im EDIT-Aufruf des Dialog Managers angeben können.

• Aufruf in Eingangsmaske des Editors:

```
INITIAL MACRO ===> name
```

• Aufruf im DMS-Service EDIT:

```
ADDRESS ISPEXEC "EDIT FILE(XX.DATEN) MACRO(name)"
```

Das Initial Makro wird gestartet, nachdem die Datei gelesen wurde, bevor die Datei angezeigt wird. Damit können Sie Einstellungen des Profiles definieren oder die Datei auch schon vor der Anzeige aufbereiten (z.b. sortieren).
Das nächste Makro setzt die Parameter CAPS, RECOVERY und NULLS um und sortiert die Datei nach dem Inhalt der Spalten 20 bis 30 absteigend.

```
/* REXX: Initial Makro PARMS    */
ADDRESS ISREDIT
"MACRO"
"CAPS ON"
"REC ON"
"NULLS ON STD"
"SORT 20 30 D"
```

Spezielle Makrobefehle
Mit Makrobefehlen können Sie zum einen derzeit aktuelle Parameter ermitteln und in REXX-Variablen abstellen und zum anderen bestimmte Parameter auch ändern. Beim Ablegen von Parametern in REXX-Variablen müssen Sie beachten, daß der Variablenname links vom Gleichheitszeichen in Klammern und innerhalb der umschließenden Hochkommata steht. Häufig werden folgende Werte mit Makrobefehlen ermittelt, um diese später weiterzuverarbeiten:

Makrobefehl	Bedeutung
"(dateiname) = DATASET"	Physischer Dateiname der editierten Datei.
"(membname) = MEMBER"	Membername, falls PO-Datei.
"(inhalt) = LINE n"	Der Inhalt der Zeile n wird extrahiert.
"(breite) = LRECL"	Satzlänge.
"(zeile,spalte) = CURSOR	Abgreifen der Cursorposition.
"(capsmode) = CAPS	Aktuelle Einstellung von CAPS.
"(z1,z2) = FIND_COUNTS"	Ermittelt nach erfolgtem FIND-Befehl die Anzahl der gefundenen Zeichenfolgen ($z1$) bzw. die Zahl der Zeilen, in denen die Zeichenkette gefunden wurde ($z2$).
"(z1,z2) = CHANGE_COUNTS"	Ermittelt nach erfolgtem CHANGE-Befehl die Anzahl der geänderten Zeichenfolgen ($z1$) bzw. die Zahl der Zeilen, in denen geändert wurde ($z2$).

Neben dem Zugriff auf aktuelle Editorparameter können mit einem Teil der Makrobefehle auch Parameter geändert werden. Zum großen Teil existieren parallel zu den jeweiligen Makrobefehlen auch entsprechende Primärbefehle, die zwar unterschiedliche Syntax besitzen, in ihrer Wirkung jedoch identisch sind. Um z.B. die sog. BOUNDS-Spalten für Such- und Ersetzungsvorgänge auf die Spalten 20 bis 30 zu setzen, können Sie entweder den Primärbefehl

```
"BOUNDS 20 30"
```

oder den Makrobefehl

```
"BOUNDS = 20 30"
```

im Makro codieren. Einige Werte können jedoch nur mit Makrobefehlen gesetzt werden. Beispiele:

"LINE n = daten"	Der Inhalt der Zeile *n* wird mit den angegebenen Daten überschrieben.
"LINE_AFTER n = daten	Nach Zeile *n* wird eine neue Zeile mit entsprechendem Inhalt eingefügt.
"CURSOR = zeile spalte"	Der Cursor wird auf die angegebenen Positionen gestellt. Diese beziehen sich auf den derzeit angezeigten Dateiausschnitt und nicht auf die ganze Datei.

Meldungen erzeugen

Meldungen innerhalb von Editormakros sollten nicht mit der REXX-Instruktion SAY erzeugt werden, da die Editorumgebung dann ausgeblendet wird und erst nach Drücken der Datenfreigabetaste die Datei wieder angezeigt wird. Günstiger ist es, den Service SETMSG des Dialog Managers aufzurufen und z.B. die Meldung ISRZ000 zu aktivieren. Diese Meldung erwartet in der Variable ZEDSMSG (Short Message) den Text des Kurzmeldungsfeldes bzw. in der Variable ZEDLMSG (Long Message) den Text der Langmeldung. Diese Variablen müssen vor dem Aufruf von SETMSG gesetzt werden; die Kurzmeldung darf maximal 24 Zeichen und die Langmeldung 78 Zeichen lang sein:

```
ZEDSMSG = 'Zeichen geändert'
ZEDLMSG = 'Es wurden' anz 'Zeichen geändert'
ADDRESS ISPEXEC "SETMSG MSG(ISRZ000)"
```

Die Langmeldung kann mit Hilfe der PF1-Taste aufgerufen werden, wenn die Kurzmeldung angezeigt ist.

Als zusammenhängendes Beispiel wollen wir uns ein Makro ansehen, das die Funktion des bekannten FIND-Kommandos etwas erweitern soll. Mit Hilfe des Makros FINDALL sollen nur die Zeilen angezeigt werden, die die angegebene Zeichenkette enthalten. Außerdem sollen entsprechende Meldungen erzeugt werden. Der Aufruf des Makros erfolgt z.B. mit dem Befehl

```
FINDALL abc
```

Lösung:

```
/* REXX-Editormakro mit verbesserter Suchfunktion     /*
ADDRESS ISREDIT
"MACRO (kette)"
"EXCLUDE ALL"
"FIND ALL" kette
"(anzahl,zeilen) = FIND_COUNTS"
IF anzahl > 0
    THEN DO
        ZEDSMSG = anzahl 'gefunden'
        ZEDLMSG = anzahl 'mal' kette 'in' zeilen 'Zeilen'
        END
    ELSE ZEDSMSG = kette 'nicht gefunden'
ADDRESS ISPEXEC "SETMSG MSG(ISRZ000)"
```

Makroaufrufe und Zeilenbefehle kombinieren

Die Zeilenbefehle des ISPF-Editors können innerhalb von Makros nicht eingesetzt werden, um eine Aktion auszulösen; der Zeilenbefehl "D2" muß also mit Primär- und Makrobefehlen "nachgebaut" werden. Dennoch können Sie eigene Zeilenbefehle mit Makroaufrufen kombinieren, um z.B. mit dem Zeilenbefehl den Umfang der Zeilen anzugeben, auf die sich die Wirkung des Makros beziehen soll. Das Makro KOMMENT soll einen beliebigen Zeilenbereich eines Jobs auf Kommentar setzen (//* ab 1. Spalte). Der Zeilenbereich soll mit dem Zeilenbefehl "K" bzw. mit dem Blockbefehl "KK" gekennzeichnet werden:

```
EDIT ---- #00PF.SOURCE.JCL(PRINTK43) - 01.00 ---------------- COLUMNS 001 072
COMMAND ===> KOMMENT                                    SCROLL ===> CSR
****** **************************** TOP OF DATA ******************************
000001 //#00PF000   JOB 2711,KEES,CLASS=S,MSGCLASS=T,MSGLEVEL=(0,0)
KK0002 // SMFTSOM2711
000003 /*ROUTE PRINT R81
000004 //S1 EXEC PGM=IEBGENER
KK0005 //SYSPRINT DD DUMMY
000006 //SYSUT1   DD DSN=#00PF.TESTD.ASFILE,DISP=SHR
000007 //SYSUT2   DD SYSOUT=R
000008 //SYSIN    DD DUMMY
****** **************************** BOTTOM OF DATA ******************************
```

241

Bei der gleichzeitigen Eingabe von Makroaufrufen und Zeilenbefehlen werden die Zeilenbefehle normalerweise vor den Makroaufrufen ausgeführt; für unser Makro ist dies nicht sinnvoll, deshalb wird die Ausführung der Zeilenbefehle mit dem Parameter NOPROCESS im MACRO-Kommando zurückgestellt:

```
"MACRO NOPROCESS"
```

Für den Ablauf unseres Makros ist es natürlich vor allem wichtig, die Zeilen zu ermitteln, in denen Zeilenkommandos eingegeben wurden, um den Wirkungs- bereich einzugrenzen. Diese Zeilen können mit dem Makrobefehl PROCESS abgefragt werden, der die beiden Nummern in den Variablen ".ZFRANGE" und "ZLRANGE" ablegt. Falls nur ein einfacher Zeilenbefehl eingegeben wurde, so steht in beiden Variablen derselbe Wert. Im PROCESS-Befehl muß das einfache Kommando angegeben werden:

```
"PROCESS RANGE K"
"(ab) = LINENUM .ZFRANGE"
"(bis) = LINENUM .ZLRANGE"
```

Ein Blockkommando wird vom PROCESS-Kommando dann erkannt, wenn der letzte Buchstabe doppelt auftritt (also SZZ beim Zeilenbefehl SZ). Eine mögliche Lösungsvariante für das Makro KOMMENT lautet also:

```
/* REXX: EDIT-Makro Komment, Kommentare in JCL setzen */
ADDRESS ISREDIT
"MACRO NOPROCESS"
"PROCESS RANGE K"              /* Zeilennummern abgreifen */
"(ab) = LINENUM .ZFRANGE"
"(bis) = LINENUM .ZLRANGE"
                              /* Je eine Zeile ändern     */
DO nr = ab TO bis
                              /* Zeileninhalt extrahieren*/
        "(zeilealt) = LINE" nr
                              /* Kommentar davor setzen  */
        zeileneu = "//*"zeilealt
                              /* Zeile zurückschreiben   */
        "LINE" nr "=" zeileneu"'"
END
                              /* Meldungen erzeugen       */
ZEDSMSG = 'Zeilen geändert'
ZEDLMSG = 'Zeilen von' ab 'bis' bis 'geändert'
ADDRESS ISPEXEC "SETMSG MSG(ISRZ000)"
```

7.7 Übungen

Übung 7.01
Mit einer REXX-Prozedur soll der Umfang des Standardbefehls SUBMIT so erweitert werden, daß der Jobname und die Jobnummer jedes abgesendeten

Jobs in einer eigenen Datei mit Datum und Uhrzeit festgehalten wird. Die Prozedur JOBSUB soll im Editor benutzbar sein und die Daten in eine Datei "userid.JOBS.HISTORY" stellen.

Lösungshinweise:
Die Prozedur muß als Makro erstellt werden, in dem Datei- und Membername der editierten Datei ermittelt werden. Anschließend erfolgt ein SUBMIT des Members. Die Ausgaben von SUBMIT werden umgeleitet und Jobname und Nummer extrahiert. Diese Werte werden dann in die Datei gestellt.

8 Panels einsetzen

In den bisherigen REXX-Prozeduren haben wir Benutzerabfragen immer über einen zeilenorientierten Dialog aus SAY- und PULL-Befehlen realisiert. Für einfache Prozeduren mag dies noch ausreichen, sehr schnell wird jedoch der Ruf nach einer sinnvollen Steuerung der Ein- und Ausgaben laut; außerdem hat REXX selbst keine Instruktion zum Löschen des Bildschirms, so daß Sie dazu immer Befehle der Betriebssystemumgebung benötigen. Häufig werden statt der zeilenorientierten Dialoge Full-Screen-Masken eingesetzt, um Eingaben des Benutzers abzufragen.

Zur Erstellung dieser Masken ("Panels") stehen auf den unterschiedlichen Betriebssystemumgebungen verschiedene Möglichkeiten zur Verfügung. Unter VM/CMS können Sie z.B. mit Hilfe von Editormakros solche Masken erstellen. Dieses Verfahren ist jedoch sehr umständlich! Etwas einfacher ist dies schon mit einem etwas älteren IBM-Produkt der IBM, dem "Display Management System" unter VM/CMS. Dort ist das Verfahren der Maskenerstellung zwar etwas komfortabler, das Produkt wird jedoch nicht mehr weiter von der IBM unterstützt.

Mit der Einführung des SAA-Konzeptes hat die IBM das ISPF als Dialogsystem ausgewählt. Mit Hilfe der sog. "Dialog Manager Services" (DMS) des ISPF können Sie umfangreiche Dialoganwendungen realisieren und dies sowohl unter MVS/TSO als auch VM/CMS, wenn ISPF dort installiert ist. Mit den DMS-Services ist eigentlich weit mehr möglich als nur die Erstellung von Masken (z.B. Erzeugen von JCL-Anweisungen über Skeletons und File Tailoring), an dieser Stelle müssen wir uns jedoch im Wesentlichen auf die Erstellung von Panels zur Dateneingabe beschränken.

8.1 Aufbau von ISPF-Panels

Panels werden unter ISPF als Member in einer Bibliothek (3. Qualifier üblicherweise PANEL) angelegt, die dann unter dem DD-Namen ISPPLIB allociert werden muß. Falls auf dem Panel später eigene Meldungen angezeigt werden sollen, so müssen diese Meldungen gruppenweise in Membern einer eigenen Bibliothek abgelegt werden, die unter ISPMLIB zugeordnet wird. Das Erzeugen eines Panels erfolgt über den ISPF-Editor, wo zunächst der Aufbau des Panels mehr oder weniger "gemalt" werden muß. Natürlich wird man sich in den meisten Fällen bestehende Panels kopieren und diese anpassen oder sich über den Editorbefehl MODEL vordefinierte Panels erzeugen lassen.

Die sieben Panel-Sections
Ein Panel unter ISPF besteht aus maximal sieben Abschnitten (den "Sections"), die jeweils mit ")" und einem Schlüsselwort beginnen. Die beiden Sections "BODY" und "END" müssen codiert werden, alle anderen Sections werden nur für bestimmte Verarbeitungszwecke benötigt. Die Reihenfolge der Sections ist jedoch zwingend.

- ATTR-Section (wahlweise)
  In der ATTR-Section können Sie Bildschirmsteuerzeichen definieren, mit deren Hilfe Sie auf der späteren BODY-Section bestimmte Teile mit Attributen wie Farbe oder Intensität belegen können. Als Standardwerte sind drei Zeichen vorbelegt und müssen nicht eigens definiert werden:

+	Text normal
%	Text intensiv
_	Dateneingabefeld intensiv

  Falls Sie weitere Attributzeichen benötigen oder die o.g. Zeichen als normale Zeichen auf dem Panel darstellen wollen, so müssen Sie in der ATTR-Section andere Definitionen festlegen, z.B.:

  ```
  )ATTR
       # TYPE(OUTPUT) COLOR(BLUE)
       $ TYPE(INPUT) COLOR(RED) CAPS(ON) SKIP(OFF)
       § TYPE(INPUT) COLOR(GREEN) CAPS(ON) SKIP(OFF)
  ```

- BODY-Section (zwingend)
  In der BODY-Section wird das eigentliche Layout des Panels definiert. Mit Hilfe der Steuerzeichen (Standardzeichen und evtl. zusätzlich definierten) können Sie bestimmen, an welcher Bildschirmposition Texte, Eingabe- oder Ausgabefelder erscheinen und welche Attribute diese besitzen sollen. Auf die Gestaltungsmöglichkeiten des Layouts werden wir im nächsten Abschnitt genauer eingehen.

- MODEL-Section (wahlweise)
  Die MODEL-Section dient zur musterhaften Darstellung von Bildschirmzeilen, die auf einem Panel mehrmals in gleicher Form angezeigt werden sollen. Diese Section wird dann eingesetzt, wenn Datensätze aus sog. DMS-Tabellen angezeigt und verarbeitet werden sollen.

- INIT-Section (wahlweise)
Die INIT-Section enthält Anweisungen, die vor dem Anzeigen eines Panels ausgeführt werden sollen. So können Sie z.B. Variablen bereits mit Standardwerten vorbelegen, die schon beim ersten Anzeigen des Panels erscheinen.

- REINIT-Section (wahlweise)
In REINIT stehen Anweisungen, die vor der erneuten Anzeige des Panels ("REDISPLAY" z.B. nach einer fehlerhaften Eingabe) ablaufen sollen.

- PROC-Section (wahlweise)
Die PROC-Section erhält die Steuerung nach Anzeigen eines Panels und Drücken der Datenfreigabetaste. Dort können dann Prüfungen der eingegebenen Werte oder auch Umsetzungen von Datumswerten erfolgen.

- END-Section (zwingend)
Die END-Section schließt die Paneldefinition ab; sie enthält selbst keinerlei eigene Anweisungen.

Das Layout eines ISPF-Panels
Die BODY-Section enthält das Layout des Panels, so wie es dem Benutzer am Bildschirm angezeigt werden soll. Um Kompatibilität mit den Standardmasken des PDF zu erreichen, sollten Sie sich an folgende Konventionen halten:

- Die erste Zeilen enthält in den Spalten 1 bis 9 den Panelnamen. Dieser wird automatisch angezeigt, falls das Standardkommando "PANELID ON" gesetzt wird. Die letzten 24 Zeichen bleiben für die Kurzmeldung vorbehalten, der Rest der Zeile 1 enthält üblicherweise eine frei wählbare Überschrift.

- In der zweiten Zeile steht das Kommandofeld (Variable ZCMD) und am Ende evtl. das SCROLL-Feld (genau 4 Bytes, Variable ZSCR), falls geblättert werden soll.

- Die dritte Zeile sollte für die Anzeige der Langmeldung reserviert bleiben, die der Anwender mit der PF1-Taste anfordern kann, falls eine Kurzmeldung angezeigt ist.

- Die restlichen Zeilen stehen zur Gestaltung des Panels zur Verfügung. Dort können Sie Texte, Eingabe- und Ausgabefelder so anordnen, wie dies für Ihren jeweiligen Anwendungsfall am sinnvollsten ist.

Bei der Gestaltung des Panels müssen Sie darauf achten, daß vor jedem Element des Panels das entsprechende Steuerzeichen codiert werden muß. Falls Sie mehr als die Standardzeichen benötigen, so müssen Sie diese Attribute in der ATTR-Section definieren. Bei Datenfeldern wird unmittelbar hinter dem Steuerzeichen(_) der Name der Variable angegeben, die in diesem Feld gefüllt bzw. angezeigt werden soll. Die Länge des Feldes sollten Sie mit Hilfe des Steuerzeichens "+" begrenzen. Die Definition eines einfachen Panels, auf dem der Name einer zu druckenden Datei und die Anzahl der Kopien eingegeben werden kann, könnte in der Editorumgebung z.B. so aussehen:

```
EDIT ---- #00PF.EIGENE.PANELS(PRINT) - 01.00 -------------- COLUMNS 001 072
COMMAND ===> .......                                       SCROLL ===> CSR
****** *************************** TOP OF DATA ***************************
000001 )BODY
000002 %---------------------- Druckoutput erzeugen ----------------------
000003 %Kommando ===>_ZCMD                                                +
000004 +
000005 +
000006 +        Geben Sie den Dateinamen und die Zahl der Kopien ein
000007 +
000008 %     Dateiname     +====>_DSNAME                          +
000009 +
000010 %     Kopiepanzahl+====>_KOPIEN+
000010 +
000011 +
000012 +        Weiter mit Datenfreigabe, Abbruch mit PF3
000013 )END
****** *************************** BOTTOM OF DATA ***************************
```

Wenn das Panel mit Hilfe einer REXX-Prozedur aufgerufen wird, erscheint folgende Bildschirmmaske:

```
-------------------- Druckoutput erzeugen --------------------------
Kommando ===>


        Geben Sie den Dateinamen und die Zahl der Kopien ein

        Dateiname    ====>

        Kopiepanzahl ====>


        Weiter mit Datenfreigabe, Abbruch mit PF3
```

Zur Gestaltung des Panellayouts gibt es noch einige unterstützende Funktionen wie den Parameter EXPAND zur Zentrierung von Texten, oder die besondere Definition von Feldern, die kürzer sind als deren Name (derzeit ist ein Datenfeld mindestens so lange wie der Name). Genauere Hinweise dazu finden Sie in der Systemliteratur zum Dialog Manager ISPF.

8.2 ISPF-Panels aufrufen

Die Panels des ISPF müssen mit den Dialog Manager Services aufgerufen werden. Die sog. "Data Entry Panels" zur Anzeige bzw. Eingabe von einfachen Variablen werden mit dem DISPLAY-Service aktiviert. Die Bibliothek mit den Panels muß unter ISPPLIB allociert sein. Der DISPLAY-Service muß innerhalb einer REXX-Prozedur an die Umgebung ISPEXEC gerichtet sein und muß den Membernamen des Panels enthalten:

```
ADDRESS ISPEXEC "DISPLAY PANEL(panelname)"
```

Die Variablen, die auf dem Panel angesprochen werden, entsprechen den gleichnamigen REXX-Variablen in der aufrufenden Prozedur, so daß Sie nach Beenden der Anzeige durch den Benutzer ohne weitere Zuweisung sofort auf dessen Eingaben zugreifen können. Falls Sie vor dem Panelaufruf den Variablen einen Wert zuweisen, so werden diese Werte sofort auf dem Panel angezeigt; die Initialisierung von Werten erfolgt in der Praxis jedoch meist in der INIT-Section des Panels.

Wie alle "Nicht-REXX-Befehle" liefert auch der DISPLAY-Service einen Returncode, dessen Wert von der Aktion des Benutzers abhängt und der im weiteren Verlauf der Prozedur von Interesse sein kann. Die wichtigsten Returncodes sind:

0	Normale Beendigung. Der Benutzer hat Datenfreigabe gedrückt.
8	Der Benutzer hat das Panel mit END bzw. RETURN verlassen, also PF3 oder PF4 gedrückt.
12	Das angegebene Panel konnte nicht gefunden werden.

Falls Sie Panels aufrufen wollen, auf denen sog. DMS-Tabellen verarbeitet werden sollen, so müssen Sie diese mit dem Service TBDISPL aufrufen; eine dritte Art von Panel wird mit dem Service SELECT aufgerufen. Hier handelt es

sich um Auswahlpanels, auf denen Sie aus den angezeigten Optionen eine auswählen können. Diese Auswahlmasken werden in der gesamten Menü-
steuerung des ISPF/PDF eingesetzt, so daß Sie wohl "täglich" damit arbeiten.
Die genauere Steuerung der Auswahlpanels und der Tabellenpanels finden Sie
ebenfalls in der Literatur zum Dialog Manager ISPF. Wir wollen uns an dieser
Stelle genauer mit dem Aufruf von Data-Entry-Panels und der Weiterverarbeitung der dort eingegeben Werte in einer REXX-Prozderur beschäftigen.

Das Panel aus dem vorangehenden Abschnitt soll nun in eine REXX-Prozedur
eingebunden werden, mit deren Hilfe eine beliebige Datei mit bestimmter
Anzahl von Kopien gedruckt werden kann. Zu diesem Zweck soll ein Job er-
zeugt werden, dessen JCL in den Stack gestellt und dann "submitted" wird.
Zunächst soll nur geprüft werden, ob der Benutzer zum Verlassen des Panels
Datenfreigabe oder die PF3- bzw. PF4-Taste (Abbruch) gedrückt hat. Eine
Prüfung auf die Existenz der Datei oder die Gültigkeit der Kopiezahl erfolgt
nicht.

Lösung:

```
/* REXX-Prozedur mit Dateneingabe-Panel              */
        /* Variablen in Prozedur initialisieren    */
dsname = ''
kopien = 1
        /* Panel aufrufen                           */
ADDRESS ISPEXEC "DISPLAY PANEL(PRINT)"
        /* Datenfreigabe gedrückt ???               */
IF rc = 0
   THEN DO
        /* neuen Stack erzeugen                     */
      "NEWSTACK"
        /* JCL abstellen, mit Variablen             */
      QUEUE "//"userid()"C   JOB 2778,CLASS=G,MSGCLASS=A"
      QUEUE "//STEP1     EXEC PGM=IEBGENER"
      QUEUE "//SYSPRINT DD SYSOUT=R"
      QUEUE "//SYSUT1    DD DSN="dsname",DISP=SHR"
      QUEUE "//SYSUT2    DD SYSOUT = R, COPIES="kopien
      QUEUE "//SYSIN     DD DUMMY"
      QUEUE "//"
      QUEUE "§§"
        /* Job aus Stapelzeilen absenden, §§ gilt als */
        /* Endekriterium für "SUBMIT *"             */
      "SUBMIT * END(§§)"
      "DELSTACK"
   END
        /* PF3/PF4 gedrückt                         */
ELSE EXIT rc
```

Wie Sie in diesem Beispiel sehen, ist die Einbindung eines ISPF-Panels in eine
REXX-Prozedur sehr einfach. Sie können also die mit SAY und PULL erzeugten zeilenorientierten Dialoge ersetzen und komfortabler gestalten.

8.3 Eingabeprüfungen vorsehen

Bei der Definition des Panels können Sie in der PROC-Section bereits Prüfungen der eingebenen Werte vorsehen. Mit dem VER-Befehl können Sie z.B. prüfen, ob überhaupt eine Eingabe vorliegt, ob diese numerisch oder alphanumerisch ist. Außerdem können Sie eine Aufzählung von zugelassenen Werten (z.B. bestimmte Druck- oder Jobklassen) oder einen Bereich von Werten vorsehen. Meist können jedoch nicht alle Prüfungen auf dem Panel selbst erfolgen; falls Sie z.B. die Existenz einer Datei prüfen wollen, so können Sie dies nicht auf dem Panel sondern nur mit Funktionen innerhalb der aufrufenden Prozedur (z.B. externe TSO-Funktion SYSDSN) tun.

In der Praxis müssen Sie daher häufig beide Varianten kombinieren; dabei sollten Sie soviele Prüfungen wie möglich in die PROC-Section des Panels einbauen (achten Sie auf die richtige Reichenfolge der Sections). Dies hat den Vorteil, daß dieses Panel von verschiedenen Prozeduren aufgerufen werden kann und Sie die Prüfung nur einmal im Panel selbst codieren müssen; außerdem erfolgt bei einem Verletzen dieser Prüfbedingungen eine automatische Wiederanzeige des Panels (REDISPLAY) und die Anzeige von relativ sprechenden Fehlermeldungen des Dialog Managers.

Prüfungen in der PROC-Section
Mit VER kann der Inhalt einer Dialogvariable (unbedingt mit & beginnend) auf eine oder mehrere Eigenschaften hin überprüft werden. Falls die Prüfkriterien nicht erfüllt sind, wird eine Standardmeldung des Dialog Managers angezeigt und das Panel erneut angezeigt. Statt der Standardmeldung kann jeder Prüfung auch eine benutzerdefinierte Meldung zugeordnet werden. Sollen für eine Variable mehrere Eigenschaften geprüft werden, so muß dies in mehreren VER-Befehlen erfolgen. Nur die Eigenschaft "NB" (Non-Blank) kann mit anderen Eigenschaften kombiniert werden. Die folgenden Beispiele zeigen einige Möglichkeiten der VER-Prüfung für die Variable *eingabe*:

VER(&EINGABE,NB,NUM)	Die Eingabe ist ungleich Blank und numerisch.
VER(&EINGABE,RANGE,1,3)	Die Eingabe liegt zwischen 1 und 3
VER(&EINGABE,LEN,'<=',2)	Die Länge der Eingabe ist kleiner gleich 2 Stellen.
VER(&EINGABE,LIST,A,B,C)	Die Eingabe enthält einen der aufgezählten Werte A, B oder C (oder alles ist Blank!). Falls Blank nicht erlaubt ist, dann mit NB kombinieren.

Prüfungen in der REXX-Prozedur

In der REXX-Prozedur können Sie mit Hilfe der umfangreichen REXX-Standardfunktionen und auch über Befehle und Funktionen der Umgebung weitere Prüfungen der eingegeben Datenwerte erreichen. Falls das Panel nach dem Erkennen von Eingabefehlern erneut angezeigt werden soll, so wird dazu üblicherweise ein REDISPLAY des Panels erzeugt. Die INIT-Section des Panels wird nicht durchlaufen (in der Werte evtl. wieder neu initialisiert werden), sondern die REINIT-Section wird aktiviert. Dort können z.B. Attributumsetzungen erfolgen (fehlerhafte Eingabe unterlegen bzw. rot).

Dieses REDISPLAY eines Panels wird erzeugt, indem der DISPLAY-Service ohne Angabe eines Panelnamens aufgerufen wird:

```
ADDRESS ISPEXEC "DISPLAY"
```

Da das Panel beim ersten Mal "normal" aufgerufen werden soll und das REDISPLAY üblicherweise solange erfolgen soll, bis alle Eingaben korrekt sind, wird das REDISPLAY meist in eine Schleife eingebunden. Soll beim REDISPLAY auch eine Fehlermeldung angezeigt werden, so muß diese explizit mit dem Service SETMSG gesetzt werden. Die Meldungsnummer (z.B. MELD001) bezieht sich auf ein Member MELD00 einer unter ISPMLIB allocierten Bibliothek.

Beispiel: Ausschnitt aus einer Prozedur mit Prüfung und REDISPLAY

```
ADDRESS ISPEXEC        /* Umsetzen der Umgebung        */
"DISPLAY PANEL(PANEL1)"
                       /* Prüfen, falls nicht PF3/PF4  */
DO WHILE rc =0
  SELECT
     WHEN DATATYPE(eingabe1,'W')<>1 THEN msgid='MELD001'
     WHEN DATATYPE(eingabe2,'X')<>1 THEN msgid='MELD002'
     OTHERWISE  LEAVE
  END
                       /* Meldung setzen               */
  "SETMSG MSG("msgid")"
                       /* REDISPLAY im Fehlerfalle     */
  "DISPLAY"
END
      :                /* Verarbeitung der Eingaben    */
      :
```

Anwendungsbeispiel

Als abschließendes Beispiel soll unsere REXX-Prozedur zum Drucken einer Datei noch ergänzt werden: Bei der Anzeige des Panels soll die Anzahl der Kopien mit dem Wert "1" vorbelegt sein. Die Maske soll nicht mit Datenfreigabetaste verlassen werden können, falls beim Dateinamen keine Eingabe erfolgte oder eine nicht existierende Datei eingegeben wurde. Außerdem muß die Anzahl der Kopien zwischen 1 und 10 liegen. Bevor Sie sich nun den Lösungsansatz und die Lösung ansehen, sollten Sie sich zunächst selbst überlegen, wie die einzelnen Anforderungen in Kombination von REXX, TSO und DMS-Services zu realisieren sind.

Lösungsansatz:
Das Grundgerüst der bisherigen Prozedur bleibt erhalten: Das Panel wird angezeigt und die Werte werden in die JCL eingebunden. Vor dem Panelaufruf wird die Variable *kopien* mit "1" vorbelegt. Die Eingabeprüfungen erfolgen in der PROC-Section des Panels, nur die Existenz der Datei muß mit der SYSDSN-Funktion in der Prozedur geprüft werden. Im Fehlerfall wird ein REDISPLAY erzeugt.

Lösung: Panel PRINT

```
)BODY
%------------- Druckoutput erzeugen -----------------
%Kommando ===>_ZCMD                                    +
+
+
+    Geben Sie den Dateinamen und die Kopiezahl ein
+
%        Dateiname   +====>_DSNAME                     +
+
%        Kopiepanzahl+====>_KOPIEN+
+
+
+          Weiter mit Datenfreigabe, Abbruch mit PF3
)PROC
VER(&DSNAME,NB)
VER(&KOPIEN,NB,NUM)
VER(&KOPIEN,RANGE,1,10)
)END
```

Lösung: REXX-Prozedur

```
/* REXX-Prozedur mit Dateneingabe-Panel und Prüfung  */
            /* Variablen in Prozedur initialisieren   */
dsname = ''
kopien = 1
ADDRESS ISPEXEC       /* Umsetzen der Umgebung        */
                      /* Panel aufrufen               */
"DISPLAY PANEL(PRINT)"
                      /* Prüfen, falls nicht PF3/PF4  */
DO WHILE rc =0
  SELECT
    WHEN SYSDSN(dsname) <> 'OK' THEN msgid='MELD001'
    OTHERWISE  LEAVE
  END
```

```
                          /* Meldung setzen            */
        "SETMSG MSG("msgid")"
                          /* REDISPLAY im Fehlerfalle    */
        "DISPLAY"
END
        :                 /* Verarbeitung der Eingaben   */

                          /* Datenfreigabe gedrückt ?    */
IF rc = 0
   THEN DO
                  /* neuen Stack erzeugen                */
        "NEWSTACK"
                  /* JCL abstellen, mit Variablen        */
        QUEUE "//"userid()"C  JOB 2778,CLASS=G,MSGCLASS=A"
        QUEUE "//STEP1    EXEC PGM=IEBGENER"
        QUEUE "//SYSPRINT DD SYSOUT=R"
        QUEUE "//SYSUT1   DD DSN="dsname",DISP=SHR"
        QUEUE "//SYSUT2   DD SYSOUT = R, COPIES="kopien
        QUEUE "//SYSIN    DD DUMMY"
        QUEUE "//"
        QUEUE "§§"
        /* Job aus Stapelzeilen absenden, §§ gilt als  */
        /* Endekriterium für "SUBMIT *"                */
        "SUBMIT * END(§§)"
        "DELSTACK"
   END
                  /* PF3/PF4 gedrückt                    */
ELSE EXIT rc
```

Lösung: Meldung MELD001 im Member MELD00 unter ISPMLIB

```
MELD001 'Dataset falsch' .ALARM=YES
'Dataset' &dsname 'existiert nicht'
```

Die Meldungen werden jeweils zweizeilig in einem Member abgelegt. Die erste Zeile enthält die Meldungsnummer (Membername und laufende Nummer), die Kurzmeldung (in Hochkommata) und evtl. den Parameter ALARM. In der zweiten Zeile steht die Langmeldung. Zwischen einzelnen Meldungen muß unbedingt eine Leerzeile stehen.

8.4 Übungen

Übung 8.01

Schalten Sie in Ihrer ISPF-Umgebung zunächst die Anzeige der Panelid ein (PANELID ON). Rufen Sie dann das ISPF-Menü 1 auf und ermitteln Sie den Namen des angezeigten Panels. Suchen Sie diese Panel in einer der unter ISPPLIB allocierten Bilbiotheken (evtl. LISTALC ST verwenden) und sehen Sie sich die Definition des Panels an. Achten Sie vor allem auf die Variablennamen und die Prüfungen in der PROC-Section.

Übung 8.02
Zum Testen von Panels innerhalb einer REXX-Prozedur soll zunächst auf bestehende Panels zurückgegriffen werden. In dieser Übung soll das Einstiegspanel des Editors aufgerufen werden. Das Member steht in einer der unter ISPPLIB allocierten Bibliotheken und lautet "ISREDM01". Auf diesem Panel kann der Dateiname entweder in Form einzelner Qualifier eingegeben werden oder im Ganzen unter "OTHER DATASET NAME".

Die Prozedur soll aus den Eingaben im Panel einen vollqualifizierten Datei-namen (inclusive der Hochkommata) in der Variable *dsname* erzeugen und diesen ganz einfach ausgeben (in der Praxis kann diese Variable dann beliebig weiterverarbeitet werden, z.B. in ALLOC). Falls eine Eingabe in "OTHER DATASET NAME" erfolgt, so hat diese Priorität. Da in der Praxis bestimmte Prüfungen bereits in der Paneldefinition erfolgen, sind in der REXX-Prozedur selbst für dieses Beispiel keine weiteren Prüfungen notwendig.

9 REXX unter OS/2

REXX ist seit Release 1.2 im Lieferumfang von OS/2 enthalten und wird dort zur Erstellung sog. Batchdateien eingesetzt, mit deren Hilfe Sie beliebige Abläufe auf Ihrer Betriebssystemumgebung automatisieren und parametrisieren können. Die Sprache REXX bietet gegenüber den "klassischen" Batchdateien vor allem bei komplexeren Abläufen wesentliche Vorteile, da Sie Ihre Programme z.b. mit den mächtigen Steuerungsinstruktionen IF, SELECT oder den verschiedenen Schleifentypen gut strukturieren können. Zwar bietet auch die klassische Batchverarbeitung einige Steuerungsbefehle wie IF oder DO, es ist jedoch immer nur ein einziger Befehl in einem Programmzweig bzw. Schleife möglich! Da dies in den wenigsten Fällen genügt, wird meist mit GOTO an eine andere Stelle der Batchdatei gesprungen, was bei komplexeren Abläufen eben sehr schnell unübersichtlich wird.

Neben diesem Vorteil der besseren Ablaufsteuerung bietet REXX eine komfortableren Einsatz von Variablen, die sowohl über Parameter beim Aufruf (ähnlich wie in Batchdateien) als auch über Abfragen mit Werten gefüllt werden können. Im Vergleich zu den Batchdateien völlig neu sind die eingebauten REXX-Funktionen z.B. zur Zeichenkettenverarbeitung oder zur Werteprüfung sowie die Möglichkeit, durch eigene Unterprogramme auch neue benutzerdefinierte Funktionen zu erstellen. Um Sie schließlich noch völlig von den Vorteilen des REXX-Einsatzes zu überzeugen, soll an dieser Stelle auf die umfangreichen Testmöglichkeiten der TRACE-Instruktion hingewiesen werden, die ausführlich im Kapitel 2.6 dargestellt sind.

Im Verlauf dieses Kapitels wollen wir nun genauer auf REXX-Prozeduren unter OS/2 eingehen und von Fall zu Fall auch einen Vergleich zur bisherigen Batchprogrammierung ziehen.

9.1 Sprachumfang

Wie in allen anderen REXX-Implementierungen gilt auch unter OS/2 ganz allgemein die Regel, daß innerhalb einer REXX-Prozedur primär natürlich alle REXX-Instruktionen und -Funktionen eingesetzt werden können; darüberhinaus können Sie jedoch alle sog. "Umgebungsbefehle" einbauen, die in der jeweiligen Umgebung verfügbar bzw. von der jeweiligen Umgebung aus erreichbar sind. Diese Umgebungsbefehle sollten in Hochkommata eingeschlossen werden (einfache oder doppelte).

Unter OS/2 sind als Umgebungsbefehle vor allem drei Befehlsgruppen zu nennen:

- OS/2-Befehle
  Alle OS/2-Befehle, die Sie am OS/2-Prompt eingeben können, sind auch innerhalb einer REXX-Prozedur verfügbar.

  Beispiele:

`"CLS"`	Löschen des Bildschirms
`"START PROG1.EXE"`	Starten eines Programms

- DOS-Befehle
  Da aus OS/2 auch DOS-Befehle aufgerufen werden können, dürfen diese Befehle auch innerhalb einer REXX-Prozedur eingesetzt werden. Der OS/2 Kommandointerpreter öffnet kurzzeitig eine eigene DOS-Sitzung und schließt diese wieder.

  Beispiele:

`"BREAK = ON"`	Abbruch mit *Strg+Esc* ermöglichen
`"APPEND ;"`	Löschen des aktuellen Suchpfades

- Spezielle REXX-Routinen unter OS/2
  Unter OS/2 existieren eine Reihe systemnaher Routinen und Funktionen, die auf spezielle Aufgabenstellungen unter OS/2 ausgerichtet sind. Mit Hilfe dieser Routinen können Sie z.B. alle Dateien eines Unterverzeichnisses ermitteln und in REXX-Variablen weiterverarbeiten oder eine Liste aller verfügbaren Laufwerke erstellen. Beim Einsatz dieser Routinen sollten Sie sich jeweils mit der genauen Verarbeitungslogik der Routine vertraut machen. Es gibt nämlich Routinen, die genau ein Ergebnis liefern und somit meist in eine Funktionssyntax eingebunden werden, und solche, die eher eine Aktion auslösen und daher meist als Routine mit CALL aufgerufen werden. Da diese zusätzlichen Routinen ziemlich komplizierte Namen erhalten haben, finden Sie diese im folgenden Abschnitt in gemischter Schreibweise, so daß die Namen einigermaßen sprechend sind.

  Beispiele:

`laufwerke= SysDriveMap()`	Ermitteln aller Laufwerke.
`CALL SysDropFuncs`	Freigeben aller geladenen REXX-Funktionen.
`rc = SysRmDir(name)`	Verzeichnis löschen.

Grundsätzlich können Sie beide Varianten für den Aufruf dieser Routinen benutzen; meist ist die Verarbeitungslogik jedoch so spezifisch auf die eine oder andere Variante abgestimmt, daß sich bei jeder Funktion eine übliche Aufrufform herausgebildet hat (die Standard-REXX-Funktion SUBSTR könnte ja auch mit CALL aufgerufen werden, was aber in der Praxis kaum der Fall ist, vgl. Kapitel 5.3). Im Abschnitt 9.4 werden wir genauer auf die Syntax und Wirkungsweise einzelner Routinen und Funktionen eingehen.

9.2 Erstellung und Aufruf von REXX-Prozeduren

Unter OS/2 werden REXX-Prozeduren als reine ASCII-Dateien mit der Endung .CMD erstellt (wie andere Batchdateien auch). Diese CMD-Dateien können direkt von der Betriebssystemumgebung aus durch die Eingabe des Namens gestartet werden. Die Datei SUCHE.CMD wird also durch die Eingabe von

```
SUCHE
```

aufgerufen. Damit zwischen REXX-Prozeduren und anderen Batchdateien unterschieden werden kann, muß in der ersten Zeile einer REXX-Prozedur der übliche REXX-Kommentar stehen; ansonsten werden die Anweisungen als normale OS/2 Befehle oder Programmaufrufe verstanden, was natürlich zu Fehlern führt. Der REXX-Kommentar beginnt mit "/*" und endet mit "*/":

```
/* REXX-Kommentarzeile        */
```

Falls Sie beim Aufruf der Prozedur Parameter übergeben wollen, so müssen Sie diese einfach an den Aufruf anhängen. Um das Auffangen der Parameter mit Hilfe der REXX-Instruktion ARG innerhalb der Prozedur möglichst einfach zu gestalten, sollten Sie mehrere Werte durch Leerzeichen trennen:

```
SUCHE .TXT .EXE
```

Eine weitere Möglichkeit zum Start einer REXX-Prozedur ist der Aufruf des Hilfsprogramms PMREXX.EXE, mit dessen Hilfe die aufgerufene REXX-Prozedur innerhalb eines eigenen Fensters des Presentation Managers abläuft, was vor allem bei der Erzeugung von einfachen Dialogen mit SAY und PULL zu einer wesentlich verbesserten Oberfläche führt. Der Aufruf der Prozedur SUCHE lautet dann:

```
PMREXX SUCHE
```

Auch bei diesem Aufruf können Sie Parameterketten übergeben:

```
PMREXX SUCHE .TXT .EXE
```

9.3 Einfache REXX-Prozeduren

Als "einfache" REXX-Prozeduren wollen wir zunächst solche Prozeduren betrachten, die mit den gängigen REXX-Techniken und einfachen OS/2-Befehlen arbeiten; beim Einsatz der speziellen REXX-Routinen wird´s dann etwas komplexer. Die erste Prozedur soll eine komfortablere Version des Standardbefehls XCOPY darstellen. Mit dem Befehl XCOPY können Sie ganze Verzeichnisse und deren Unterverzeichnisse kopieren. Zusätzlich zu der Angabe von "Quelle" und "Ziel" des Kopiervorgangs können Sie bis zu 10 Optionen angeben und damit die Verarbeitungslogik von XCOPY modifizieren. Mit dem Befehl

```
XCOPY C: A: /E/S
```

kopieren Sie alle Dateien von C nach A, wobei alle Unterverzeichnisse (auch leere) mitkopiert werden. Falls Sie die Parameter vergessen, so bezieht sich XCOPY nur auf das aktuelle Verzeichnis. Unsere Prozedur XKOPY soll wie der Befehl XCOPY aufrufbar sein, die möglichen Parameter sollen jedoch erklärt und dann vom Benutzer eingegeben werden können. Nach dem Aufruf von

```
XKOPY C: A:
```

sollten folgende Verarbeitungsoptionen und deren Bedeutung angezeigt werden (es gibt weit mehr als die hier dargestellten Optionen):

/S	Kopiert Verzeichnisse und nicht leere Unterverzeichnisse.
/E	Kopiert auch noch leere Verzeichnisse, jedoch nur in Kombination mit /S erlaubt.
/P	Fragt bei jeder Datei, ob sie kopiert werden soll.
/D:datum	Kopiert Dateien, die ab dem angegebenen Datum erstellt wurden.

Lösungsansatz:
Da unsere Prozedur dieselbe Aufrufform haben soll wie der Standardbefehl, müssen die Werte für "Quelle" und "Ziel" als Parameterkette übergeben werden. In der REXX-Prozedur werden diese Werte über die ARG-Instruktion unverändert einer einzigen Variable zugewiesen. Außerdem werden nach der Anzeige der Optionen über die PULL-Instruktion die gewünschten Werte abgefragt. Damit die Dateien dann auch tatsächlich kopiert werden, muß inner-

halb der Prozedur natürlich der Befehl XCOPY aufgerufen werden, dessen Parameter und Optionen von REXX-Variablen geliefert werden. Um die erfolgreiche Ausführung zu überprüfen, wird der Returncode von XCOPY abgefragt.

Lösung:

```
/* REXX-Prozedur XKOPY                          */
               /* Parameter übernehmen          */
ARG parameter
               /* Ausgaben erzeugen             */
SAY 'Folgende Optionen stehen zur Verfügung:'
SAY '/S : Kopieren incl. nicht leerer Unterverzeichnisse'
SAY '/E : Kopieren incl. leerer Unterverz., nur mit /S'
SAY '/P : Kopiervorgang je Datei bestätigen'
SAY '/D:datum: Kopieren von Dateien ab best. Datum'
SAY ' '
               /* Optionen abfragen             */
SAY 'Geben Sie Ihre Optionen ein, auch mehrere möglich'
PULL optionen
               /* XCOPY aufrufen                */
"XCOPY" parameter optionen
               /* Returncode prüfen             */
IF rc = 0  THEN SAY 'Alle Dateien erfolgreich kopiert'
           ELSE SAY 'Fehler beim Kopieren, RC='rc
```

Beim Aufruf von XCOPY müssen Sie beachten, daß die beiden REXX-Variablen *parameter* und *optionen* außerhalb der Hochkommata stehen müssen, da sonst keine Ersetzung der Variablen stattfindet. An dieser Prozedur sind natürlich noch einige Verbesserungen möglich, die mit REXX sehr leicht zu realisieren sind. So können wir z.B. dafür sorgen, daß bei der Eingabe von "/E" als Option geprüft wird, ob auch die Option /S eingegeben wurde; ist dies nicht der Fall, so stellen wir diese Option in der REXX-Prozedur dazu. Der entspechende Ausschnitt aus der Prozedur XKOPY lautet dann:

```
/* REXX-Prozedur XKOPY                          */
     :         /* Ausgaben erzeugen             */
               /* Optionen abfragen             */
SAY 'Geben Sie Ihre Optionen ein, auch mehrere möglich'
PULL optionen
               /* Prüfen, ob /E ohne /S verwendet */
IF POS('/E',optionen)> 0 & POS('/S',optionen)=0
               /* Optionen verketten            */
   THEN optionen = optionen '/S'
               /* XCOPY aufrufen                */
"XCOPY" parameter optionen
     :
```

9.4 Spezielle REXX-Funktionen unter OS/2

Mit REXX unter OS/2 werden in der dynamischen Link-Bibliothek REXXUTIL.DLL Routinen und Funktionen mitgeliefert, deren Leistungsumfang speziell auf die Umgebung OS/2 abgestimmt ist. In diesem Abschnitt wollen wir uns nun etwas genauer mit der Verarbeitungslogik dieser Routinen beschäftigen.

Laden der Routinen und Funktionen
Bevor Sie mit einer dieser REXXUTIL-Routinen arbeiten können, müssen diese erst geladen werden. Dies kann mit der Routine *RxFuncAdd* geschehen, in der jeweils nur eine Routine bzw. Funktion angesprochen werden kann, die im weiteren Verlauf der Prozedur verwendet werden soll. Beispiel:

```
CALL RxFuncAdd 'SysDriveMap','RexxUtil','SysDriveMap'
```

Die genaue Syntax lautet:

```
CALL RxFuncAdd rtn-name,dll-name,synonym
```

Als erster Parameter muß der Name der Routine bzw. Funktion angegeben werden, die geladen werden soll. Der zweite Parameter enthält den Namen der DLL-Datei, die diese Routine bzw. Funktion enthält; in der Regel ist dies die Datei REXXUTIL. Im dritten Parameter können Sie ein Synonym vereinbaren, das Sie im weiteren Verlauf statt des relativ langen Standardnamens verwenden können. Mit dem Befehl

```
CALL RxFuncAdd 'SysDriveMap','RexxUtil','MAP'
```

ordnen Sie der Funktion *SysDriveMap* das Synonym MAP zu. Die angegebenen Parameter sollten in Hochkommata gestellt werden, da ansonsten REXX-Variablen angenommen werden, in denen nur "zufällig" deren Name in Großbuchstaben steht (siehe Kapitel 2.3).

Eine andere Möglichkeit zum Laden der REXXUTIL-Funktionen ist der Aufruf der Routine *SysLoadFuncs*, die alle weiteren REXXUTIL-Funktionen in den Speicher lädt. Sie kann dann sinnvoll sein, wenn in einer Prozedur sehr viele verschiedene Funktionen benötigt werden, da Sie über *RxFuncAdd* ja jeweils nur eine Funktion laden können und Sie sich damit Schreibaufwand ersparen können. Bevor Sie *SysLoadFuncs* aufrufen können, müssen Sie diese Funktion einmalig mit *RxFuncAdd* laden. Sie sollten jedoch bedenken, daß jede dieser Funktionen auch Speicherplatz benötigt und Ihnen dieser Platz nicht mehr für andere Anwendungen zur Verfügung steht, außerdem dauert das Laden aller Routinen natürlich länger als das gezielte Laden einzelner

Routinen. Ein weiterer Unterschied zwischen diesen beiden Varianten besteht darin, daß Routinen und Funktionen, die mit *RxFuncAdd* geladen werden, nur in dieser einen Sitzung verfügbar sind, während *SysLoadFuncs* auch für andere Sitzungen gilt.

Die Befehlsfolge zum Laden aller REXXUTIL-Funktionen mit "laden" als Synonym für "SysLoadFuncs" lautet:

```
CALL RxFuncAdd 'SysLoadFuncs','RexxUtil','laden'
CALL laden
```

Die REXXUTIL-Routinen und -Funktionen
Syntax und auch Verarbeitungslogik der einzelnen Routinen und Funktionen unterscheiden sich sehr stark voneinander; es ist deshalb von Fall zu Fall notwendig. sich sowohl den Aufruf als auch das Ergebnis der jeweiligen Routine bzw. Funktion genauer anzusehen. Zwei Beispiele sollen dies verdeutlichen:

Die schon mehrfach angesprochene Funktion *SysDriveMap* liefert als Funktionswert eine Auflistung aller verfügbaren Laufwerke und zwar in einer einzigen Zeichenkette, wobei die Laufwerksbezeichnungen durch Leerzeichen getrennt sind. Um die Laufwerke einfach anzuzeigen, wird die Funktion in einen SAY-Befehl eingebunden:

```
SAY SysDriveMap()
```

Falls Sie die Bezeichnungen im weiteren Prozedurverlauf weiterverarbeiten wollen, so müssen Sie diese einer Variablen zuweisen und diese dann mit Hilfe von REXX-Techniken zerlegen. Die nächste Befehlsfolge gibt die Laufwerke einzeln am Bildschirm aus:

```
namen = SysDriveMap()
DO i =1 TO WORDS(namen)
     laufwerk = WORD(namen,i)
     SAY i'. Laufwerk' laufwerk
END
```

Eine ganz andere Verarbeitunglogik hat die Routine *SysFileTree*, die nach bestimmten Dateien und Verzeichnissen sucht, deren Name auch über Wildcards angegeben werden kann. Da theoretisch unendlich viele Dateinamen gefunden werden können, werden die diese nicht in einer einzelnen Variable sondern in einer REXX-Compoundvariable abgelegt (siehe Kapitel 3.4), deren Name im Aufruf angegeben werden muß:

```
CALL SysFileTree '.CMD' 'namen.'
```

Die Namen der gefundenen Dateien werden dann in "Ausdehnung-1" bis "Ausdehnung-n" der Compoundvariable abgelegt. Zusätzlich wird vom System in "Ausdehnung-0" der Stammvariable die Zahl der weiteren Ausdehnungen d.h. die Zahl der gefundenen Dateien abgelegt. Sollen alle CMD-Dateien am Bildschirm ausgegeben werden, so erreichen Sie dies mit dieser Befehlsfolge:

```
/* REXX-Prozedur:                                    */
/* Anzeige aller CMD-Dateien, auch Unterverzeichnisse */
             /* Routine laden                         */
CALL RxFuncAdd 'SysFileTree' 'REXXUTIL' 'SysFileTree'
             /* Routine starten                       */
CALL SysFileTree '.CMD' 'namen.'
             /* Schleife aufsetzen                    */
DO i =1 TO name.0
             /* Ausgabe erzeugen                      */
    SAY namen.i
END
```

Falls Ihr Speicher nicht mehr ausreicht, um alle Namen der gefundenen Dateien aufzunehmen, so liefert *SysFileTree* den Wert "2" in der Variablen RESULT (nach CALL!) bzw. als Funktionswert.

Zum Abschluß dieses Kapitels finden Sie anschließend eine Zusammenstellung weiterer REXXUTIL-Routinen und -Funktionen und deren Bedeutung. Falls Sie spezielle Parameter und Optionen benötigen, so können Sie unter OS/2 im Ordner *Information* das Objekt *REXX-Information* aufrufen, in dem alle Sprachelemente von REXX unter OS/2 dargestellt sind.

SysDriveInfo	Liefert Informationen über die vorhandenen Laufwerke, z.B. freien Platz.
SysCurPos	Liefert Zeilen- und Spaltenposition des Cursors
SysDropFuncs	Gibt alle mit *SysLoadFuncs* geladenen Routinen und Funktionen wieder frei.
SysFileSearch	Suchen von Zeichenketten innerhalb einer beliebigen Datei. Der Dateiname selbst kann z.B. über *SysFileTree* ermittelt und variabel gehalten werden.
SysSleep	Anhalten des Programms für die Anzahl der angegebenen Sekunden.

9.5 Übungen

Übung 9.01

Mit einer REXX-Prozedur soll der freie Speicherplatz der verfügbaren Partitions ermittelt und angezeigt werden.

Lösungshinweise:

Mit der Funktion *SysDriveMap* werden die Namen der einzelnen Partitions ermittelt und mit *SysDriveInfo* die jeweiligen Angaben zur Partition angezeigt.

Lösungen

Übung 2.01
Welche der folgenden Symbole sind in REXX als Variablenname gültig?

`zahl1`	gültig
`platten_adresse`	gültig
`1.zahl`	ungültig, da erstes Zeichen ungültig
`Ergebnis`	gültig
`zahl alt`	ungültig, es sind zwei Variablen
`§`	gültig, jedoch in der Praxis unsinnig

Übung 2.02
Die angezeigten Bildschirmzeilen und Variableninhalte lauten:

```
ZAHL1
5 7 35
ZAHL1 7 ZAHL3
```

Übung 2.03
REXX-Prozedur zur Zinsberechnung:

```
/* REXX: Zinsberechnung                                    */
SAY 'Mit diesem Programm können Sie die Verzinsung',
    'Ihres Kapitals errechnen'
SAY 'Welchen Betrag können Sie anlegen (in DM)?'
PULL betrag .
SAY 'Welchen Zinssatz erhalten Sie (in %)?'
PULL zinssatz .
SAY 'Wieviele Jahre können Sie das Kapital anlegen?'
PULL jahre .
endbetrag = betrag*(zinssatz/100)**jahre
SAY 'Nach' jahre 'Jahren erhalten sie bei einem Zinssatz ',
    'von' zinssatz'% folgendes Kapital zurück:'
SAY endbetrag
```

Übung 2.05

Die übergebenen Werte müssen mit der ARG-Instruktion aufgenommen werden:

```
/* REXX-Prozedur ZINSVON                              */
ARG . betrag . zinssatz . . jahre .
endbetrag = betrag*(zinssatz/100)**jahre
SAY endbetrag
```

Übung 3.01

```
/* REXX-Prozedur BERECHNE                             */
ARG zahl1 op zahl2
                /* Falls Werte fehlen, dann abfragen  */
DO WHILE zahl1 = ' '
     SAY '1.Zahl?'
     PULL zahl1
END
DO WHILE op = ' '
     SAY 'Rechenart?'
     PULL op
END
DO WHILE zahl2 = ' '
     SAY '2.Zahl?'
     PULL zahl2
END
                /* SELECT-Konstruktion aufbauen        */
SELECT
  WHEN op='+'  THEN ergebnis = zahl1 + zahl2
  WHEN op='-'  THEN ergebnis = zahl1 - zahl2
  WHEN op='*'  THEN ergebnis = zahl1 * zahl2
  WHEN op='/'  THEN ergebnis = zahl1 / zahl2
  WHEN op='**' THEN ergebnis = zahl1 ** zahl2
  WHEN op='%'  THEN ergebnis = zahl1 % zahl2
  WHEN op='//' THEN ergebnis = zahl1 // zahl2
  OTHERWISE    SAY 'Ungültiges Rechenzeichen'
               EXIT
END
                /* Ausgabe erzeugen                   */
SAY 'Das Ergebnis von' zahl1 op zahl2 'lautet:' ergebnis
```

Übung 3.02

```
/* REXX-Berechne, verbesserte Version              */
SIGNAL ON SYNTAX
ARG formel        /* Auffangen der "Rechenformel"   */
                  /* Falls leer, dann abfragen      */
DO WHILE formel = ' '
      SAY 'Formel eingeben'
      PULL formel
END
                  /* Generieren einer Zuweisung     */
                  /* und Ausführen der Berechnung    */
INTERPRET 'ERGEBNIS='formel
                  /* Erzeugen der Ausgabe           */
SAY 'Das Ergebnis von' formel 'lautet:' ergebnis
EXIT
SYNTAX:
      SAY 'Fehler in Zeile' SIGL 'aufgetreten:'
      SAY SOURCELINE(SIGL)
```

Übung 4.01

```
/* REXX-Prozedur mit Gültigkeitsprüfung            */
                  /* Meldungen definieren           */
meld.0='Alle Prüfkriterien sind erfüllt'
meld.1='Länge ist falsch, nur 1 bis 8 Zeichen'
meld.2='Falsche Zeichen enthalten'
meld.3='Ziffern nicht an erster Stelle'
                  /* gültige Zeichen festlegen       */
zeichen = 'ABCDEFGHIJKLMNOPQRSTUVWXYZ1234567890#§$'
DO UNTIL kz = 0
      SAY 'Qualifier eingeben'
      PULL name
      SELECT
                  /* Länge prüfen                   */
         WHEN length(name)<1 THEN kz = 1
         WHEN length(name)>8 THEN kz = 1
                  /* Gültige Zeichen prüfen          */
         WHEN VERIFY(name,zeichen)>0 THEN kz = 2
                  /* 1.Zeichen auf Ziffer prüfen     */
         WHEN DATATYPE(SUBSTR(name,1,1),'N')=1 THEN kz = 3
         OTHERWISE kz=0
      END
      SAY meld.kz
END
```

Übung 5.01
Hauptprogramm:

```
/* REXX-Prozedur zur Eingabe eines Qualifiers        */
DO UNTIL result = 0
      SAY 'Qualifier eingeben'
      PULL qualifier
      CALL QPRUEF qualifier
END
```

Unterprogramm QPRUEF mit Prüfung

```
/* REXX-Prozedur mit Gültigkeitsprüfung              */
ARG name            /* Qualifier auffangen           */
meld.0='Alle Prüfkriterien sind erfüllt'
meld.1='Länge ist falsch, nur 1 bis 8 Zeichen'
meld.2='Falsche Zeichen enthalten'
meld.3='Ziffern nicht an erster Stelle'
zeichen = 'ABCDEFGHIJKLMNOPQRSTUVWXYZ1234567890#§$'
SELECT
  WHEN length(name)<1 THEN kz = 1
  WHEN length(name)>8 THEN kz = 1
  WHEN VERIFY(name,zeichen)>0 THEN kz = 2
  WHEN DATATYPE(SUBSTR(name,1,1),'N')=1 THEN kz = 3
  OTHERWISE kz=0
END
SAY meld.kz
RETURN kz            /* Rückgabe eines Kennzeichens   */
```

Übung 5.02
Hauptprogramm, Prüfung als Funktion aufgerufen:

```
/* REXX-Prozedur zur Eingabe eines Qualifiers        */
DO UNTIL QPRUEF(qualifier) = 0
      SAY 'Qualifier eingeben'
      PULL qualifier
END
```

Unterprogramm: Das Unterprogramm bleibt gegenüber Übung 5.01 unverändert.

Übung 6.01

```
/* REXX: Abstellen aller Dateinamen einer Platte   */
                /* Platte übernehmen                */
ARG platte .
                /* Alte Pufferelemente vorhanden?   */
alt = QUEUED()
                /* eigenen Puffer erzeugen          */
"MAKEBUF"
                /* LISTFILE aufrufen und umleiten   */
"LISTFILE * *" platte "(STACK"
                /* Zeilen aus Puffer in Datei stellen*/
"EXECIO" QUEUED() - alt "DISKW" USERID() "NAMEN A (FINIS"
                /* letzten Puffer wieder löschen*/
"DROPBUF"
                /* Datei in Editor rufen            */
"XEDIT" USERID() "NAMEN A"
```

Übung 6.02
Das Makro muß den Namen LOESCHE <u>XEDIT</u> haben!

```
/* REXX- Makro: Löschen bestimmter Spaltenbereiche  */
                /* Parameter übernehmen             */
ARG spalte bereich .
                /* Derzeitige Position und Zone ermitteln */
"EXTRACT /LINE/ZONE/"
                /* zum Anfang positionieren         */
"TOP"
                /* Zone setzen                      */
"SET ZONE" spalte "*"
                /* Verschieben nach links, über Zonenende */
"SHIFT LEFT" bereich "*"
                /* Wieder zurückschieben            */
"SHIFT RIGHT" bereich "*"
                /* aktuelle Zeile und Zone wiederherstellen*/
":"line.1
"SET ZONE" zone.1 zone.2
```

Übung 7.01

```
/* REXX-Prozedur JOBSUB                                  */
ADDRESS ISREDIT
"MACRO"
                    /* Name der aktuellen Datei ermitteln*/
"(dsname) = DATASET"
"(member) = Member"
ADDRESS TSO
                    /* Ausgabe von Submit umleiten        */
x = OUTTRAP("zeile.")
"SUBMIT" dataset"("member")"
X = OUTTRAP("OFF")
                    /* Submit liefert nur eine Zeile*/
                    /* Datum und Uhrzeit anhängen        */
zeile.1 = zeile.1 DATE() TIME().
                    /* Ausgabedatei allocieren           */
"ALLOC DA('"USERID()".JOBS.HISTORY') F(DATEI1) MOD REUSE
                    /* Zeile in Datei anhängen           */
"EXECIO 1 DISKW DATEI1 (STEM ZEILE. FINIS"
                    /* Datei wieder freigeben            */
"FREE F(DATEI1)"
```

Übung 8.02

```
/* REXX: Aufruf eines Panels und zusammensetzen          */
            /* Panel aufrufen                            */
ADDRESS ISPEXEC "DISPLAY PANEL(ISREDM01)"
            /* Name zusammensetzen                        */
IF dsn = ' '
   THEN DO
      IF mem =  ' '
            THEN
               dsname = "'"prj1"."lib1"."group1"'"
            ELSE
               dsname = "'"prj1"."lib1"."group1"("mem")'"
   END
   ELSE DO
            /* Prüfen, ob vollqualifiziert          */
      IF SUBSTR(dsn,1,1) = "'"
            THEN dsname = dsn
            ELSE DO
               prefix = SYSVAR("SYSPREF")
               dsname = "'"prefix"."dsn"'"
               END
   END
SAY 'Der vollqualifizierte Dateiname lautet:' dsn
```

Übung 9.01

```
/* REXX: Anzeige des freien Plattenplatzes        */
        /* Laden der REXXUTIL-Funktionen    */
CALL RxFuncAdd 'SysDriveMap','RexxUtil','SysDriveMap'
CALL RxFuncAdd 'SysDriveInfo','RexxUtil','SysDriveInfo'
        /* Namen der Laufwerke ermitteln    */
laufwerke = SysDriveMap()
SAY 'Laufwerk    freier Platz'
        /* Je Laufwerk Info's anzeigen      */
DO I = 1 WHILE WORD(laufwerke,i)<>' '
    laufwerk = WORD(laufwerke,i)
    SAY laufwerk WORD(SysDriveInfo(laufwerk),1)
END
```

Literaturhinweise

Aus der großen Menge der zur Verfügung stehenden Systemliteratur finden Sie hier einige Titel zusammengestellt, die sich auf die in diesem Buch betrachteten REXX-Implementierungen unter VM/CMS, MVS/TSO und OS/2 beziehen.

VM/CMS

* REXX-spezifisch
    - System Product Interpreter User´s Guide   (SC24-5238)
    - System Product Interpreter Reference   (SC24-5239)

* allgemein
    - CP System Command Reference   (SC24-5402)
    - CMS Command Reference   (SC19-6209)
    - CMS User´s Guide   (SC19-6210)
    - System Product Editor Command and Macro   (SC24-5221)
      Reference

MVS/TSO

* REXX-spezifisch
    - REXX User´s Guide   (SC28-1882)
    - REXX Reference   (SC28-1883)

* allgemein
    - TSO/E User´s Guide   (SC28-1880)
    - TSO/E Command Reference   (SC28-1881)
    - ISPF/PDF Edit and Edit Macos   (SC34-4138)
    - ISPF Dialog Manager Guide   (SC34-4213)
    - ISPF/PDF Services   (SC34-4136)

OS/2

- REXX-spezifisch
    - Procedures Language 2/REXX User´s Guide   (10G6269)
    - Procedures Language 2/REXX Reference   (10G6268)

- allgemein
    - Application Design Guide   (10G6260)
    - Programming Guide, Volume 1   (10G6261)
    - Programming Guide, Volume 2   (10G6294)
    - Programming Guide, Volume 3   (10G6495)

Stichwortverzeichnis

www.ingramcontent.com/pod-product-compliance
Lightning Source LLC
Chambersburg PA
CBHW030241230326
41458CB00093B/555